U0456803

本书由
中央高校建设世界一流大学（学科）
和特色发展引导专项资金
资助

中南财经政法大学“双一流”建设文库

中 | 国 | 经 | 济 | 发 | 展 | 系 | 列 |

社会医疗保险基金可持续性的精算评估及对策研究
——以湖北省为例

曾 益 著

中国财经出版传媒集团
经济科学出版社
Economic Science Press

图书在版编目（CIP）数据

社会医疗保险基金可持续性的精算评估及对策研究：以湖北省为例/曾益著．—北京：经济科学出版社，2019.12

（中南财经政法大学“双一流”建设文库）

ISBN 978-7-5218-1170-4

Ⅰ.①社… Ⅱ.①曾… Ⅲ.①医疗保险-基金管理-研究-中国 Ⅳ.①F842.613

中国版本图书馆 CIP 数据核字（2019）第 293692 号

责任编辑：孙丽丽 撖晓宇
责任校对：刘 昕
版式设计：陈宇琰
责任印制：李 鹏

社会医疗保险基金可持续性的精算评估及对策研究
——以湖北省为例
曾 益 著
经济科学出版社出版、发行 新华书店经销
社址：北京市海淀区阜成路甲 28 号 邮编：100142
总编部电话：010-88191217 发行部电话：010-88191522
网址：www.esp.com.cn
电子邮件：esp@esp.com.cn
天猫网店：经济科学出版社旗舰店
网址：http://jjkxcbs.tmall.com
北京季蜂印刷有限公司印装
787×1092 16 开 19 印张 310000 字
2019 年 12 月第 1 版 2019 年 12 月第 1 次印刷
ISBN 978-7-5218-1170-4 定价：76.00 元

总 序

“中南财经政法大学‘双一流’建设文库”是中南财经政法大学组织出版的系列学术丛书，是学校“双一流”建设的特色项目和重要学术成果的展现。

中南财经政法大学源起于1948年以邓小平为第一书记的中共中央中原局在挺进中原、解放全中国的革命烽烟中创建的中原大学。1953年，以中原大学财经学院、政法学院为基础，荟萃中南地区多所高等院校的财经、政法系科与学术精英，成立中南财经学院和中南政法学院。之后学校历经湖北大学、湖北财经专科学校、湖北财经学院、复建中南政法学院、中南财经大学的发展时期。2000年5月26日，同根同源的中南财经大学与中南政法学院合并组建“中南财经政法大学”，成为一所财经、政法“强强联合”的人文社科类高校。2005年，学校入选国家“211工程”重点建设高校；2011年，学校入选国家“985工程优势学科创新平台”项目重点建设高校；2017年，学校入选世界一流大学和一流学科（简称“双一流”）建设高校。70年来，中南财经政法大学与新中国同呼吸、共命运，奋勇投身于中华民族从自强独立走向民主富强的复兴征程，参与缔造了新中国高等财经、政法教育从创立到繁荣的学科历史。

“板凳要坐十年冷，文章不写一句空”，作为一所传承红色基因的人文社科大学，中南财经政法大学将范文澜和潘梓年等前贤们坚守的马克思主义革命学风和严谨务实的学术品格内化为学术文化基因。学校继承优良学术传统，深入推进师德师风建设，改革完善人才引育机制，营造风清气正的学术氛围，为人才辈出提供良好的学术环境。入选“双一流”建设高校，是党和国家对学校70年办学历史、办学成就和办学特色的充分认可。“中南大”人不忘初心，牢记使命，以立德树人为根本，以“中国特色、世界一流”为核心，坚持内涵发展，“双一流”建设取得显著进步：学科体系不断健全，人才体系初步成型，师资队伍不断壮大，研究水平和创新能力不断提高，现代大学治理体系不断完善，国际交流合作优化升级，综合实力和核心竞争力显著提升，为在2048年建校百年时，实现主干学科跻身世界一流学科行列的发展愿景打下了坚实根基。

"当代中国正经历着我国历史上最为广泛而深刻的社会变革，也正在进行着人类历史上最为宏大而独特的实践创新"，"这是一个需要理论而且一定能够产生理论的时代，这是一个需要思想而且一定能够产生思想的时代"①。坚持和发展中国特色社会主义，统筹推进"五位一体"总体布局和协调推进"四个全面"战略布局，实现"两个一百年"奋斗目标、实现中华民族伟大复兴的中国梦，需要构建中国特色哲学社会科学体系。市场经济就是法治经济，法学和经济学是哲学社会科学的重要支撑学科，是新时代构建中国特色哲学社会科学体系的着力点、着重点。法学与经济学交叉融合成为哲学社会科学创新发展的重要动力，也为塑造中国学术自主性提供了重大机遇。学校坚持财经政法融通的办学定位和学科学术发展战略，"双一流"建设以来，以"法与经济学科群"为引领，以构建中国特色法学和经济学学科、学术、话语体系为己任，立足新时代中国特色社会主义伟大实践，发掘中国传统经济思想、法律文化智慧，提炼中国经济发展与法治实践经验，推动马克思主义法学和经济学中国化、现代化、国际化，产出了一批高质量的研究成果，"中南财经政法大学'双一流'建设文库"即为其中部分学术成果的展现。

文库首批遴选、出版二百余册专著，以区域发展、长江经济带、"一带一路"、创新治理、中国经济发展、贸易冲突、全球治理、数字经济、文化传承、生态文明等十个主题系列呈现，通过问题导向、概念共享，探寻中华文明生生不息的内在复杂性与合理性，阐释新时代中国经济、法治成就与自信，展望人类命运共同体构建过程中所呈现的新生态体系，为解决全球经济、法治问题提供创新性思路和方案，进一步促进财经政法融合发展、范式更新。本文库的著者有德高望重的学科开拓者、奠基人，有风华正茂的学术带头人和领军人物，亦有崭露头角的青年一代，老中青学者秉持家国情怀，述学立论、建言献策，彰显"中南大"经世济民的学术底蕴和薪火相传的人才体系。放眼未来、走向世界，我们以习近平新时代中国特色社会主义思想为指导，砥砺前行，凝心聚

① 习近平：《在哲学社会科学工作座谈会上的讲话》，2016年5月17日。

力推进“双一流”加快建设、特色建设、高质量建设，开创“中南学派”，以中国理论、中国实践引领法学和经济学研究的国际前沿，为世界经济发展、法治建设做出卓越贡献。为此，我们将积极回应社会发展出现的新问题、新趋势，不断推出新的主题系列，以增强文库的开放性和丰富性。

“中南财经政法大学‘双一流’建设文库”的出版工作是一个系统工程，它的推进得到相关学院和出版单位的鼎力支持，学者们精益求精、数易其稿，付出极大辛劳。在此，我们向所有作者以及参与编纂工作的同志们致以诚挚的谢意！

因时间所囿，不妥之处还恳请广大读者和同行包涵、指正！

中南财经政法大学校长

前　言

现阶段，湖北省人口老龄化程度呈现不断上升的趋势，截至2016年底，湖北省65岁及以上人口占总人口的比重达到11.57%，较2016年全国平均水平高出0.72个百分点。人口老龄化程度的加深导致湖北省社会医疗保险基金可持续性受到冲击。以湖北省城镇职工基本医疗保险基金为例，截至2016年底，基金累计结余222.1亿元，但是2002～2016年城镇职工基本医疗保险基金支出的年平均增长速度（28.11%）已快于基金收入的年平均增长速度（23.48%）。可见，湖北省社会医疗保险基金支付压力已逐步凸显。

《“健康中国2030”规划纲要》指出“健全基本医疗保险稳定可持续筹资和待遇水平调整机制，实现基金中长期精算平衡”，可见政府高度重视社会医疗保险基金可持续性，要求实现社会医疗保险基金的中长期精算平衡。那么，在“健康中国”和人口老龄化程度加深的背景下，湖北省社会医疗保险基金的财务运行状况如何？湖北省社会医疗保险基金是否具备可持续性？湖北省社会医疗保险基金能否实现中长期精算平衡？本书将通过建立精算模型予以回答，以期为促进湖北省社会医疗保险基金的可持续发展提供定量决策参考，为实现“健康中国”目标提供实证经验。

首先，本书对与社会医疗保险基金可持续性相关的理论进行回顾和总结。其次，建立人口预测模型，并对死亡率、生育率、迁移率等参数进行计算，分析湖北省未来人口数量和人口老龄化程度的变化趋势。再次，通过建立社会医疗保险基金精算模型，在综合考虑参保人口数量、基金保值增值率、人均缴费基数增长率、缴费率、人均医疗费用增长率等因素的基础上，假定没有任何政策干预，对湖北省社会医疗保险基金财务运行状况进行模拟和预测，以判断湖北省社会医疗保险基金是否具备可持续性。进而，运用精算模型分析实施各项政策调整方案（“全面二孩”政策、延迟退休年龄和调整缴费率）对湖北省社会医疗保险基金财务运行状况和可持续性的影响。最后，根据实证分析结果，提出促进湖北省社会医疗保险基金可持续发展的对策建议。

考虑到“全面二孩”政策对社会医疗保险基金的影响存在时滞效应，要待新生人口成为社会医疗保险参保人口后才能产生效应，因此为了更加准确地考察“全面二孩”政策及其他政策调整方案的效应，精算分析的起止时间分别为2018年和2090年，时长为72年，约为一代人的生命周期。不仅如此，根据全国妇联儿童工作部与北京师范大学中国基础教育质量检测协同创新中心开展的“实施全面二孩政策对家庭教育的影响”调查，现有的“全面二孩”生育意愿为20.5%，因此本书将20.5%设置为“全面二孩”生育意愿的一档；同时，为了考察“全面二孩”生育意愿的提高对湖北省社会医疗保险基金可持续性的影响，本书将100%设定为“全面二孩”生育意愿的最高一档。

根据模拟分析结果，本书得出以下结论：

第一，湖北省人口老龄化程度仍将呈现不断上升的趋势。如果继续实行“一胎”政策，湖北省人口老龄化程度一直呈现上升趋势，60岁及以上人口占总人口的比重从2018年的19.92%上升至2090年的42.84%，65岁及以上人口占总人口的比重从2018年的13.39%上升至2090年的36.48%。当20.5%符合“全面二孩”规定夫妇生育二孩，2090年60岁及以上人口和65岁及以上人口占总人口的比重分别降至40.05%和33.86%。进一步，如果“全面二孩”生育意愿提高至100%，2090年60岁及以上和65岁及以上人口占总人口的比重分别降至31.72%和25.66%。可见，虽然“全面二孩”政策能缓解湖北省人口老龄化程度，但无法改变湖北省人口老龄化程度不断上升的局面。

第二，如果没有任何政策干预，湖北省社会医疗保险基金不具备可持续性。(1) 如果没有任何政策干预，湖北省城镇职工基本医疗保险基金在2024年开始出现当期赤字（收不抵支），并于2034年开始出现累计赤字，2090年累计赤字高达148 520.14亿元。(2) 如果没有任何政策干预，湖北省城乡居民基本医疗保险基金在2020年开始出现当期赤字，并于2026年开始出现累计赤字，2090年累计赤字为86 997.83亿元。可见，在没有任何政策干预的情况下，人口老龄化程度的加深使得湖北省社会医疗保险基金必会出现累计赤字。

第三，“全面二孩”政策可以改善湖北省社会医疗保险基金财务运行状况。

（1）当20.5%符合“全面二孩”规定夫妇生育二孩，与没有任何政策干预的情况相比，虽然湖北省城镇职工基本医疗保险基金开始出现当期赤字和累计赤字的时点没有发生变化，2090年基金累计赤字降至144 381.1亿元，降幅为2.79%；如果生育意愿提高至100%，基金开始出现累计赤字的时点仍未发生变化，2090年基金累计赤字降至124 858.31亿元，降幅达15.93%。（2）当20.5%符合“全面二孩”规定夫妇生育二孩，与没有任何政策干预的情况相比，虽然湖北省城乡居民基本医疗保险基金开始出现当期赤字和累计赤字的时点没有发生变化，2090年基金累计赤字降至83 008.85亿元，降幅为4.59%；如果生育意愿提高至100%，基金开始出现累计赤字的时点仍未发生变化，2090年基金累计赤字降至65 583.45亿元，降幅达24.61%。可见，虽然“全面二孩”政策对湖北省社会医疗保险基金开始出现累计赤字的时点没有影响，但是能改善湖北省社会医疗保险基金的财务运行状况，降低基金累计赤字，湖北省社会医疗保险基金的可持续性得到提高。

第四，“全面二孩”与延迟退休年龄政策的组合能进一步提高湖北省社会医疗保险基金的可持续性。城镇职工基本医疗保险的缴费人口为参保在职职工，而城乡居民基本医疗保险的参保人口为全部参保人口，因此“全面二孩”政策与延迟退休年龄政策的组合只对城镇职工基本医疗保险基金的财务运行状况产生影响，具体如下：同时实施“全面二孩”与延迟退休年龄政策，当20.5%符合“全面二孩”规定夫妇生育二孩，湖北省城镇职工基本医疗保险基金开始出现累计赤字的时点推迟至2036年，2090年基金累计赤字降至97 425.24亿元，与没有任何政策干预的情况相比，降幅为34.4%；如果生育意愿达到100%，湖北省城镇职工基本医疗保险基金开始出现累计赤字的时点同样推迟至2036年，2090年基金累计赤字降至71 836.32亿元，降幅高达51.3%。可见，“全面二孩”政策与延迟退休年龄政策的组合不仅可以改善湖北省城镇职工基本医疗保险基金的财务运行状况，还能推迟湖北省城镇职工基本医疗保险基金开始出现当期赤字和累计赤字的时点，也就是说“全面二孩”政策与延迟退休年龄政策的组合能进一步提高湖北省城镇职工基本医疗保险基金的可持续性。

第五，进一步提高缴费率可更进一步提高湖北省社会医疗保险基金可持续性。（1）如果“全面二孩”生育意愿分别为20.5%、46.7%和60%，且延迟退休年龄，缴费率提高3%可保证湖北省城镇职工基本医疗保险基金在2090年及以前不出现累计赤字；如果“全面二孩”生育意愿提高至80%或100%，且延迟退休年龄，缴费率提高2%可保证湖北省城镇职工基本医疗保险基金在2090年及以前不出现累计赤字。(2) 如果“全面二孩”生育意愿为20.5%，缴费率提高3%可保证湖北省城乡居民基本医疗保险基金在2090年及以前不出现累计赤字；如果“全面二孩”生育意愿分别为46.7%、60%、80%和100%，缴费率提高2%可保证湖北省城乡居民基本医疗保险基金在2090年及以前不出现累计赤字。可见，湖北省社会医疗保险缴费率提高2%~3%可以保证湖北省社会医疗保险基金在2090年及以前不出现累计赤字，基金的可持续性得到更进一步的提高。

综上所述，在“健康中国”和人口老龄化程度加深的背景下，如果没有任何政策干预，湖北省社会医疗保险基金不具备可持续性；当引入“全面二孩”政策、延迟退休年龄、提高缴费率等政策调整方案，湖北省社会医疗保险基金的可持续性得到提高，在中长期内能实现基金精算平衡。

根据实证结果，为促进湖北省社会医疗保险基金的可持续发展，本书提出了相关的对策建议，如出台鼓励生育的政策（营造鼓励生育的氛围、对积极生育二孩的家庭给予奖励、减免个人所得税等），尽快出台渐进式延迟退休方案，建立多层次医疗保险体系，加大社会医疗保险费的征缴力度，控制医疗费用增长速度，完善财政对医疗保险的责任，完善长期护理保险制度等。

目 录

第一章 引言

本章对本书的研究背景、研究目的、研究意义、国内外文献回顾、研究思路、研究方法及本书的创新与不足之处进行了详细的介绍。

第一节 研究背景

随着经济的发展、生活水平的提高及医疗技术的进步，世界大部分国家（如法国、德国、日本、澳大利亚、加拿大）正在经历妇女生育水平不断下降、预期寿命不断延长和人口老龄化程度不断加深的过程（Anderson and Hussey, 2000①；彭希哲和胡湛，2011②），其中法国是最早步入人口老龄化社会的国家（李建新，2009③）。根据联合国人口署2017年发布的数据，2002年世界65岁及以上人口约为4.2亿人，占世界总人口的比重达到7%④。可见，21世纪初，世界就已经进入人口老龄化社会。2000年我国65岁及以上人口占总人口的比重达到6.96%，接近7%，也就是说我国于2000年基本进入人口老龄化社会。截至2017年底，我国65岁及以上人口占总人口的比重上升至11.39%，分别比2000年和2010年高出4.39和2.52个百分点⑤。可见，我国人口老龄化程度处于不断上升的趋势，湖北省也不例外。湖北省同样于2000年步入人口老龄化社会⑥，此后人口老龄化程度呈现不断上升的趋势，截至2016年底，湖北省65岁及以上人口占总人口的比重达到11.57%⑦，较2016年我国65岁及以上人口占总人口的比重（即全国平均水平）高出0.72个百分点⑧。可见，湖北省的人口老龄化程度已高于全国平均水平，人口老龄化已经成为湖北省乃至我国面临的重要问

① Anderson G F, Hussey P S. Population Aging: A Comparison among Industrialized Countries [J]. *Health Affairs*, 2000, 19 (3): 191-203.

② 彭希哲、胡湛：《公共政策视角下的中国人口老龄化》，载《中国社会科学》2011年第3期。

③ 李建新：《中国人口结构问题》，社会科学文献出版社2009年版。

④ 根据联合国标准，当一个国家或地区60岁及以上人口占总人口的比重达到10%，或者65岁及以上人口占总人口的比重达到7%，即意味着这个国家或地区进入人口老龄化社会。

⑤ 资料来源：2017年《中国统计年鉴》。

⑥ 2000年湖北省65岁及以上人口占总人口的比重为6.95%，接近7%。可见，湖北省于2000年步入人口老龄化社会。

⑦ 资料来源：2017年《中国统计年鉴》。湖北省的人口老龄化程度数据仅能截至2016年底。

⑧ 2016年我国65岁及以上人口占总人口的比重为10.85%。

题之一。

人口老龄化对人力资本市场、宏观经济发展、财政收支平衡等具有消极影响（Corbo，2004①），如老年人口抚养比不断上升②、人口红利逐步消失、经济增长速度不断下滑等（彭希哲和胡湛，2011③）。在此背景下，作为关系国计民生的社会医疗保险体系④也遭遇严峻挑战，即社会医疗保险基金支付压力逐步上升，可持续性逐步受到质疑⑤。以湖北省城镇职工基本医疗保险基金为例（见表1－1）⑥，截至2016年底，基金累计结余222.1亿元⑦，但是2002～2016年城镇职工基本医疗保险基金支出的年平均增长速度（28.11%）已快于基金收入的年平均增长速度（23.48%）。可见，随着人口老龄化程度的加深，湖北省社会医疗保险基金的支付压力逐步凸显，需寻找有效途径来提高基金可持续性。

表1－1　2002～2016年湖北省城镇职工基本医疗保险基金财务运行状况

单位：亿元

年份	城镇职工基本医疗保险基金		
	基金收入	基金支出	累计结余
2002	15.61	8.09	10.76
2003	24.85	14.16	21.46
2004	34.37	22.11	34.65
2005	41.55	29.63	46.25
2006	52.58	37.16	62.98

① Corbo V. Policy Challenges of Population Aging and Pension Systems in Latin America [R]. Global Demographic Change: Economic Impacts and Policy Challenges, 2004.

② 老年人口抚养比＝65岁及以上人口/15～64岁人口。例如，我国老年人口抚养比从2000年的9.9%上升至2016年的15%，可见年轻人口的抚养压力不断上升。

③ 彭希哲、胡湛：《公共政策视角下的中国人口老龄化》，载《中国社会科学》2011年第3期。

④ 我国（含湖北省）社会医疗保险体系由城镇职工基本医疗保险制度和城乡居民基本医疗保险制度构成。其中，城乡居民基本医疗保险制度由城镇居民基本医疗保险制度和新型农村合作医疗制度合并而来。

⑤ 由于老年人口的人均医疗费用高于年轻人口的人均医疗费用，人口老龄化程度的上升使得总医疗费用增加，从而社会医疗保险基金支出增加，进而也会带来社会医疗保险基金支付压力的上升。

⑥ 城镇居民基本医疗保险和新型农村合作医疗虽于2014年合并为城乡居民基本医疗保险，但是在统计口径上，城镇居民基本医疗保险和新型农村合作医疗仍是分开统计，所以本书并未汇报近几年湖北省城乡居民基本医疗保险基金财务运行状况。

⑦ 资料来源：2017年《中国统计年鉴》。

续表

年份	城镇职工基本医疗保险基金		
	基金收入	基金支出	累计结余
2007	61.70	46.10	78.40
2008	80.60	62.10	97.00
2009	101.02	77.26	121.41
2010	111.50	95.10	137.80
2011	150.30	123.10	165.40
2012	167.30	154.80	177.90
2013	195.10	183.80	189.20
2014	219.50	216.70	192.60
2015	265.80	236.40	222.10
2016	299.10	259.60	262.20
年平均增长速度	23.48%	28.11%	—

注：2017 年《中国统计年鉴》对湖北省城镇职工基本医疗保险基金的数据公布至 2016 年，所以本书对湖北省社会医疗保险基金的分析仅能截至 2016 年。

资料来源：2003 ~ 2017 年《中国统计年鉴》。

《"健康中国 2030"规划纲要》指出"健全基本医疗保险稳定可持续筹资和待遇水平调整机制，实现基金中长期精算平衡"，可见政府非常重视社会医疗保险基金可持续性，要求实现社会医疗保险基金的中长期精算平衡。那么，在"健康中国"和人口老龄化程度加深的背景下，湖北省社会医疗保险基金的财务运行状况如何？湖北省社会医疗保险基金是否具备可持续性？湖北省社会医疗保险基金能否实现中长期精算平衡？本书将通过建立精算模型予以回答，以期为促进湖北省社会医疗保险基金的可持续发展提供定量决策参考，并力争达到"健康中国"的目标。

第二节 研究目的与意义

一、研究目的

本书的目的为分析在“健康中国”和人口老龄化程度不断加深的背景下，湖北省社会医疗保险基金（包括城镇职工基本医疗保险基金和城乡居民基本医疗保险基金）的可持续性，系统运用精算模型对以下四个问题给予回答。

第一，如果不采取任何政策干预（如实施“全面二孩”政策、延迟退休年龄政策、调整缴费率政策），未来湖北省社会医疗保险基金的收入、支出、当期结余（即收支差）和累计结余如何变化，即未来湖北省社会医疗保险基金的财务运行状况如何变化。

第二，根据湖北省社会医疗保险基金的财务运行状况，判断未来湖北省社会医疗保险基金是否具备可持续性，以及湖北省社会医疗保险基金能否实现中长期精算平衡。

第三，我国近年来出台较多与社会医疗保险相关的改革措施，如“全面二孩”政策、延迟退休年龄政策、调整缴费率政策，本书将再次运用精算模型模拟“全面二孩”政策、延迟退休年龄政策和调整缴费率政策对湖北省社会医疗保险基金的影响，即“全面二孩”政策、延迟退休年龄政策和调整缴费率政策对湖北省社会医疗保险基金收入、支出、当期结余和累计结余的影响程度如何。根据“全面二孩”政策、延迟退休年龄政策和调整缴费率政策对湖北省社会医疗保险基金财务运行状况的影响程度，判断“全面二孩”政策、延迟退休年龄政策和调整缴费率政策能否提高湖北省社会医疗保险基金的可持续性，能否保证湖北省社会医疗保险基金的中长期精算平衡。

第四，根据实证分析结果，结合国际经验（如美国、日本、德国等国的经验）、我国国情和湖北省省情，提出进一步提高湖北省社会医疗保险基金可持续性的配套政策建议，以期为政府的决策提供参考。

二、研究意义

（一）理论意义

本书以“健康中国”这一视角对湖北省社会医疗保险基金（城镇职工基本医疗保险基金和城乡居民基本医疗保险基金）可持续性进行系统的分析，既考虑社会医疗保险基金的可持续性和“全民医保”的建设目标，又考虑人均医疗费用的快速增长对未来人群缴费压力的影响。本书不仅对运行较为完善的城镇职工基本医疗保险进行分析，还对合并不久的城乡居民基本医疗保险（2014 年合并）进行探讨，以期更加全面地评估湖北省社会医疗保险基金的可持续性。另外，本书完整提出了一套评估社会医疗保险基金可持续性的分析框架、分析体系和分析模型，分析模型主要包括人口预测模型和社会医疗保险基金精算模型等，为完善湖北省乃至我国的社会医疗保险体系提供研究方法指导，为达到“健康中国”的目标贡献相应的研究方法。

（二）实践意义

社会医疗保险基金是否具备可持续性关系广大城镇职工和城乡居民的医疗和生活待遇问题。湖北省社会医疗保险基金的可持续性对于进一步完善湖北省乃至我国社会医疗保险体系都有着积极的推动作用，也是实现“健康中国”目标的一个非常重要的方面。

本书的实践意义在于运用精算模型模拟未来湖北省社会医疗保险基金的财务运行状况，并判断湖北省社会医疗保险基金在未来是否具备可持续性，为政府在完善湖北省和我国的社会医疗保险政策乃至社会保障政策方面提供一个指导方向。进一步，本书还应用人口预测模型和精算模型模拟“全面二孩”政策、延迟退休年龄政策和调整缴费率政策对湖北省社会医疗保险基金财务运行状况和可持续性的影响程度，从实证分析角度评估“全面二孩”政策、延迟退休年龄政策和调整缴费率政策的效应，即“全面二孩”政策、延迟退休年龄政策和调整缴费率政策能否提高湖北省高社会医疗保险基金和社会医疗保险基金的可持续性。根据实证结果，提出进一步提高湖北省社会医疗保险基金可持续性的配套政策建议，以促进湖北省社会医疗保险基金的可持续发展。

第三节 文献回顾与评述

关于社会医疗保险基金可持续性方面的研究，现有研究主要关注人口老龄化对社会医疗保险基金可持续性的影响，以及各种可能的政策调整方案对社会医疗保险基金可持续性的影响，具体如下：

一、人口老龄化对社会医疗保险基金可持续性的影响

如本章第一节所述，较多发达国家于20世纪中后叶陆续步入人口老龄化社会，这一现象引起国外学者的关注，进而分析人口老龄化对医疗费用的影响。格德汉姆（Gerdtham，1993）运用瑞典1970~1985年的数据研究发现，老龄化对医疗费用增长的贡献度约为13%①。梅修（Mayhew，2000）认为老龄化是导致医疗费用增长的主要因素之一，即便开始控制老年人的人均医疗费用，医疗费用的增长仍不可避免②。梅杰（de Meijer，2013）发现老龄化会带来医疗费用的增长，老龄化是通过影响相关社会变量来影响医疗费用的增长③。然而，少部分学者（Di Matteo，2005④）认为老龄化对医疗费用增长的影响很小，茨威费尔

① Gerdtham U G. The Impact of Aging on Health Care Expenditure in Sweden [J]. *Health Policy*, 1993, 24 (1): 1-8.

② Mayhew L D. Health and Elderly Care Expenditure in an Aging World [R]. IIASA Research Report, 2000.

③ de Meijer C, Wouterse B, Polder J, et al. The Effect of Population Aging on Health Expenditure Growth: A Critical Review [J]. *European Journal of Aging*, 2013, 10 (4): 353-361.

④ Di Matteo L. The Macro Determinants of Health Expenditure in the United States and Canada: Assessing the Impact of Income, Age Distribution and Time [J]. *Health Policy*, 2005, 71 (1): 23-42.

等（Zweifel et al.，1999）运用面板数据进行计量分析，认为医疗费用支出多少取决于人的剩余寿命而非实际年龄①。

自中国2000年进入老龄化社会，国内学者陆续分析老龄化与医疗费用的关系。虽然有学者（王华，2012②；王超群，2013③）认为老龄化对医疗费用的增长几乎没有影响，但是大部分学者（程杰和赵文，2010④；余央央，2011⑤；范兆媛和周少甫，2015⑥）还是得出老龄化显著推进医疗费用增长的结论。可见，大部分国内外学者发现老龄化是导致医疗费用增长的主要因素之一。

老龄化程度上升使得医疗费用快速增长，进而社会医疗保险基金支出增加。施耐德和古拉尔尼克（Schneider and Guralnik，1990）运用仿真方法对未来美国老年人医疗保险（Medicare）支出进行预测，其计算得出85岁及以上老人的美国老年人医疗保险支出将在2040年翻6番⑦。米勒（Miller，2001）认为老龄化伴随着高龄化，高龄化将使得美国老年人医疗保险面临财务支付危机⑧。波恩（Bohn，2003）发现随着老龄化程度提高，美国老年人医疗保险将面临巨大财务压力⑨。国内学者也对这一问题展开研究，王晓燕和宋学锋（2004）通过建立精算预测模型，在不同参数假设下，得出中国城镇职工基本医疗保险统筹基金开始出现当期赤字的时点可能为2014年、2019年或2020年⑩。曾益等（2012）模拟城镇职工基本医疗保险统筹基金的财务运行状况，发现基金于2033年开始出现累计赤字，此后累计赤字规模逐年扩大⑪。杨燕绥和于淼（2014）认为中国城镇职工基本医疗保险缴费率还处于较低水平，维持基金收支平衡将遇到较大挑

---

① Zweifel P，Felder S，Meiers M. Ageing of Population and Health Care Expenditure：A Red Herring？［J］. *Health Economics*，1999，8（6）：485－496.

② 王华：《人口老龄化与医疗卫生费用关系的地区间比较》，载《医学与社会》2012年第10期。

③ 王超群：《中国人均卫生费用增长的影响因素分解》，载《保险研究》2013年第8期。

④ 程杰、赵文：《人口老龄化进程中的医疗卫生支出：WHO成员国的经验分析》，载《中国卫生政策研究》2010年第4期。

⑤ 余央央：《老龄化对中国医疗费用的影响——城乡差异的视角》，载《世界经济文汇》2011年第5期。

⑥ 范兆媛、周少甫：《经济增长与老龄化对医疗费用增长的空间效应分析》，载《中国卫生经济》2016年第6期。

⑦ Schneider E L，Guralnik J M. The Aging of America：Impact on Health Care Costs［J］. *JAMA*，1990，263（17）：2335－2340.

⑧ Miller T. Increasing Longevity and Medicare Expenditures［J］. *Demography*，2001，38（2）：215－226.

⑨ Bohn H. Will Social Security and Medicare Remain Viable As the US Population Is Aging？［R］. CESifo Working Paper No. 1062，2003.

⑩ 王晓燕：《老龄化过程中的医疗保险基金使用现状及平衡能力分析》，载《统计与预测》2004年第2期。

⑪ 曾益、任超然、李媛媛：《中国基本医疗保险制度财务运行状况的精算评估》，载《财经研究》2012年第12期。

战，基金不宜用于支付老年人的护理费用①。

二、政策调整方案对社会医疗保险基金可持续性的影响

在人口老龄化程度不断加深的背景下，如果不引入任何改善基金的政策，社会医疗保险基金不具备可持续性，那么有哪些政策可以改善社会医疗保险基金的财务运行状况？通过总结国内外文献，政策调整方案包括延迟退休年龄、调整缴费率和调整生育政策，具体如下：

（一）延迟退休年龄对社会医疗保险基金可持续性的影响

关于延迟退休年龄对社会医疗保险基金可持续性影响的文献并不多。在国外，社会医疗保险的缴费人员为全部参保人员，但在国内，城乡居民基本医疗保险的缴费人员仍是全部参保人员，城镇职工基本医疗保险的缴费人员为参保在职职工（并非所有的参保人员）。因此，国外少有研究关注延迟退休年龄对社会医疗保险基金可持续性的影响，国内一部分学者模拟分析了延迟退休年龄对城镇职工基本医疗保险基金财务运行状况的影响，未将城乡居民基本医疗保险纳入分析。何文炯等（2009）分析延迟退休年龄对城镇职工基本医疗保险统筹基金收支余额的影响，其发现当男女法定退休年龄向后推迟 4 年，统筹基金当期余额开始变负的时间将向后推迟 5 年②。幸超（2018）运用精算模型研究发现，与现行退休政策相比，延迟退休年龄后，城镇职工基本医疗保险统筹基金累计赤字开始出现的时点将推迟 6 年或 12 年，2060 年累计赤字分别减少至 264 259. 52 亿元或 197 542. 08 亿元。可见，延迟退休年龄能改善城镇职工基本医疗保险基金的财务运行状况③。

---

① 杨燕绥、于淼：《人口老龄化对医疗保险基金的影响分析》，载《中国医疗保险》2014 年第 10 期。
② 何文炯、徐林荣、傅可昂，等：《基本医疗保险“系统老龄化”及其对策研究》，载《中国人口科学》2009 年第 2 期。
③ 幸超：《延迟退休对城镇职工医保基金收支平衡的影响——基于统筹账户的精算模型模拟分析》，载《湖南农业大学学报》（社会科学版）2018 年第 3 期。

（二）调整缴费率与待遇水平对社会医疗保险基金可持续性的影响

随着我国社会医疗保险基金支付压力的上升，已有较多学者提出提高社会医疗保险缴费率来改善社会医疗保险基金的财务运行状况。邓大松和杨红燕（2003）认为当人均医疗费用增长率快于人均工资增长率时，2050 年城镇职工基本医疗保险缴费率应提高至 16.28% ~17.8%，以维持统筹基金收支平衡[①]。史若丁和汪兵韬（2011）也发现增加缴费率的改革方案更有效[②]。李亚青和申曙光（2011）、文裕慧等（2015）认为为缓解社会医疗保险基金支付压力，可以考虑让退休职工缴纳医疗保险费，但是这一对策会受到退休职工的反对，执行起来存在难度[③④]。

与社会养老保险的替代率相似，社会医疗保险的待遇水平也具有刚性特征，即提高容易降低难，因此降低社会医疗保险待遇水平政策也会收到参保人员的反对，执行起来仍存在困难。

（三）生育政策调整对社会医疗保险基金可持续性的影响

导致我国快速步入人口老龄化社会的主要原因之一是自 1978 年执行的计划生育政策（汪伟，2010[⑤]）。计划生育政策（即“一胎”政策）的长期实施造成我国妇女生育水平下降，从而新生人口数量减少，人口老龄化程度上升。为降低我国人口老龄化程度并缓解其带来的相关问题，较多学者提出调整生育政策。谢奈（Chesnais，1996）认为发达工业社会的低总和生育率已无法维持合理的人口结构，随着妇女地位日益提高，要使总和生育率达到并保持在更替水平（2.1），采取鼓励生育的政策很有必要[⑥]。有学者（Futagam and Nakajima，2002）

① 邓大松、杨红燕：《老龄化趋势下基本医疗保险筹资费率测算》，载《财经研究》2003 年第 12 期。

② 史若丁、汪兵韬：《人口老龄化对城镇基本医疗保险基金冲击的分析》，载《改革与开放》2011 年第 21 期。

③ 李亚青、申曙光：《退休人员不缴费政策与医保基金支付风险——来自广东省的证据》，载《人口与经济》2011 年第 3 期。

④ 文裕慧：《城镇职工基本医疗保险退休人员适当缴费研究》，载《现代管理科学》2015 年第 10 期。

⑤ 汪伟：《计划生育政策的储蓄与增长效应：理论与中国的经验分析》，载《经济研究》2010 年第 10 期。

⑥ Chesnais J. Fertility，Family，and Social Policy in Contemporary Western Europe［J］. *Population & Development Review*，1996，22（4）：726 - 739.

从经济与社会的角度论证国家通过生育政策干预提高总和生育率的合理性①。曾毅（2006）将现行生育政策（“一胎”政策）与二孩晚育政策相比较，发现二孩晚育政策在今后80岁老人与独居老人比例、老年抚养比、劳动力资源、退休金缺口率、避免出生性别比长期偏高等方面发挥的作用优于现行生育政策②。郭志刚（2010）对中国人口老龄化做了这样的描述，无论是否提高生育率，人口老龄化的总趋势已无法逆转；而能否提高生育率则决定着未来人口老龄化的差异程度③。基于此，较多学者（周长红，2005④；尹文耀等，2007⑤；陈友华，2009⑥）提出调整“一胎”政策来缓解人口老龄化程度。

那么，生育政策调整对我国人口系统的影响如何呢？彭希哲（2016）估算“全面二孩”政策所带来的人口增量不大，但其潜在的积极效应可观⑦。从人口增长角度来看，短期内我国不会出现新生人口激增和产生大幅度生育堆积（王广州和张丽萍，2012⑧）。而在经济新常态背景下，“全面二孩”政策是在较长时期内增加劳动供给的一个有效手段（郑秉文，2016⑨），在一定程度上可拉长人口红利机会窗口（刘家强和唐代盛，2015⑩）。总而言之，“全面二孩”政策对我国未来总人口发展轨迹影响非常显著，可有效延缓人口老龄化进程（翟振武，2014）⑪。

关于生育政策调整对人口系统和社会养老保险基金可持续性影响的文献较

---

① Futagami K，Nakajima T. Population Aging and Economic Growth [J]. *Journal of Macroeconomics*，2001，1（23）：31－44.
② 曾毅：《试论二孩晚育政策软着陆的必要性与可行性》，载《中国社会科学》2006年第2期。
③ 郭志刚：《中国的低生育水平及相关人口研究问题》，载《学海》2010年第1期。
④ 周长洪：《关于现行生育政策微调的思考——兼论“单独家庭二孩生育政策”的必要性与可行性》，载《人口与经济》2005年第2期。
⑤ 尹文耀、李芬、姚引妹：《三论中国生育政策的系统模拟与比较选择——兼论“一代独生子女”政策“自着陆”》，载《浙江大学学报》（人文社会科学版）2007年第6期。
⑥ 陈友华：《二孩政策地区经验的普适性及其相关问题——兼对“21世纪中国生育政策研究”的评价》，载《人口与发展》2009年第1期。
⑦ 彭希哲：《实现全面二孩政策目标需要整体性的配套》，载《探索》2016年第1期。
⑧ 王广州、张丽萍：《到底能生多少孩子？——中国人的政策生育潜力估计》，载《社会学研究》2012年第5期。
⑨ 郑秉文：《从“高龄少子”到“全面两孩”政策：人口均衡发展的必然选择——基于“人口转变”的国际比较》，载《新疆师范大学学报》（哲学社会科学版）2016年第4期。
⑩ 刘家强、唐代盛：《“普遍两孩”生育政策的调整依据、政策效应和实施策略》，载《人口研究》2015年第6期。
⑪ 翟振武、张现苓、靳永爱：《立即全面放开二胎政策的人口学后果分析》，载《人口研究》2014年第2期。

多（Bongaarts，2004[①]；张思锋等，2010[②]；孙博等，2011[③]；唐运舒和吴爽爽，2016[④]；张鹏飞和陶纪坤，2017[⑤]；肖彩波和刘红卫，2018[⑥]），大多学者均认为生育政策调整可以改善社会养老保险基金的财务运行状况，提高社会养老保险基金的可持续性。然而，较少有研究分析生育政策调整对社会医疗保险基金可持续性的影响。曾益等（2015）分析“单独二孩”政策对城镇职工基本医疗保险统筹基金的影响，其认为“单独二孩”政策可以改善统筹基金财务运行状况，并减轻政府负担[⑦]。张心洁等（2016）以新型农村合作医疗基金为例，认为“全面二孩”政策可以改善新型农村合作医疗基金的财务运行状况，并减轻政府对新型农村合作医疗的财政负担[⑧]。可见，生育政策调整可以改善社会医疗保险基金的财务运行状况。

三、文献评述

人口老龄化是全球性的问题，作用于经济、社会与政治等各层面，可以说，人口老龄化的影响是普遍而深刻的，自然人口老龄化也会影响社会医疗保险基金的可持续性。基于此，国内外学者研究在“健康中国”和人口老龄化程度不断上升的背景下，社会医疗保险基金的财务运行状况如何变化并提出应对策略，随后评估各项应对策略对社会医疗保险基金可持续性的影响。然而，现有的研究还存在以下三个问题：

---

① Bongaarts J. Population Aging and the Rising Cost of Public Pensions [J]. *Population and Development Review*, 2004, 30 (1): 1-23.

② 张思锋、王立剑、张文学：《人口年龄结构变动对基本养老保险基金缺口的影响研究——以陕西省为例》，载《预测》2010年第2期。

③ 孙博、董克用、唐远志：《生育政策调整对基本养老金缺口的影响研究》，载《人口与经济》2011年第2期。

④ 唐运舒、吴爽爽：《“全面二孩”政策实施能有效破解城镇职工养老保险基金支付危机吗——基于不同人口政策效果情景的分析》，载《经济理论与经济管理》2016年第12期。

⑤ 张鹏飞、陶纪坤：《全面二孩政策对城镇职工基本养老保险收支的影响》，载《人口与经济》2017年第1期。

⑥ 肖彩波、刘红卫：《全面二孩政策对城乡居民基本养老保险制度实施的影响》，载《经济与管理评论》2018年第2期。

⑦ 曾益、任超然、刘倩：《“单独二孩”政策对基本医疗保险基金的支付能力影响研究》，载《保险研究》2015年第1期。

⑧ 张心洁、周绿林、曾益：《生育政策调整对提高新农合基金可持续运行能力的影响》，载《经济管理》2016年第4期。

第一，大部分国内研究是以城镇职工基本医疗保险基金为研究对象，并未对城乡居民基本医疗保险的可持续性问题进行深入的探讨，本书将重点研究湖北省城镇职工基本医疗保险基金和城乡居民基本医疗保险基金的可持续性，并分析各种可能的政策调整方案对湖北省城镇职工基本医疗保险基金和城乡居民基本医疗保险基金可持续性的影响，对湖北省社会医疗保险基金进行全方位的分析，以为政府提供相应的定量决策参考。

第二，大部分国内外学者采用精算模型来模拟社会医疗保险基金的财务运行状况，但是精算模型的参数设定（如经济增长率、人口参数、基金保值增值率、缴费基数、人均医疗费用增长率等）较为随意，并未结合实际的运行情况。基于此，本书的参数选取在考虑政策规定的基础上，结合湖北省的实际运行情况，使结果更加精确和稳健，以增强本书的可信度。

第三，虽然已有较多研究分析各项政策调整方案对社会医疗保险基金的影响，但是研究延迟退休年龄对社会医疗保险基金可持续性影响的文献较多，而研究其他政策效应的研究偏少。不仅如此，较多研究仅研究单项政策的效应，而分析多项政策组合（如延迟退休年龄政策与“全面二孩”政策的组合）效应的研究较少。基于此，本书不仅分析单项政策的效应，还分析多项政策组合的效应，以期综合考察各项政策的效应，便于提高湖北省乃至我国社会医疗保险基金的可持续性，为实现“健康中国”目标贡献定量研究结果。

第四节 研究思路、内容与方法

一、研究思路

本书的基本思路为：首先，本书在理论层面分析人口老龄化如何影响社会医疗保险基金的可持续性；其次，运用人口预测模型分析未来湖北省人口数量和人口老龄化程度的变化趋势；再次，以前两部分的研究结论为基础，建立社会医疗保险基金精算模型，评估在没有任何政策干预的情况下，湖北省社会医疗保险基金财务运行状况和可持续性；进而，运用精算模型，评估“全面二孩”政策、延迟退休年龄政策和调整缴费率政策对湖北省社会医疗保险基金可持续性的影响；最后，根据国际经验、结合我国国情和湖北省省情，给出进一步提高湖北省社会医疗保险基金可持续性的对策建议，为实现“健康中国”目标提供决策参考。

二、研究内容

本书的对象为湖北省社会医疗保险基金，包括城镇职工基本医疗保险基金和城乡居民基本医疗保险基金，具体研究内容如下：

（一）人口老龄化对社会医疗保险基金可持续性影响的理论分析

运用规范分析和理论模型，针对人口老龄化对社会医疗保险基金可持续性的影响展开理论分析，阐明具体影响机制，即人口老龄化首先影响社会医疗保险参保人口的结构，再影响社会医疗保险基金的收入和支出，最后影响社会医疗保险基金可持续性，本书按照这一主线展开理论和实证分析。

（二）湖北省人口老龄化程度的变化趋势

分析湖北省人口老龄化程度的变化趋势是评估湖北省社会医疗保险基金可持续性影响的基础，需深入研究：首先，采用生命表（life table）预测未来人口死亡率；其次，以2010年分年龄、性别、城乡的人口数为基础，运用队列要素方法（即成分法，cohort component method）得到下一年分年龄、性别、城乡的人口数；再次，用育龄妇女人数乘以对应的年龄别生育率得到每年新生儿数量；最后，考虑农村人口向城镇迁移即可以得到每年分年龄、性别、城乡的人口数。

（三）湖北省社会医疗保险基金可持续性评估

运用上述人口预测结果测算未来湖北省社会医疗保险保险制度的参保人数。

按照社会医疗保险基金运行原理，构建预测湖北省社会医疗保险基金财务运行状况的精算模型，从基金平衡视角评估在没有任何政策干预的情况（即未实施“全面二孩”政策、未延迟退休年龄、未调整缴费率）下，湖北省社会医疗保险基金的财务运行状况和可持续性如何变化，湖北省社会医疗保险基金能否实现中长期精算平衡。

（四）政策调整方案对湖北省社会医疗保险基金可持续性的影响

按照社会医疗保险基金运行原理，本书运用社会医疗保险基金精算模型评估各项政策调整方案（“全面二孩”政策、延迟退休年龄政策和调整缴费率政策）对湖北省社会医疗保险基金可持续性的影响（与未实施任何政策干预下的财务运行状况进行对比）。

（五）配套政策建议

运用文献研究和对比分析，结合发达国家经验、实证研究结果、我国实际国情和湖北省省情，给出提高湖北省社会保险基金可持续性的配套政策建议，为实现“健康中国”目标提供决策参考。

三、研究方法

本书以人口经济学、保险学、社会保障、精算学等相关理论为基础，综合人口统计（主要为“四二一”家庭微观仿真模型、Lee-carter 模型和队列要素法，用于预测未来妇女总和生育率、年龄别生育率和人口总数等）、精算模型（主要为社会医疗保险基金精算模型，从基金平衡视角评估湖北省社会医疗保险基金可持续性，以及各项政策调整方案对湖北省社会医疗保险基金可持续性的影响）、定性分析（主要为文献研究和对比分析等，用于分析人口老龄化对社会医疗保险基金可持续性的影响机制，并提出相关对策建议）等方法①，来系统评估在“健康中国”和人口老龄化程度不断加深的背景下，湖北省社会医疗保险

---

① 以上所有的研究方法均会在本书第三章及以后予以详细的说明。

基金的可持续性，并提出相关的对策建议。

第五节　创新与不足

一、本书的创新

本书的创新之处体现在以下几方面：

第一，在研究方法上，本书系统运用精算模型对湖北省社会医疗保险基金可持续性进行评估。这可以从基金平衡视角评估湖北省社会医疗保险基金可持续性，以应用于各地社会医疗保险基金的核算与审计和医疗保险政策的改革。

第二，在研究对象上，本书对湖北省现有的社会医疗保险体系（城镇职工基本医疗保险和城乡居民基本医疗保险）进行全面分析，这可以全面考察湖北省社会医疗保险体系的可持续性，以期为社会医疗保险体系的改革乃至社会保障体系的改革提供定量参考依据。

第三，在具体的参数设置和估计上，本书采用了不同于已有文献的做法，通过测算实际的参保人口数量、缴费基数、人均医疗费用增长率等替代政策规定，使本书的结论更加准确和稳健，一定程度上避免了高估或低估精算分析结果。

第四，在政策效应评估上，本书并不仅仅定性探讨各种政策所带来的效应，而是运用精算模型对各项政策调整方案进行效应评估，考察各种政策调整方案对湖北省社会医疗保险基金可持续性的影响（包括该政策调整方案使得社会医疗保险基金开始出现当期赤字和累计赤字时点分别推迟多少年、累计赤字减少多少等）。

二、本书的不足之处

由于各种主客观因素使得本书存在一些不足与缺陷，集中反映在：

第一，政策模拟方面。本书分析“全面二孩”政策、延迟退休年龄政策和调整缴费率政策对湖北省社会医疗保险基金可持续性的影响，而对其他有可能影响湖北省社会医疗保险基金可持续性的政策（如社保基金入市政策）未纳入考量。基于此，本书会在下一步的研究中分析社保基金入市政策对湖北省社会医疗保险基金可持续性的影响。

第二，数据使用方面。本书使用的数据均为宏观数据，如果要进行更加准确的预测，应获得各参保人口的详细微观数据（如性别、年龄、受教育程度、医疗费用、医疗保险支出等），但现在公开的微观数据均不足以支持本书，如果未来能获得更加详细的微观数据，本书还会进行深入的模拟和分析。

第三，对策建议方面。本书虽然提出进一步提高社会医疗保险基金可持续性方面的对策建议，但是本书还是未给出非常具体的参数建议，如应该给予生育二孩的夫妇多少生育津贴、减免生育二孩的夫妇多少个人所得税、延迟退休年龄的方案应该如何制订。在下一步的研究中，本书会使用代际核算方法（generational accounting method）来计算相关对策建议的具体参数，以期为政府的决策提供参考。

第二章
理论基础

本章主要介绍本书的理论基础，包括可持续发展理论、人口转变理论、基金平衡理论、医疗保险的相关理论。

第一节　可持续发展理论

可持续性即可持续发展，社会医疗保险基金可持续性即社会医疗保险基金的可持续发展。本书在此首先介绍可持续发展的概念。1980 年联合国（United Nations）大会首次提出“可持续发展”的概念。1987 年世界环境与发展委员会（WCED）在题为《我们共同的未来》的报告中，第一次比较系统地阐述了“可持续发展”的概念。1992 年联合国发展大会（UNCDE）《21 世纪议程》问世，标志着“可持续发展”成为人类共同追求的目标和行动计划。根据 WCED 的定义，可持续发展指的是“既满足当代人的需求，又不损害子孙后代满足其需求能力的发展”，其定义体现了以下 3 个原则：（1）公平性原则，即在资源利用、机会选择上力求代内横向公平与代际纵向公平；（2）共同性原则，可持续发展是全人类的共同事业，亦是全人类的共同责任，这需要各国家与地区的联合行动；（3）永续性，根据资源与环境的承载力适时调整和控制经济与社会发展的“节奏”，这是实现可持续发展的重要保证。资源使用与保护并举，讲求质与量的经济增长与发展方式，保护环境支撑力不受破坏，方有人类存续的时空。可持续发展的核心是发展，这要求实现生态效益、经济效益与社会效益的动态有机结合与协调。其中，人口是可持续发展的基础条件和主体，而以人为本，实现人的全面发展是可持续发展的应有之义，也是目前我国科学发展观的核心。

人口问题从来不是简单的人口数量的增减问题，它常与一国经济社会发展水平、文化传统以及政策走向紧密相关。20 世纪 70 年代以来我国开始实施并全面推开独生子女政策（“一胎”政策），生育水平呈现下降趋势。随着时间推移，由于人口惯性的作用，加之人们生育观念与选择更为理性，进入 21 世纪后我国人口出现重大转折性变化。长期以来我国的生育率水平在 2. 1 以下，在低生育水平上徘徊，小幅度的生育政策调整难以扭转当前人口态势（魏益华和迟明，2015①）。我国（含湖北省）已出现“高龄少子”、出生性别比失衡以及劳动人口缩减等人口问题，这还引发了其他一系列的经济、社会与政治问题。从社会医疗保险基金来看，这都不利于社会医疗保险基金的良性运转。无论是人口发展还是社会医疗保险基金，二者的可持续性均遭遇到严峻的挑战。因此，在“健康中国”和人口老龄化程度不断加深的背景下，如何缓解湖北省社会医疗保险基金的支付压力、提高湖北省社会医疗保险基金的可持续发展能力（湖北省社会医疗保险基金的可持续性）是湖北省面临的重大问题之一。

第二节　人口转变理论

湖北省社会医疗保险基金出现支付压力的主要原因之一是人口老龄化程度的不断上升，即人口结构的转变导致了湖北省社会医疗保险基金的支付压力不断上升。本书在此介绍人口转变理论。人口转变理论是以人口的发展阶段、演变过程及其生成原因为研究对象，它是在收集了西欧许多国家人口出生率和死亡率变化历史资料的基础上，对这些资料做出实证的、经验性的研究之后提出来的，对人口的发展过程做出阶段性划分和说明的一种理论②。该理论产生于20世纪30年代的西方，在第二次世界大战后得到了快速发展，是当代世界人口学界流行的一种人口理论，已经成为众多国家在制定人口政策、编制人口发展规划、预测人口发展趋势的重要理论依据。

法国人口学家阿道夫·兰德里（Adolphe Landry）是人口转变理论的创始人，他在1934年出版的《人口革命》一书是人口转变理论的奠基著作。在书中兰德里第一次系统地阐述了人口转变理论，他根据西欧特别是法国以往的人口统计资料，分析了人口出生率和死亡率的变动情况，认为在社会、自然的各种因素中，经济因素（特别是生产力）是影响人口发展的主要因素，人口的发展

① 魏益华、迟明：《人口新常态下中国人口生育政策调整研究》，载《人口学刊》2015年第2期。

② 吴忠观等：《人口学》（修订本），重庆大学出版社2005年版。

受经济因素的制约，他根据人口和食物供应及经济发展的关系，将一个国家的发展进程分为3个阶段。第一个阶段为古代的或原始的阶段——西欧整个史前时期直至新石器时期，这一阶段属于生育没有限制的时代，生产力发展水平很低，经济因素通过死亡率来影响人口发展，食物供应的数量在人口死亡率的变动过程中扮演了重要的角色，两者表现出了相反方向的变动关系，这一阶段人口增长主要得益于人口死亡率的降低。第二阶段为中间的或中期的阶段——西欧从新石器时期直到中世纪，这一阶段属于限制生育达到普及的时代，人口的发展变化已不依赖食物供应，经济因素通过影响婚姻关系来影响生育率，人们为了维持较高的生活水平开始改变婚姻观念——晚婚或不婚，通过婚姻关系的调整，降低生育率并影响人口增长。第三阶段为现代阶段——欧洲产业革命以来，经济的发展加快，科学和文化教育事业蓬勃兴起，人们的生活及婚姻生育观发生了很大改变，家庭人口规模缩小，出现了先是人口死亡率的下降，促进人口剧增，后发展到人口死亡率的下降，人口增长速度放慢，人口处于低生育率，低死亡率、低增长的状态。

英国人口学家布拉加（C. P. Blacker）在1947年出版了《人口发展的阶段》一书，在书中他拓展了兰德里提出的人口转变理论，该理论成为当代人口转变理论的重要代表。布拉加根据发达国家经济社会发展情况和人口发展资料，从人口出生率和死亡率的高低更迭中将人口的进化过程分为5个阶段。第一阶段是高位静止（high stationary）阶段，人口出生率和死亡率都保持高水平，人口在高出生率和高死亡率的基础上实现平衡，基本处于没有增长的静止状态，通常这一阶段是以农业为主的国家所有，年出生率和死亡率介于40‰～50‰之间。第二阶段是初期增长（early expanding）阶段，人口出生率保持高水平或静止不变，人口死亡率开始缓慢下降，死亡率下降的原因是由于经济发展带来的公共卫生保健服务增加。由于人口出生率保持着第一阶段的高水平，因而人口开始增加并达到最高的人口增长率。第三阶段是后期增长（late expanding）阶段，伴随经济的进一步增长，人口出生率和死亡率迅速下降，但人口出生率仍然高于死亡率，人口低速增长，这一阶段出生率和死亡率分别为16‰～20‰和12‰。第四阶段是低位静止（low stationary）阶段，人口出生率和死亡率都已下降到低水平，人口在低出生率和低死亡率的基础上实现平衡，基本上没有人口增长。通常在这一阶段，工业化和城市化都达到了较高的水平，人们收入增加，更加注重对教育投入，重视子女的素质。第五阶段是减退（diminishing）阶段，人口出生率与人口死亡率交叉，死亡率高于出生率，人口处于绝对减少状态，人口出现了负增长。他认为人口发展的这5个阶段是根据发达国家的人口发展资料划分的，发展中国家的人口发展还没有经过这5个阶段，还处在人口转变的过程中。

美国人口学家弗兰克·诺特斯坦（Frank W. Notestein）继承并发挥了兰德里提出的人口转变理论，从宏观层面论证了人口转变的经济根源，认为现代化、工业化和城市化是导致人口转变的根本原因。在1944年他就预言了第二次世界大战后，不发达地区人口的发展也将会呈现出西欧人口的转变过程，并证明了从欧洲国家的人口转变抽象出来的原理对世界各国都普遍适用，这是由生产力由低级向高级演变过程所必然导致的客观规律，他在研究现代欧洲人口增长时注意到死亡率对现代化力量的反应比生育率更快、更敏感，据此他将农业社会向工业社会过渡的人口转变过程划分为4个阶段：第一阶段，工业化前，主要表现为高出生率、高死亡率，但死亡率上下波动，人口自然增长率很低。第二阶段，工业化早期，主要表现为死亡率开始下降，出生率基本不变，人口自然增长率提高。第三阶段，进一步工业化时期，主要表现为死亡率继续下降，出生率也开始下降，但出生率的下降速度低于死亡率，人口自然增长率仍然很高。第四阶段，完全工业化时期，死亡率和出生率都降到了很低的水平，人口自然增长率很低，甚至为零或负数。

尽管学者们对人口转变的划分阶段及其理论阐释存在分歧，但他们都认为：(1）人口转变包括死亡率转变和出生率转变两个环节，这种转变总是以死亡率下降为先导，以出生率降至接近甚而低于死亡率水平为完结。(2）出生率和死亡率在传统社会里高，而在现代社会里低，任何现代社会的出生率和死亡率都经历了由高到低的转变过程。(3）人口发展过程不是一个独立运行的过程，而与社会经济条件的发展、变化保持着千丝万缕的联系。人口的转变过程是经济、社会发展所决定的一种必然趋势，根本动因在于其所依存的社会经济背景，是生产力的发展、科学技术的进步、工业化和城市化的发展，以及人们价值观念的变化促成了人口转变。尽管不同国家或不同地区呈现出了巨大差异性，但这种转变是普遍的客观规律，人口终究要达到零增长和负增长的状态。因此，人口老龄化、高龄化是人口转变的普遍趋势和必然趋势。

第三节　基金平衡理论

实现基金平衡是社会医疗保险制度得以正常运行的前提，本书首先需要对社会医疗保险基金筹资的模式进行介绍，社会医疗保险基金的筹资模式可分为现收现付制、完全积累制和部分积累制（现收现付制和完全积累制的组合）。我国（含湖北省）城镇职工基本医疗保险和城乡居民基本医疗保险的筹资模式分别是部分积累制（也称统账结合模式，即统筹基金与个人账户相结合的模式，其中统筹基金为现收现付制，个人账户为完全积累制）和现收现付制，但是城镇职工基本医疗保险个人账户为“实账”运行，是个人一生的纵向收支平衡，因此本书只探讨现收现付制的城镇职工基本医疗保险统筹基金。

现收现付制无须经历长时间的积累过程，不会遭受通货膨胀的压力，因此世界上的大多数国家（包括德国、法国、日本等）都是实行的这种社会医疗保险基金筹资模式，即“以支定收，略有结余”。现收现付制社会医疗保险保险基金实现收支平衡的核心是社会医疗保险基金的收入大于支出，用公式表示为：

$$I \geqslant P + C \tag{2.1}$$

公式（2.1）中，I 为社会医疗保险基金收入，P 代表社会医疗保险基金支出，C 表示各类管理费用。当社会医疗保险基金收入大于或等于支出与各类管理费用之和时，社会医疗保险基金账户会有当期结余或刚好实现收支平衡，此时不存在支付危机。当社会医疗保险基金收入小于各类支出时，就会使得社会医疗保险基金面临支付失衡困境（即当期赤字）。从理论上来讲，随着人口老龄化程度的加深，且老年人的人均医疗费用高于年轻人的人均医疗费用，我国社会医疗保险基金的收支缺口日益扩大，社会医疗保险基金的支付压力也与日递增。

第四节　医疗保险的基本理论

从医疗保险所保的范围来看，可以分为广义的医疗保险和狭义的医疗保险。国际上一般将医疗保险称为健康保险（health insurance），它是人身保险的一个组成部分，所包含的内容要比医疗保险广，包括死亡、人身伤害和疾病。发达国家的健康保险不仅补偿疾病给人们带来的医疗费用等直接经济损失，也补偿由疾病导致的收入下降等间接经济损失。也有些国家的健康保险包含了预防保健、健康促进等方面的内容。狭义的医疗保险单纯指对疾病和意外伤害发生后所导致的医疗费用的补偿（即“medical insurance”）。然而广义和狭义的医疗保险概念之间并无严格的界限，只是保险范围和程度的差异。从我国的现状来看，医疗保险主要是狭义的概念。广义医疗保险中的疾病预防等内容在我国定位为国家和地方政府所提供的公共卫生服务①。

本书的医疗保险是指以社会保险形式建立的，为公民提供因疾病所需医疗费用资助的一种保险制度。它是通过国家立法，强制性由国家、单位、个人集资建立医疗保险基金，当个人因病获得必需的医疗服务时，由社会医疗保险机构提供医疗费用补偿时的一种社会医疗保险。对超出上述范围的医疗保险，称为补充医疗保险。下面本书将介绍医疗保险的相关理论。

一、医疗保险的价值理论

医疗保险的目的是为了保障参保人（或称投保人）的疾病风险。医疗保险的价值和医疗支出有关，虽然参保人知道他们对医疗服务的需求，但很大程度上他们并不知道医疗服务的支出。医疗支出的变化非常大，一般来说，少部分

① 仇雨临：《医疗保险》，中国劳动社会保障出版社 2008 年版。

的人的医疗支出占总医疗支出的比重很大，如10%的人口的医疗支出为总医疗支出的75%，因而，医疗费用是呈偏态分布的。在这样一种情况下，保险能够很好地分散风险①。

风险规避者（risk-averse individuals）希望保障疾病风险，一种方式是借钱，但是在需要钱的时候借钱是很困难的，毕竟谁也不能保证这笔钱能够得到偿还，而且借钱所耗费的时间可能很长；另一种方式是进行储蓄，即在健康的时候进行储蓄来支付患病时的医疗费用，但是某些疾病的医疗费用可能高于一生的储蓄，因此，储蓄也不是应对疾病风险最有效的方式。最有效的方式就是购买保险，即与他人一起分散风险，我们只需要支付一定数额的保费（premium）就可以应对疾病风险。

疾病风险时常伴随着我们，但对于我们来说医疗保险是一个相对全新的概念，医疗保险在二战以后才开始兴起。火灾险和人寿保险在19世纪末就发展得非常好，海运保险在12世纪就出现，但在早期医疗保险的作用很小，原因在于那时昂贵的医疗服务不能很好地改善健康（这主要是医疗技术的原因），而且保险公司也惧怕他们不能限制被保人消费过多的医疗服务（即道德风险）。一旦有效的医疗服务成为可能，医疗保险的作用就凸显了。下面本书将从数理法和图示法来说明医疗保险的价值。

（一）数理法

1. 假设条件

假设：（1）个人的患病概率为p，健康的概率为$1-p$；（2）$d=0$代表个人是健康的，$d=1$代表个人是患病的；（3）个人患病时的医疗费用支出为m；（4）健康水平h等于$H(d, m)$，即$h=H(d, m)$，$H(0, 0)$代表患病时的健康水平，$H(1, m)$代表患病时的健康水平；（5）假设医疗服务可以使患者恢复患病前的健康水平，即$H(0, 0)=H(1, m)$；（6）个人的效用$u=U(x, h)$，其中x代表个人的消费，h代表健康水平，即个人的效用与消费和健康水平有关，且$U'>0$，$U''<0$；（7）y为个人的收入，并且y是外生的；（8）π代表个人购买保险时所付的保费；（9）保险公司为患者支付所有的医疗费用。

---

① 保险是将参保人的保费搜集在一起，形成一个“蓄水池”，然后支付遇到风险或者发生特定事件的个人，因而我们认为保险能够很好地分散风险。

下面本书将考虑两种情况（即不购买医疗保险和购买医疗保险两种情况）下个人的期望效用。

2. 不购买保险情况下个人的期望效用 V_N

V_N 代表不购买保险情况下个人的期望效用，个人健康时，其消费额为 y，其健康水平为 H(0, 0)，此时其效用为 U[y, H(0, 0)]；个人患病时，由于其要支付医疗费用 m，此时个人的消费额减少到 y－m，其健康水平为 H(1, m)，此时其效用为 U[y－m, H(1, m)]。由于个人要么健康要么患病，其面临的是一种不确定性状态，所以个人的效用应为期望效用，即 $V_N=(1-p)U[y, H(0, 0)]+pU[y-m, H(1, m)]$，在前述假设条件中，H(0, 0)＝H(1, m)，V_N 可以简写为 $V_N=(1-p)U(y)+pU(y-m)$。

3. 购买保险情况下的个人期望效用

（1）保费 π 的确定。

首先，建立以下两个假设条件：①保险公司不考虑管理费；②保险公司经营的目标是精算平衡（actuarially balance），即收支至少相抵。

以个人为分析对象，当个人健康时，保险公司的期望收入为（1－p）×π；当个人患病时，保险公司为个人支付所有的医疗费用 m，此时保险公司的期望支出为 p×(m－π)（该式大于0）。由于保险公司的目标是收支相抵，因此 $(1-p)\times\pi=p\times(m-\pi)$，得出 $\pi=p\times m$，即个人应该缴纳或保险公司应收取的保费为 p×m。

（2）支付保费情况下的个人期望效用 V_I。

不管个人是健康还是患病，个人都会支付 p·m 的保费。即使个人患病，由于保险公司为其支付了所有的医疗费用，其不需要支付任何医疗费用（除保费外）。因此，不管是健康还是患病，个人的消费为 y－p·m。在购买保险后，个人面临的是确定的状态。期望效用 V_I 就如下式所示：

$$\begin{aligned} V_I &= (1-p)\cdot U(y-p\cdot m,\ H(0,\ 0)) + P\cdot U(y-p\cdot m,\ H(1,\ m)) \\ &= (1-p)\cdot U(y-p\cdot m) + p\cdot U(y-p\cdot m) \\ &= U(y-p\cdot m) \end{aligned}$$

与不购买保险时相比，购买保险情况下的个人的（期望）效用一定的。

4. V_N 与 V_I 之间的关系

由于 V_N 的表达式未知，需要对 V_N 进行泰勒展开以得出其近似的表达式。

一阶泰勒展开无法得出函数的大致形状，二阶泰勒展开可以得到函数的大致形状，而三阶泰勒展开较麻烦，因此此处选择按 $p\times m$ 的二阶泰勒展开。

$$\begin{aligned}
V_N &= (1-p)\cdot U(y)+p\cdot U(y-m)\\
&=(1-p)\cdot[U(y-p\cdot m)+U'(y-p\cdot m)\cdot p\cdot m\\
&\quad +U''(y-p\cdot m)\cdot(p\cdot m)^2/2]\\
&\quad +p\cdot[U(y-p\cdot m)+U'(y-p\cdot m)\cdot(p\cdot m-m)\\
&\quad +U''(y-p\cdot m)\cdot(p\cdot m-m)^2/2]\\
&=(1-p+p)\cdot U(y-p\cdot m)+[(1-p)\cdot p\cdot m\\
&\quad +p\cdot(p\cdot m-m)]\cdot U'(y-p\cdot m)\\
&\quad +[(1-p)(p\cdot m)^2+p(p\cdot m-m)^2]\cdot U''(y-p\cdot m)/2\\
&=U(y-p\cdot m)+p\cdot m\cdot(m-p\cdot m)\cdot U''(y-p\cdot m)/2\\
&=U(y-p\cdot m)+\pi\cdot(m-\pi)\cdot U''(y-p\cdot m)/2(\pi=p\cdot m)\\
&=V_I+U'\cdot\pi\cdot(m-\pi)\cdot U''/(2U')
\end{aligned}$$

$$V_I=V_N+[-U'\cdot\pi\cdot(m-\pi)\cdot U''/(2U')]$$

由于 $U''<0$， $-U'\cdot\pi\cdot(m-\pi)\cdot U''/(2U')>0$ 所以，个人购买保险后的（期望）效用大于个人不购买保险时的（期望）效用，因而购买保险能够提升个人的期望效用，而 $-U'\cdot\pi\cdot(m-\pi)U''/(2U')$ 即为保险的价值。

（二）图示法

如图 2－1 所示，我们对医疗保险所带来的福利改善进行以下描述：

（1）y 代表个人的收入，m 为医疗费用，最优保费 π 为 $p\times m$（其中 p 代表患病概率）。

（2）个人面临两种状态，健康或者患病，图 2－1 的纵轴代表患病时的消费，横轴代表健康时的消费；图 2－1 的平面为不确定性状态下的二维空间，因为个人要么健康要么患病，两种状态不可能同时存在。

（3）E 和 E′代表个人的消费集，其中 E 代表个人不购买保险情况下的消费集，E′代表个人购买保险情况下的消费集；当个人不购买保险时，健康时的消费为 y，患病时的消费为 $y-m$，因此 E 为（y，$y-m$）；当个人购买保险时，不论健康还是患病，个人的消费均为 $y-p\cdot m$，因此 E′为（$y-p\cdot m$，$y-p\cdot m$）。

（4）将 E 点和 E′点连接在一起，直线 EE′的斜率为 $-(1-p)/p$，而根据上述公式法中的推断可得 $-(1-p)/p=-(m-\pi)/\pi$，因此，直线 EE′为保险公司制定保费的底线。

（5）无差异曲线穿过 E 点，而于 E′点相切。假设无差异曲线与 E 点相切，而与 E′点相交，那么两条无差异曲线必定相交，不成立；E 点对应的效用为 $p\times U(y-m)+(1-p)\times U(y)$，E′点对应的效用为 $U(y-p\cdot m)$，$U''<0$，因此效用函数为严格凸，所以，因此 E′点的效用严格大于 E 点的效用，所以无差异曲线穿过 E 点，并与 E′点相切。

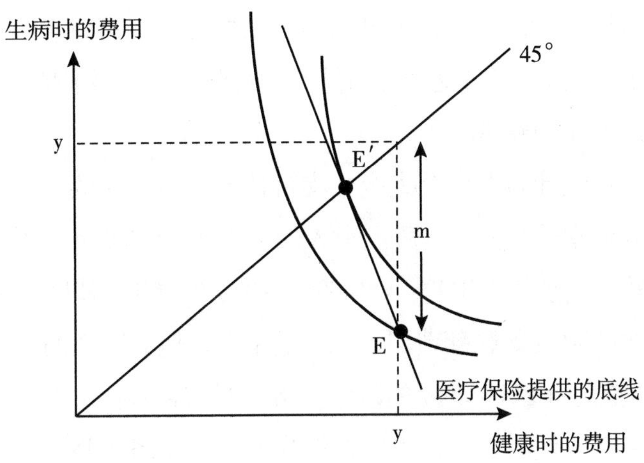

图 2－1 医疗保险的福利改善

通过图示法的分析，我们可以看出购买医疗保险对于面临疾病风险的个人来说是最优的。

二、医疗保险市场的失灵——道德风险

医疗保险市场存在着很严重的信息不对称①和信息不确定②，即医疗保险市

① 信息不对称是指一方掌握的信息多于另外一方所掌握的信息，从而形成了双方的信息不对称，在医疗保险市场，信息不对称具体表现为保险公司对投保人的患病史、家族患病史、个人的身体状况不了解，为了应对信息不对称，保险公司在投保人投保时给予一定的观察期。

② 信息不确定是指双方所掌握的信息是不确定的，在医疗保险市场，信息不确定具体表现为，投保人可能对青霉素过敏，但是保险公司和投保人自己都不清楚。

场的失灵，市场失灵具体表现为道德风险（moral hazard）和逆向选择（adverse selection）。

道德风险指的是个人倾向于过度购买或过度消费由他人全额或部分支付的产品或服务，如个人会比在全额支付时消费更多的医疗服务。道德风险和医疗保险的风险分散目标相违背。保险是有价值的，因为它使将人们的收入从不需要的人转移到有需要的人，但这种转移是不完美的，因为人们增加了对医疗服务的消费。因此，这产生了医疗保险政策设计中固有的问题：即保险公司必须在风险分散中得到的收益和道德风险产生的成本之间进行权衡。道德风险不仅可以表现为过度消费医疗服务，也可以表现为参保人不再重视自己的健康（一般称作事后道德风险），但是这种行为是不可观测的。在很多情况下，事后道德风险占道德风险的比例并不高。

最优的医疗保险计划支付个人全额支付情况下所选择的治疗方式对应的医疗费用。下面我们举一个例子，假设个人的收入为 25 000 元，并且他患病的概率为 1%，他事先同意支付 500（=50 000×1%）元的保费以换取在患病时保险公司为其支付 50 000 元的医疗费用；如果是全保，他会选择消费 60 000 元的医疗服务，多消费的这 10 000 美元的医疗服务就是道德风险。基于需求理论的视角，道德风险就是替代效应，因为人们面临的医疗服务价格降低了，而不是收入效应，收入效应是由保险的转移收入的能力产生的。

如果对任意人来说，最优医疗支出 m 是给定的而且保险公司也知道这个信息，这时就不会有道德风险。但个人对医疗服务需求是不能观测的，即使同样条件的被保人，他们之间的最优医疗支出也不尽相同。假设最优医疗支出是 m_i，其中 i 为第 i 个个体。保险公司要求个人共付一定额度的医疗费用，假设为 $c(m)$，剩余的费用 $m-c(m)$ 由保险公司支付。实际上，保险公司会将个人的医疗费用支出视为其真实医疗服务需求的信号。

$c(m)$ 的两种极端形式可以经常见到，一种是前面提到的，即保险公司支付一定数额的医疗费用（m^*），个人的共付额 $c(m)=m-m^*$；第二种形式是全保，即保险公司为被保人支付所有的医疗费用，而被保人无须支付任何费用（除保费外），全保消除了被保人的所有风险，但却产生了道德风险。

为了限制参保人的道德风险，保险公司一般会实行以下政策：起付线（the deductible）、共付率（coinsurance rate）和封顶线（stop-loss amount）。起付线是由保险机构规定医疗费用支付的最低标准，起付线以下的医疗费用由被保人自付，共付率是指在起付线至封顶线之间被保人所需自负医疗费用的比例，当个人自付的医疗费用达到封顶线时（即个人自付费用的最大值），保险公司会承担剩余的医疗费用，被保人无须自负任何医疗费用，不过以我国为例，封顶线是针对社会医疗保险机构的，当个人自付的医疗费用达到封顶线时，个人将承担剩余的医疗费用，社会医疗保险机构不再为其进行支付。除了这三项手段以外，保险公司还会加以其他限制，例如，保险公司会规定最大的住院天数为8天，一生的医疗费用不能超过为100万元，这些政策可能会减少医疗服务的消费，但也可能会排斥高风险的参保人。一般来说，这些方式也会在社会医疗保险机构中予以应用，以限制参保人的道德风险，但是社会医疗保险不会排斥高风险的参保人。

三、医疗保险市场的失灵——逆向选择

在商业保险市场，不同的参保人选择不同的保险计划，医疗保险的选择能够满足不同人的偏好，例如，有些人愿意选择管理医疗（虽然限制了使用，但成本会更低），而有些人愿意选择赔偿保险（但被保人会承担一些财务风险）。另外，医疗保险的选择对于促进效率是非常关键的，消费者期望购买价格低廉的产品，那么这样也促进生产者降低其生产成本，不仅如此，保险公司也会推出新的保险产品以满足消费者的需求和偏好。但是，医疗保险市场却不同于其他商品市场，因为买方的特点将会很大程度上影响成本，例如，60岁人的成本可能会是30岁人的3倍，即使年龄同样为30岁的人群，他们之间的成本也不一样，无论哪种人群参加了医疗保险都会影响医疗保险的平均保费。一般来说，不健康的人将会比健康的人更愿意参加慷慨（generous）的医疗保险，如果保险公司可以按照个人的期望成本来收取保费，市场就会自动的区别不同的群体，但是这种做法在实践中是不可行的，第一，很多人都相信按照人们的健康程度来收取保费是不公平的；第二，获取个人期望成本的信息在技术上是不可行的。

当保险公司只能收取平均保费时，慷慨的保险计划将吸引不健康的人群，而一般的保险计划会吸引健康的群体，由此产生了“逆向选择”，即慷慨保险计

划的参保人群的风险较高，导致保险公司不得不提高保费，风险相对较低的人群退出保险计划，保险公司又需要提高保费以保证收支平衡，由此循环下去，最后留在慷慨保险计划的人群是那些风险较高的人群。逆向选择产生了两种效应，第一，人们会选择参加不是很慷慨的保险计划，这样他们可以避免为风险较高的人群支付保险费用；第二，保险公司会改变保险计划以吸引健康的人群而排挤风险较高的人群。逆向选择下的市场均衡是缺乏效率的，有可能不存在市场均衡。社会医疗保险的出现消除了逆向选择，这是因为社会医疗保险是强制性的，人人都可以参保。

第三章
湖北省人口数量和老龄化程度的变化趋势

本章主要介绍人口预测模型，分析继续实行“一胎”政策下（即没有任何政策干预）湖北省人口数量和人口老龄化程度的变化趋势，并模拟“全面二孩”政策对湖北省人口数量和人口老龄化程度的影响。

第一节 人口预测模型

人口预测是测算湖北省社会医疗保险基金可持续性的第一步。在精算原理中，对于人口的年老、生存和死亡的规律，主要通过构造生存模型进行研究①。本书采用队列要素法（又称成分法，cohort component method），以 2010 年为基年对湖北省②未来 72 年（2015 ~ 2090 年）分年龄、性别、城乡的人口数量进行预测，具体如下：

第一步，t 年分城乡、性别、年龄的自然增长人口③数量等于 t - 1 年分城乡、性别、年龄的常住人口数量乘以对应的生存概率（ = 1 - 死亡概率），具体表达式如下：

$$l_{t,x}^{u,m} = N_{t-1,x-1}^{u,m} \times (1 - q_{t-1,x-1}^{u,m}) \tag{3.1}$$

$$l_{t,x}^{u,f} = N_{t-1,x-1}^{u,f} \times (1 - q_{t-1,x-1}^{u,f}) \tag{3.2}$$

$$l_{t,x}^{r,m} = N_{t-1,x-1}^{r,m} \times (1 - q_{t-1,x-1}^{r,m}) \tag{3.3}$$

$$l_{t,x}^{r,f} = N_{t-1,x-1}^{r,f} \times (1 - q_{t-1,x-1}^{r,f}) \tag{3.4}$$

其中，$N_{t,x}^{u,m}$、$N_{t,x}^{u,f}$、$N_{t,x}^{r,m}$和 $N_{t,x}^{r,f}$分别代表 t 年 x 岁的城镇男性、城镇女性、农村男性和农村女性的常住人口数量，$l_{t,x}^{u,m}$、$l_{t,x}^{u,f}$、$l_{t,x}^{r,m}$和 $l_{t,x}^{r,f}$分别代表 t 年 x 岁的城镇男性、城镇女性、农村男性和农村女性的自然增长人口数量，$q_{t,x}^{u,m}$、$q_{t,x}^{u,f}$、$q_{t,x}^{r,m}$和 $q_{t,x}^{r,f}$分别代表 t 年 x 岁的城镇男性、城镇女性、农村男性和农村女性的死亡概率。

第二步，t 年分城乡的新生人口（即 0 岁人口）数量等于 t 年分城乡、年龄

① 宋世斌：《我国医疗保障体系的债务风险及可持续性评估》，经济管理出版社 2009 年版。

② 本书会在后文中详细介绍为何不使用 2015 年人口 1% 抽样调查数据。

③ 自然增长人口是指由正常的出生和死亡形成的人口，不包含迁移人口；而常住人口由自然增长人口和迁移人口构成。

的平均育龄（15～49 岁）妇女人口数量乘以对应的年龄别生育率之后的加总，具体表达式如下：

$$B_t^u = \sum_{x=15}^{49} P_{t,x}^{f,u} \times f_{t,x}^u = \frac{1}{2} \times \sum_{x=15}^{49} \{[l_{t,x}^{f,u} + l_{t,x-1}^{f,u} \times (1 - q_{x-1}^{f,u})] \times f_{t,x}^u\} \quad (3.5)$$

$$B_t^r = \sum_{x=15}^{49} P_{t,x}^{f,r} \times f_{t,x}^u = \frac{1}{2} \times \sum_{x=15}^{49} \{[l_{t,x}^{f,r} + l_{t,x-1}^{f,r} \times (1 - q_{x-1}^{f,r})] \times f_{t,x}^u\} \quad (3.6)$$

其中，B_t^u 和 B_t^r 分别代表 t 年城镇和农村的新生人口数量，$P_{t,x}^{f,u}$和 $P_{t,x}^{f,r}$分别代表 t 年 x 岁的平均育龄妇女人口数量，$f_{t,x}^u$和$f_{t,x}^r$分别代表 t 年 x 岁的城镇和农村妇女的年龄别生育率。考虑新生人口性别比①后，即可获得 t 年分城乡、性别的新生人口数量。

第三步，考虑到农村人口向城镇迁移的情况，即可获得 t 年分城乡、性别、年龄的常住人口数量，具体表达式如下：

$$N_{t,x}^{u,m} = l_{t,x}^{u,m} + l_{t,x}^{r,m} \times qy_{t,x}^m \quad (3.7)$$

$$N_{t,x}^{u,f} = l_{t,x}^{u,f} + l_{t,x}^{r,f} \times qy_{t,x}^f \quad (3.8)$$

$$N_{t,x}^{r,m} = l_{t,x}^{r,m} - l_{t,x}^{r,m} \times qy_{t,x}^{r,m} \quad (3.9)$$

$$N_{t,x}^{r,f} = l_{t,x}^{r,f} - l_{t,x}^{r,f} \times qy_{t,x}^{r,f} \quad (3.10)$$

其中，$qy_{t,x}^m$和 $qy_{t,x}^f$分别代表 t 年 x 岁的农村男性和农村女性自然增长人口的迁移率，$l_{t,x}^{r,m} \times qy_{t,x}^m$和 $l_{t,x}^{r,f} \times qy_{t,x}^f$分别代表 t 年 x 岁的由农村迁往城镇的男性和女性人口数量。用迁移人口数量加上城镇自然增长人口数量等于城镇常住人口数量，用农村自然增长人口数量减去迁移人口数量等于农村常住人口数量。

第二节 相关参数计算与说明

本书使用 2010 年第六次全国人口普查数据对人口数量进行预测，而未使用最新的 2015 年 1% 人口抽样调查数据主要是因为 2010 年全国人口普查数据与 2015 年 1% 人口抽样调查数据存在一定的出入。2010 年的 0～95 岁人口是 2015

① 正常的新生人口性别比（男女比）为 105∶100。

年的 5～100 岁人口，按照 2010 年我国人口数据预测 2015 年我国人口数量，再与 2015 年的人口数量抽样值进行对比，可得到如表 3－1 的结果。可见，各年龄别的人口数量预测值与抽样值之间存在差距，最大可达 45.03%，也就是说 2015 年 1% 人口抽样调查数据存在一定的误差，由于人口普查是全样本调查①，准确度较高，因此本书仍使用 2010 年第六次全国人口普查数据对湖北省人口数量进行预测。

表 3－1　2015 年我国人口数量预测值与 2015 年我国人口数量抽样值的差距

年龄（岁）	绝对数差距	变化幅度（%）	年龄（岁）	绝对数差距	变化幅度（%）	年龄（岁）	绝对数差距	变化幅度（%）
5	－1 432 290	－10.42	22	1 311 609	6.30	39	－93 770	－0.45
6	－7 425	－0.05	23	1 615 246	7.77	40	－65 077	－0.31
7	109 926	0.70	24	1 763 862	8.18	41	113 241	0.50
8	437 746	2.87	25	372 430	1.33	42	48 040	0.20
9	678 690	4.45	26	345 076	1.30	43	－22 564	－0.09
10	－236 051	－1.60	27	－351 894	－1.44	44	－167 712	－0.67
11	229 579	1.55	28	－706 943	－2.75	45	337 164	1.24
12	140 182	1.04	29	－674 630	－2.98	46	－46 363	－0.19
13	－45 561	－0.33	30	－436 198	－2.19	47	68 816	0.26
14	－256 181	－1.79	31	2 876	0.01	48	－86 168	－0.41
15	916 716	6.33	32	－68	0.00	49	－305 079	－1.28
16	－422 004	－3.02	33	－134 145	－0.60	50	133 384	0.56
17	－535 727	－3.47	34	111 910	0.57	51	－20 776	－0.09
18	166 930	1.09	35	147 970	0.78	52	－143 823	－0.54
19	－275 797	－1.73	36	－103 980	－0.52	53	21 731	0.11
20	－4 131 600	－22.89	37	－39 893	－0.21	54	84 369	0.76
21	－852 193	－4.53	38	－139 668	－0.77	55	189 752	1.37

① 人口普查长表数据的抽样比为 10%，在统计学上，其准确度也应高于 2015 年 1% 抽样调查数据。

续表

年龄（岁）	绝对数差距	变化幅度（%）	年龄（岁）	绝对数差距	变化幅度（%）	年龄（岁）	绝对数差距	变化幅度（%）
56	-28 526	-0.23	71	144 133	1.83	86	180 571	10.18
57	28 807	0.18	72	122 560	1.72	87	200 770	12.08
58	-32 366	-0.18	73	133 451	1.94	88	177 689	13.73
59	-19 555	-0.12	74	193 223	2.86	89	165 060	16.42
60	-86 513	-0.50	75	186 409	2.93	90	132 774	15.46
61	112 694	0.66	76	142 448	2.68	91	130 685	19.90
62	99 813	0.64	77	206 660	3.59	92	87 726	17.92
63	80 377	0.52	78	196 993	3.79	93	71 787	19.47
64	205 443	1.56	79	223 333	4.59	94	60 761	21.06
65	11 428	0.09	80	258 957	5.88	95	59 801	28.21
66	13 680	0.11	81	282 793	7.21	96	38 744	28.36
67	143 672	1.35	82	262 058	7.05	97	31 500	30.66
68	118 945	1.18	83	192 159	6.41	98	30 521	41.03
69	147 123	1.59	84	223 814	8.88	99	25 210	45.03
70	68 326	0.82	85	243 305	9.96	100	-5 217	-11.98

注：绝对数差距=2015年人口数量预测值-2015年人口数量抽样值；变化幅度=绝对数差距/2015年人口数量抽样值。

资料来源：2015年1%人口抽样调查数据，http：//pan. xiaze. org/nj/2015qgrkcydczl/index-ch. htm。

一、死亡率

死亡率是人口预测中的一个重要参数，也是编制生命表的一个重要参数，根据2010年第六次全国人口普查数据①，本书可以通过2010年的死亡人数和生存人数计算出湖北省人口的死亡概率。然而，由于人口普查存在一定的漏报和

① 第六次全国人口普查数据来源于http：//www. stats. gov. cn/tjsj/pcsj/rkpc/6rp/indexch. htm。

误差，本书通过人口普查实际数据计算出来的死亡概率并非真实的死亡概率，需对该死亡概率进行一定的修正，即死亡概率修匀，这里本书采用蒋正华(1983)[①] 提出的自修正迭代算法（JPOP－1 算法）[②] 对死亡概率进行修匀。

本书引出与死亡概率 q_x 相对应的一个概念——存活概率 p_x 或 SR_x，为区别于以下的实际人口数，在该算法中采用后者，容易得出 $q_x = 1 - SR_x$ 的关系式。因此，本书就可以通过求各年龄组的存活概率来求得死亡概率，所以问题的关键就转化为求解存活率 SR_x。以下介绍求取存活概率 SR_x 的迭代算法，首先对算法中的符号作如下说明：

（1）各年龄组的存活概率为 $SR_x(x=0, 1, 2, \cdots, 100)$，并任取（0，1）之间的值；

（2）$P_{x-1,t-1}$表示 t－1 年 x－1 岁人口的数量；

（3）$D_{x-1,t-1}$表示 t－1 年 x－1 岁死亡的人口数量；

（4）$P'_{x,t}$表示 t 年 x 岁人口的平均数量。

综合以上已知条件，则有：

$$P_{x,t} = P_{x-1,t-1} \times SR_{x-1} \tag{3.11}$$

进而导出：$P_{x-1,t-1} = \dfrac{P_{x,t}}{SR_{x-1}}$，由公式（3.11）我们可以估算出 $P_{x-1,t-1}$的值。

另有：

$$P'_{x-1,t} = \frac{(P_{x-1,t-1} + P_{x-1,t})}{2} \tag{3.12}$$

由此我们可以推算出 SR_x 的新值，即：

$$SR^1_{x-1} = 1 - \frac{D_{x-1,t-1}}{P'_{x-1.t}} \tag{3.13}$$

再用新求出的 SR^1_{x-1} 代替原来的 SR^0_{x-1}，反复利用公式（3.11）～公式（3.13）进行迭代计算，直到 SR^1_{x-1}和 SR^0_{x-1}的差值小于 10^{-5}，就得到各年龄组存活概率真值，从而可以得到各年龄组死亡概率的真值。

随着人民生活水平的提高、医疗技术的进步，人口死亡率呈现逐年下降的

① 蒋正华：《JPOP－1 人口预测模型》，载《西安交通大学学报》1983 年第 4 期。

② 自修正迭代算法（JPOP－1 算法）为中国乃至世界各国人口生命表研制奠定了坚实的科学基础，这种算法可以直接利用某次人口普查的数据制作出完全生命表。

趋势，人口预期寿命也呈现逐年上升的趋势[①]，因此人口死亡率并不是一成不变的。根据《“健康中国2030”规划纲要》的精神，2020年人口预期寿命争取达到77.3岁，2030年人口预期寿命争取达到79岁。按照该文件的精神，运用生命表，本书基于2010年湖北省人口死亡率对2015～2090年湖北省人口死亡率进行调整，并结合发达国家（如日本、德国）的经验，假定湖北省人口预期寿命达到80岁后不再增加。

二、妇女生育率

生育率是预测新生人口的一个重要参数，2010年第六次全国人口普查数据显示，我国妇女总和生育率为1.18[②]，其中城镇妇女和农村妇女总和生育率分别为0.98和1.44，湖北省妇女总和生育率为1.34，其中湖北省城镇妇女和农村妇女总和生育率分别为1.1和1.6，均低于更替水平2.1[③]，也低于国家人口计生委（现国家卫生健康委员会）公布的1.8左右的水平[④]。

如此之低的生育水平是否能够如实反映我国的实际情况呢？部分学者认为我们应该相信人口普查的统计结果。郝娟和邱长溶（2011）根据相关统计年鉴的数据进行计算，得出2000～2010年我国的总和生育率在1.2～1.4，这相当于直接采用了人口普查、全国1%人口抽样调查和每年全国1‰人口变动抽样调查的结果[⑤]。郭志刚（2011）以六普结果为靶标，预测模拟了以往20年中国人口进程的大概情况，认为“总和生育率十几年都处于1.5以下的水平，不少年份甚至连1.4都不到”[⑥]。王广州（2012）认为，根据现有数据保守地估计2010年总和生育率应该在1.44以内，超过1.64的可能性极小[⑦]。

① 按照生命表的构造原理，可以通过分年龄别人口死亡率计算出人口预期寿命。
② 傅崇辉、张玲华、李玉柱：《从第六次人口普查看中国人口生育变化的新特点》，载《统计研究》2013年第1期。
③ 更替水平是指这样一个生育水平，同一批妇女生育女儿的数量恰好能替代她们本身，一旦达到生育更替水平，出生和死亡将趋于均衡；一般认为，总和生育率为2.1，即达到了生育更替水平。
④ 陈友华、胡小武：《低生育率是中国的福音？——从第六次人口普查数据看中国人口发展现状与前景》，载《南京社会科学》2011年第8期。
⑤ 郝娟、邱长溶：《2000年以来中国城乡生育水平的比较分析》，载《南方人口》2011年第5期。
⑥ 郭志刚：《六普结果表明以往人口估计和预测严重失误》，载《中国人口科学》2011年第6期。
⑦ 王广州：《中国人口总量、结构及其发展趋势预测》，内部研究报告，2012年。

本书通过设定不同的总和生育率来推算2011年的总人口，并与2011年全国人口1‰抽样调查的数据进行比对，以期找出最接近的总和生育率[①]。首先，本书采用上述人口预测模型进行预测，2011年全国人口为134 594万人[②]，而2011年实际人口数为134 735万人[③]，两者之间的差距为141万人，误差率为0.1%；然后，我们调整总和生育率，以使总人口无限接近134 735万人，测算发现，当总和生育率为1.36（其中城镇总和生育率为1.16，农村总和生育率为1.61）时，总人口为134 736万人[④]，与2011年的实际人口最接近，两者之间的差距仅为1万人，误差率小于10^{-5}，因此本书可以认为2010年我国妇女总和生育率的真实值是1.36，其中城镇妇女和农村妇女总和生育率分别为1.16和1.61，这一结论与郭志刚（2011）、王广州（2012）的结论非常接近。据此，本书根据这一测算结果调整我国和湖北省分城乡的年龄别生育率和总和生育率，城镇妇女生育率在原生育率的基础上放大1.18（=1.16/0.98）倍，农村妇女生育率在原生育率的基础上放大1.12（=1.61/1.44）倍，具体的调整结果详见表3-2中的调整生育率。由于2010年我国还实行的是计划生育政策（“一胎”政策），因此本书可以假定如果我国继续实行“一胎”政策，妇女总和生育率为1.36，其中城镇妇女和农村妇女总和生育率分别为1.16和1.61[⑤]，而湖北省城镇妇女和农村妇女总和生育率分别为1.3和1.79。

表3-2　2010年湖北省分城乡妇女生育率

年龄（岁）	原始生育率（‰）		调整生育率（‰）	
	城镇	农村	城镇	农村
15~19	2.4534	9.2140	2.8950	10.3197
20~24	55.5988	104.9475	65.6066	117.5412
25~29	83.7563	102.6415	98.8324	114.9585

① 曾益：《人口老龄化背景下我国城镇职工基本医疗保险制度可持续性研究》，上海财经大学博士学位论文，2014年。
② 包括可以确定常住地人口数1 343 641 506人，军人230万人（这里假定军人数与2010年一致）。
③ 资料来源：2012年《中国统计年鉴》。
④ 包括可以确定常住地人口数1 345 067 900人，军人230万人。
⑤ 曾益：《人口老龄化背景下我国城镇职工基本医疗保险制度可持续性研究》，上海财经大学博士学位论文，2014年。

续表

年龄（岁）	原始生育率（‰）		调整生育率（‰）	
	城镇	农村	城镇	农村
30~34	41.4824	58.8477	48.9492	65.9094
35~39	19.7868	23.9983	23.3484	26.8781
40~44	10.2758	11.2305	12.1254	12.5781
45~49	9.4576	9.7331	11.1600	10.9010

资料来源：第六次全国人口普查数据，http：//www.stats.gov.cn/tjsj/pcsj/rkpc/6rp/indexch.htm。

生育政策调整会改变湖北省妇女总和生育率，即妇女总和生育率会提高，本书结合2000年第五次全国人口普查和2010年第六次全国人口普查，以及2005年1%人口抽样调查的相关数据，计算生育政策调整下（“全面二孩”政策）符合条件夫妇的数量，并结合“四二一”家庭微观仿真模型模拟未来湖北省总和生育的变化情况，计算过程还将考虑不同生育意愿对中国总和生育率的影响，本书将在本章第四节详细介绍“全面二孩”生育意愿的设定情况。

三、迁移率

按照2000年第五次全国人口普查数据和2010年第六次全国人口普查的相关数据，本书可推算出各年龄别农村自然增长人口的迁移率。具体方法如下：假定不存在农村人口向城镇迁移的情况，运用队列要素方法得出2010年湖北省人口数量，与2010年湖北省实际人口数量进行对比，即可得到湖北省各年龄别农村自然增长人口的迁移率，具体结果详见表3-3。按照周渭兵（2004）[①] 的研究结论，本书同样假定91岁及以上的农村自然增长人口不再迁移至城镇。

① 周渭兵：《社会养老保险的精算方法及其应用》，经济管理出版社2004年版。

表 3－3　　湖北省分年龄别迁移率

年龄（岁）	男性	女性	年龄（岁）	男性	女性
0	0.00653518	0.00316860	27	0.02316189	0.02230877
1	0.00797255	0.00405598	28	0.02383290	0.02309811
2	0.01106939	0.00449876	29	0.02201957	0.02185990
3	0.01536880	0.00978531	30	0.02427938	0.02335846
4	0.01727210	0.01264294	31	0.02057249	0.02021408
5	0.02276808	0.01867790	32	0.02251236	0.02129835
6	0.02730214	0.02278119	33	0.02024488	0.01950544
7	0.03188108	0.02792199	34	0.02059029	0.02049682
8	0.03692426	0.03258121	35	0.02050224	0.01985172
9	0.04131750	0.03611946	36	0.01942116	0.01870758
10	0.04512503	0.03756133	37	0.01860716	0.01838072
11	0.04696508	0.03825391	38	0.01859117	0.01729450
12	0.05047453	0.04094394	39	0.01497221	0.01346005
13	0.04994002	0.04158651	40	0.01708117	0.01649721
14	0.04950771	0.04026558	41	0.01268481	0.01269647
15	0.04636763	0.03735440	42	0.01441974	0.01369808
16	0.04017399	0.03208501	43	0.01383041	0.01425361
17	0.03347805	0.02632270	44	0.01339057	0.01376984
18	0.03032624	0.02581926	45	0.01529371	0.01597314
19	0.02195017	0.02000578	46	0.01332126	0.01429146
20	0.02123164	0.02248683	47	0.01246105	0.01355611
21	0.01888751	0.02399259	48	0.01431638	0.01567609
22	0.02342971	0.02629811	49	0.01198798	0.01412238
23	0.02634598	0.02800373	50	0.01426756	0.01694695
24	0.02663100	0.02714851	51	0.01187178	0.01416269
25	0.02640115	0.02645563	52	0.01204697	0.01365909
26	0.02532025	0.02473638	53	0.01264727	0.01403216

续表

年龄（岁）	男性	女性	年龄（岁）	男性	女性
54	0.01220446	0.01357379	73	0.01101289	0.01300303
55	0.01271418	0.01382864	74	0.01074217	0.01333215
56	0.01243944	0.01403302	75	0.01113360	0.01416812
57	0.01052951	0.01180446	76	0.01040846	0.01333356
58	0.01226173	0.01347330	77	0.00887514	0.01174166
59	0.01181527	0.01223923	78	0.00982419	0.01365220
60	0.01634388	0.01731057	79	0.00720377	0.01045514
61	0.01221225	0.01247058	80	0.00831646	0.01285737
62	0.01281470	0.01264901	81	0.00776433	0.01180497
63	0.01251161	0.01283184	82	0.00720533	0.01130739
64	0.01443101	0.01493180	83	0.00676186	0.01057376
65	0.01387448	0.01483639	84	0.00567506	0.00952837
66	0.01141616	0.01198746	85	0.00490139	0.00835660
67	0.01222035	0.01267894	86	0.00410381	0.00744102
68	0.01203737	0.01336256	87	0.00280549	0.00584118
69	0.01009672	0.01132265	88	0.00145729	0.00425532
70	0.01315597	0.01573217	89	0.00167941	0.00377883
71	0.01129834	0.01299652	90	0.00215629	0.00359681
72	0.01168638	0.01375457	91岁及以上	0	0

第三节　“一胎”政策下湖北省人口数量和老龄化程度的变化趋势

考虑到我国（含湖北省）的生育政策从原有的“一胎”政策（1978年开始

执行）调整为“单独二孩”政策（2014年1月1日正式执行）[①]，再调整为“全面二孩”政策（2016年1月1日正式执行），为了对比生育政策调整前后人口数量的变化情况，本书首先分析继续实行“一胎”政策下湖北省人口数量和老龄化程度的变化趋势，然后再分析实施“全面二孩”政策对湖北省人口数量和老龄化程度的影响。本书未分析“单独二孩”政策带来的影响主要是因为“单独二孩”政策仅实施两年（2016～2014年），且“单独二孩”生育意愿并不高[②]。

一、人口总数的变化趋势

如果继续实行“一胎”政策，2018年湖北省人口总数为5 820.68万人，2019年及以后人口总数呈下降趋势，21世纪中叶时（即2050年）的人口总数为4 697.53万人，2090年湖北省人口总数为2 581.43万人，仅为2018年人口总数的44.35%（见表3－4）。2018年湖北省城镇人口数量为3 367.55万人，2019年及以后城镇人口数量一直呈上升趋势，直至2039年城镇人口数量达到最高峰，约为3 853.05万人，2040年及以后城镇人口数量开始呈下降趋势，2050年为3 699.26万人，2090年为2 349.68万人。2018年湖北省农村人口数量为2 453.12万人，2019年及以后农村人口数量一直呈下降趋势，2050年为998.26万人，2090年为231.74万人，这是由农村人口向城镇迁移造成的，也符合国家和湖北省城镇化的发展方向。

---

① 虽然我国（含湖北省）曾在农村地区和城镇地区分别实行“一孩半”政策和“双独二孩”政策，但效果均不是特别明显，因此未在本书中纳入分析。

② 截至2015年5月底，1 100万对“单独”夫妇仅145万对提出申请，也就是说“单独二孩”的生育意愿为13%（＝145/1 100）。资料来源：http：//china. huanqiu. com/article/2015－07/6968582. html。

表 3-4　湖北省人口总数的预测结果（继续实行“一胎”政策）　单位：人

年份	总人口			城镇人口			农村人口		
	总计	男性	女性	总计	男性	女性	总计	男性	女性
2018	58 206 882	29 908 573	28 298 309	33 675 599	17 285 156	16 390 443	24 531 284	12 623 418	11 907 866
2019	58 165 034	29 884 731	28 280 303	34 232 371	17 572 790	16 659 581	23 932 663	12 311 941	11 620 722
2020	58 119 402	29 857 650	28 261 752	34 704 736	17 816 297	16 888 438	23 414 666	12 041 352	11 373 314
2021	58 028 893	29 806 220	28 222 673	35 153 142	18 046 900	17 106 242	22 875 751	11 759 320	11 116 431
2022	57 893 042	29 730 177	28 162 864	35 576 489	18 263 981	17 312 508	22 316 552	11 466 196	10 850 356
2023	57 713 944	29 630 650	28 083 294	35 975 339	18 467 843	17 507 496	21 738 605	11 162 808	10 575 797
2024	57 493 925	29 509 082	27 984 843	36 350 987	18 659 303	17 691 684	21 142 938	10 849 779	10 293 159
2025	57 281 293	29 390 848	27 890 446	36 643 502	18 807 282	17 836 220	20 637 791	10 583 566	10 054 225
2026	57 042 078	29 258 530	27 783 549	36 918 150	18 945 761	17 972 389	20 123 929	10 312 769	9 811 160
2027	56 776 317	29 112 043	27 664 273	37 174 641	19 074 472	18 100 169	19 601 675	10 037 571	9 564 104
2028	56 484 537	28 951 868	27 532 670	37 412 961	19 193 544	18 219 417	19 071 576	9 758 324	9 313 253
2029	56 168 642	28 779 232	27 389 410	37 633 923	19 303 547	18 330 377	18 534 719	9 475 685	9 059 033
2030	55 875 257	28 618 459	27 256 798	37 777 883	19 373 323	18 404 560	18 097 375	9 245 136	8 852 238
2031	55 567 322	28 450 528	27 116 794	37 909 407	19 436 671	18 472 736	17 657 916	9 013 857	8 644 058
2032	55 245 593	28 275 733	26 969 860	38 029 059	19 493 807	18 535 253	17 216 534	8 781 927	8 434 607
2033	54 908 882	28 093 595	26 815 287	38 136 655	19 544 702	18 591 952	16 772 228	8 548 893	8 223 335

续表

年份	总人口			城镇人口			农村人口		
	总计	男性	女性	总计	男性	女性	总计	男性	女性
2034	54 557 426	27 904 602	26 652 824	38 232 291	19 589 688	18 642 603	16 325 134	8 314 914	8 010 220
2035	54 191 414	27 708 699	26 482 715	38 316 750	19 629 121	18 687 629	15 874 664	8 079 579	7 795 086
2036	53 809 618	27 505 303	26 304 315	38 389 373	19 662 764	18 726 609	15 420 244	7 842 539	7 577 705
2037	53 411 485	27 294 086	26 117 399	38 449 196	19 690 142	18 759 053	14 962 290	7 603 944	7 358 346
2038	52 995 845	27 074 346	25 921 500	38 496 218	19 711 117	18 785 102	14 499 627	7 363 229	7 136 398
2039	52 563 019	26 846 528	25 716 491	38 530 571	19 725 925	18 804 646	14 032 448	7 120 604	6 911 844
2040	52 152 832	26 631 430	25 521 401	38 488 113	19 700 517	18 787 596	13 664 719	6 930 914	6 733 805
2041	51 720 318	26 405 688	25 314 630	38 427 441	19 665 973	18 761 468	13 292 877	6 739 715	6 553 162
2042	51 265 822	26 169 645	25 096 177	38 347 960	19 622 161	18 725 799	12 917 862	6 547 484	6 370 378
2043	50 789 190	25 923 112	24 866 078	38 249 768	19 569 072	18 680 695	12 539 422	6 354 039	6 185 383
2044	50 292 765	25 667 479	24 625 286	38 134 007	19 507 385	18 626 622	12 158 758	6 160 094	5 998 665
2045	49 776 558	25 402 821	24 373 737	37 999 398	19 436 600	18 562 798	11 777 160	5 966 220	5 810 939
2046	49 241 714	25 129 776	24 111 938	37 846 534	19 357 039	18 489 495	11 395 180	5 772 737	5 622 443
2047	48 688 900	24 848 775	23 840 125	37 674 592	19 268 437	18 406 155	11 014 308	5 580 338	5 433 970
2048	48 118 362	24 559 604	23 558 758	37 484 547	19 171 065	18 313 482	10 633 815	5 388 538	5 245 276
2049	47 532 908	24 263 750	23 269 158	37 278 430	19 065 982	18 212 449	10 254 478	5 197 769	5 056 709

续表

年份	总人口			城镇人口			农村人口		
	总计	男性	女性	总计	男性	女性	总计	男性	女性
2050	46 975 334	23 984 180	22 991 154	36 992 656	18 920 130	18 072 525	9 982 679	5 064 050	4 918 629
2051	46 407 034	23 700 299	22 706 735	36 753 298	18 799 793	17 953 504	9 653 737	4 900 506	4 753 231
2052	45 831 294	23 413 682	22 417 611	36 500 767	18 673 584	17 827 183	9 330 527	4 740 099	4 590 428
2053	45 243 980	23 122 075	22 121 905	36 231 349	18 539 503	17 691 846	9 012 631	4 582 572	4 430 059
2054	44 649 545	22 827 046	21 822 499	35 949 147	18 399 038	17 550 109	8 700 399	4 428 009	4 272 390
2055	44 050 893	22 530 720	21 520 173	35 655 550	18 253 466	17 402 084	8 395 343	4 277 254	4 118 090
2056	43 451 687	22 234 765	21 216 922	35 353 770	18 104 417	17 249 354	8 097 916	4 130 348	3 967 568
2057	42 854 460	21 940 791	20 913 669	35 045 638	17 953 140	17 092 497	7 808 823	3 987 651	3 821 172
2058	42 256 887	21 647 827	20 609 061	34 728 900	17 798 850	16 930 050	7 527 987	3 848 976	3 679 011
2059	41 660 193	21 355 896	20 304 296	34 405 226	17 641 987	16 763 238	7 254 967	3 713 909	3 541 058
2060	41 070 193	21 067 509	20 002 684	34 080 439	17 485 078	16 595 361	6 989 753	3 582 430	3 407 323
2061	40 481 529	20 780 590	19 700 938	33 750 290	17 326 541	16 423 749	6 731 238	3 454 049	3 277 189
2062	39 900 777	20 497 728	19 403 049	33 421 222	17 169 021	16 252 201	6 479 555	3 328 707	3 150 848
2063	39 317 411	20 214 969	19 102 442	33 084 231	17 009 028	16 075 203	6 233 180	3 205 941	3 027 239
2064	38 732 000	19 932 450	18 799 550	32 740 317	16 847 124	15 893 193	5 991 683	3 085 326	2 906 357
2065	38 156 432	19 653 815	18 502 617	32 401 626	16 687 318	15 714 308	5 754 806	2 966 497	2 788 309

续表

年份	总人口			城镇人口			农村人口		
	总计	男性	女性	总计	男性	女性	总计	男性	女性
2066	37 584 934	19 377 026	18 207 908	32 063 326	16 527 897	15 535 429	5 521 608	2 849 129	2 672 479
2067	37 019 909	19 103 009	17 916 900	31 728 146	16 369 960	15 358 185	5 291 763	2 733 049	2 558 715
2068	36 461 056	18 831 243	17 629 813	31 396 415	16 213 306	15 183 109	5 064 641	2 617 937	2 446 704
2069	35 898 311	18 558 070	17 340 241	31 058 850	16 054 482	15 004 368	4 839 461	2 503 587	2 335 873
2070	35 360 844	18 297 139	17 063 706	30 661 401	15 863 310	14 798 091	4 699 443	2 433 828	2 265 615
2071	34 823 354	18 036 114	16 787 240	30 261 506	15 670 993	14 590 513	4 561 848	2 365 121	2 196 727
2072	34 292 054	17 777 015	16 515 039	29 865 379	15 479 695	14 385 684	4 426 674	2 297 320	2 129 355
2073	33 762 701	17 518 149	16 244 552	29 469 364	15 287 900	14 181 465	4 293 336	2 230 249	2 063 087
2074	33 236 291	17 260 288	15 976 003	29 074 111	15 096 212	13 977 899	4 162 180	2 164 076	1 998 104
2075	32 713 734	17 003 861	15 709 873	28 680 585	14 905 080	13 775 505	4 033 149	2 098 781	1 934 368
2076	32 196 353	16 749 277	15 447 076	28 290 138	14 714 954	13 575 183	3 906 215	2 034 323	1 871 893
2077	31 683 175	16 495 989	15 187 186	27 901 727	14 525 284	13 376 443	3 781 449	1 970 705	1 810 743
2078	31 175 983	16 244 622	14 931 361	27 517 138	14 336 703	13 180 434	3 658 845	1 907 919	1 750 926
2079	30 673 779	15 995 350	14 678 429	27 135 419	14 149 342	12 986 077	3 538 360	1 846 009	1 692 352
2080	30 178 925	15 749 007	14 429 918	26 758 993	13 964 091	12 794 902	3 419 932	1 784 916	1 635 016
2081	29 694 305	15 506 773	14 187 533	26 390 921	13 782 218	12 608 704	3 303 384	1 724 555	1 578 829

续表

年份	总人口			城镇人口			农村人口		
	总计	男性	女性	总计	男性	女性	总计	男性	女性
2082	29 219 155	15 268 768	13 950 388	26 030 223	13 603 703	12 426 520	3 188 932	1 665 064	1 523 867
2083	28 751 400	15 034 483	13 716 917	25 675 078	13 428 161	12 246 917	3 076 321	1 606 321	1 470 000
2084	28 298 608	14 806 298	13 492 309	25 333 302	13 258 117	12 075 185	2 965 306	1 548 181	1 417 125
2085	27 857 707	14 583 311	13 274 396	25 002 152	13 092 776	11 909 376	2 855 555	1 490 535	1 365 020
2086	27 428 358	14 365 247	13 063 111	24 681 619	12 932 010	11 749 609	2 746 740	1 433 237	1 313 503
2087	27 008 800	14 151 706	12 857 094	24 370 082	12 775 382	11 594 699	2 638 718	1 376 323	1 262 395
2088	26 599 712	13 942 544	12 657 168	24 068 424	12 622 875	11 445 549	2 531 287	1 319 669	1 211 619
2089	26 203 298	13 738 087	12 465 211	23 779 001	12 474 919	11 304 082	2 424 297	1 263 168	1 161 129
2090	25 814 364	13 536 276	12 278 088	23 496 870	12 329 525	11 167 345	2 317 493	1 206 750	1 110 743

二、老龄人口数量的变化趋势

表3－5列示了继续实行“一胎”政策下，湖北省60岁及以上人口数量的变化情况。2018年湖北省60岁及以上人口数量为1 159.56万人，2019年及以后60岁及以上人口数量呈现增加的趋势，峰值将在2053年出现，2053年60岁及以上人口数量达到1 966.26万人，至2054年及以后将呈现下降的趋势，2090年60岁及以上人口为1 105.89万人。2015～2090年湖北省60岁及以上人口数量经历“过山车”的变化趋势。2018年湖北省城镇和农村60岁及以上人口数量分别为600.35万人和559.2万人，2018年及以后城镇60岁及以上人口数量同样呈现增加的趋势，直至2055年达到峰值，为1 638.17万人，2056年及以后呈现下降的趋势，至2090年为1 028.03万人；而农村60岁及以上人口数量先呈现缓慢的上升趋势，直至2030年达到峰值，为660.37万人，2031年及以后呈现缓慢下降的趋势，至2090年为77.86万人。

表3－6列示了湖北省65岁及以上人口的变化情况，可以看出，湖北省65岁及以上人口数量的变化趋势与60岁及以上人口数量的变化趋势比较类似。湖北省65岁及以上人口数量首先呈现上升趋势，直至2058年达到峰值（与湖北省60岁及以上人口数量峰值的出现时点比较接近），为1 569.25万人，2059年及以后呈现下降趋势，至2090年为941.64万人。2018年湖北省城镇65岁及以上人口数量为401.55万人，此后城镇65岁及以上人口数量呈现上升趋势，直至2059年达到峰值，为1 346.65万人，2060年及以后呈现下降趋势，至2090年为875.82万人。湖北省农村65岁及以上人口数量呈现缓慢上升的趋势，直至2035年达到峰值，为507.3万人，2036年及以后又呈现下降趋势，至2090年为65.82万人。

可以看出，随着城镇化的推进，未来湖北省城镇的老年人口数量远远多于湖北省农村的老年人口数量。

表 3 – 5　　湖北省 60 岁及以上人口数量的预测结果（继续实行“一胎政策”）　　单位：人

年份	湖北省 60 岁及以上人口			湖北省城镇 60 岁及以上人口			湖北省农村 60 岁及以上人口		
	总计	男性	女性	总计	男性	女性	总计	男性	女性
2018	11 595 658	5 722 540	5 873 118	6 003 563	2 955 632	3 047 931	5 592 094	2 766 908	2 825 187
2019	11 815 283	5 825 043	5 990 240	6 229 716	3 064 902	3 164 813	5 585 567	2 760 140	2 825 427
2020	12 079 675	5 946 453	6 133 222	6 476 666	3 183 801	3 292 864	5 603 009	2 762 651	2 840 358
2021	12 216 995	5 999 553	6 217 443	6 648 064	3 262 824	3 385 240	5 568 931	2 736 729	2 832 202
2022	12 736 248	6 249 116	6 487 132	7 027 011	3 449 505	3 577 505	5 709 237	2 799 610	2 909 627
2023	13 542 316	6 645 345	6 896 971	7 598 713	3 734 185	3 864 528	5 943 602	2 911 160	3 032 443
2024	14 161 420	6 942 179	7 219 242	8 068 360	3 964 794	4 103 567	6 093 060	2 977 385	3 115 675
2025	14 787 666	7 245 265	7 542 401	8 535 205	4 194 715	4 340 490	6 252 461	3 050 550	3 201 911
2026	15 318 569	7 496 431	7 822 139	8 956 055	4 398 071	4 557 983	6 362 515	3 098 359	3 264 156
2027	15 717 617	7 679 004	8 038 613	9 308 162	4 565 609	4 742 553	6 409 455	3 113 395	3 296 060
2028	16 325 540	7 967 217	8 358 323	9 819 229	4 813 297	5 005 932	6 506 310	3 153 920	3 352 390
2029	16 826 296	8 201 170	8 625 126	10 282 063	5 035 533	5 246 530	6 544 234	3 165 637	3 378 596
2030	17 408 629	8 476 594	8 932 034	10 804 848	5 288 478	5 516 370	6 603 781	3 188 116	3 415 664
2031	17 795 699	8 652 209	9 143 490	11 216 591	5 483 175	5 733 416	6 579 108	3 169 034	3 410 074
2032	18 143 514	8 806 929	9 336 585	11 613 056	5 669 147	5 943 909	6 530 458	3 137 782	3 392 677
2033	18 441 834	8 936 600	9 505 234	11 987 350	5 842 845	6 144 505	6 454 484	3 093 755	3 360 729

续表

年份	湖北省60岁及以上人口			湖北省城镇60岁及以上人口			湖北省农村60岁及以上人口		
	总计	男性	女性	总计	男性	女性	总计	男性	女性
2034	18 678 410	9 034 258	9 644 153	12 325 093	5 996 763	6 328 330	6 353 317	3 037 494	3 315 823
2035	18 833 139	9 091 399	9 741 739	12 614 568	6 126 133	6 488 435	6 218 570	2 965 266	3 253 304
2036	18 936 012	9 121 951	9 814 061	12 874 274	6 237 618	6 636 656	6 061 739	2 884 333	3 177 405
2037	18 932 429	9 099 574	9 832 856	13 057 983	6 310 822	6 747 161	5 874 447	2 788 752	3 085 695
2038	18 956 351	9 089 710	9 866 641	13 267 416	6 395 483	6 871 933	5 688 935	2 694 227	2 994 708
2039	18 977 547	9 080 060	9 897 487	13 478 679	6 481 460	6 997 219	5 498 868	2 598 600	2 900 268
2040	18 954 564	9 047 179	9 907 384	13 639 293	6 541 617	7 097 676	5 315 270	2 505 562	2 809 708
2041	18 919 804	9 006 141	9 913 663	13 778 477	6 589 345	7 189 132	5 141 327	2 416 796	2 724 531
2042	18 962 766	9 002 427	9 960 339	13 982 068	6 667 249	7 314 819	4 980 698	2 335 177	2 645 520
2043	18 893 084	8 943 684	9 949 400	14 093 410	6 700 181	7 393 229	4 799 674	2 243 503	2 556 171
2044	18 817 098	8 881 884	9 935 214	14 194 096	6 727 750	7 466 346	4 623 002	2 154 134	2 468 867
2045	18 735 679	8 818 026	9 917 654	14 286 059	6 751 424	7 534 635	4 449 621	2 066 602	2 383 019
2046	18 807 687	8 835 760	9 971 926	14 498 597	6 841 211	7 657 386	4 309 089	1 994 549	2 314 540
2047	18 978 523	8 905 720	10 072 803	14 789 924	6 972 716	7 817 208	4 188 599	1 933 004	2 255 595
2048	19 093 568	8 949 869	10 143 699	15 039 371	7 084 666	7 954 705	4 054 197	1 865 203	2 188 994
2049	19 275 506	9 028 980	10 246 526	15 348 241	7 226 773	8 121 468	3 927 265	1 802 207	2 125 059

续表

年份	湖北省60岁及以上人口			湖北省城镇60岁及以上人口			湖北省农村60岁及以上人口		
	总计	男性	女性	总计	男性	女性	总计	男性	女性
2050	19 506 186	9 136 574	10 369 613	15 679 679	7 382 950	8 296 729	3 826 508	1 753 624	2 072 884
2051	19 583 999	9 187 847	10 396 152	15 903 495	7 500 755	8 402 739	3 680 504	1 687 092	1 993 412
2052	19 626 341	9 224 320	10 402 022	16 091 278	7 602 722	8 488 557	3 535 063	1 621 598	1 913 465
2053	19 662 176	9 258 206	10 403 970	16 269 285	7 699 999	8 569 285	3 392 891	1 558 206	1 834 685
2054	19 606 912	9 247 128	10 359 784	16 357 145	7 752 639	8 604 506	3 249 767	1 494 489	1 755 278
2055	19 502 575	9 216 132	10 286 443	16 381 799	7 777 555	8 604 244	3 120 776	1 438 577	1 682 199
2056	19 133 623	9 049 469	10 084 154	16 177 980	7 685 220	8 492 760	2 955 643	1 364 249	1 591 394
2057	18 749 728	8 877 118	9 872 610	15 952 895	7 584 001	8 368 894	2 796 833	1 293 117	1 503 716
2058	18 372 402	8 710 576	9 661 826	15 725 206	7 484 080	8 241 126	2 647 196	1 226 496	1 420 699
2059	17 959 875	8 525 664	9 434 211	15 460 202	7 365 300	8 094 903	2 499 673	1 160 364	1 339 309
2060	17 572 558	8 355 208	9 217 350	15 210 578	7 256 289	7 954 289	2 361 980	1 098 919	1 263 061
2061	17 192 208	8 185 830	9 006 378	14 956 181	7 143 065	7 813 116	2 236 027	1 042 765	1 193 262
2062	16 806 952	8 013 837	8 793 115	14 690 776	7 024 548	7 666 228	2 116 175	989 289	1 126 886
2063	16 412 382	7 838 396	8 573 986	14 408 338	6 898 793	7 509 545	2 004 044	939 603	1 064 441
2064	16 058 413	7 686 205	8 372 208	14 154 852	6 790 476	7 364 376	1 903 561	895 729	1 007 832
2065	15 715 046	7 538 124	8 176 922	13 905 083	6 683 327	7 221 756	1 809 962	854 797	955 165

续表

年份	湖北省60岁及以上人口			湖北省城镇60岁及以上人口			湖北省农村60岁及以上人口		
	总计	男性	女性	总计	男性	女性	总计	男性	女性
2066	15 432 892	7 421 742	8 011 151	13 696 814	6 598 129	7 098 686	1 736 078	823 613	912 465
2067	15 164 152	7 312 084	7 852 068	13 498 270	6 518 142	6 980 128	1 665 882	793 942	871 940
2068	14 915 032	7 212 974	7 702 058	13 312 513	6 445 396	6 867 118	1 602 519	767 579	834 940
2069	14 667 002	7 116 419	7 550 582	13 124 220	6 373 398	6 750 822	1 542 781	743 021	799 760
2070	14 411 423	7 013 076	7 398 347	12 912 056	6 286 855	6 625 201	1 499 366	726 220	773 146
2071	14 280 085	6 969 853	7 310 231	12 815 320	6 257 489	6 557 831	1 464 765	712 364	752 401
2072	14 158 921	6 930 667	7 228 255	12 727 393	6 231 822	6 495 571	1 431 529	698 844	732 684
2073	14 042 858	6 893 373	7 149 485	12 644 040	6 208 023	6 436 017	1 398 818	685 350	713 468
2074	13 931 906	6 858 212	7 073 694	12 565 068	6 186 236	6 378 831	1 366 838	671 976	694 862
2075	13 819 267	6 821 510	6 997 757	12 484 952	6 163 448	6 321 504	1 334 315	658 062	676 252
2076	13 697 208	6 778 855	6 918 353	12 396 843	6 135 732	6 261 111	1 300 365	643 123	657 242
2077	13 563 284	6 728 915	6 834 368	12 298 263	6 101 772	6 196 490	1 265 021	627 143	637 878
2078	13 417 777	6 671 519	6 746 258	12 189 459	6 061 384	6 128 076	1 228 317	610 136	618 182
2079	13 256 480	6 605 133	6 651 347	12 066 350	6 013 027	6 053 323	1 190 130	592 106	598 024
2080	13 081 118	6 530 252	6 550 866	11 930 493	5 957 134	5 973 359	1 150 625	573 118	577 507
2081	12 894 581	6 448 050	6 446 530	11 783 606	5 894 256	5 889 351	1 110 974	553 795	557 180

续表

年份	湖北省60岁及以上人口			湖北省城镇60岁及以上人口			湖北省农村60岁及以上人口		
	总计	男性	女性	总计	男性	女性	总计	男性	女性
2082	12 695 692	6 358 436	6 337 256	11 624 162	5 824 088	5 800 074	1 071 530	534 348	537 182
2083	12 484 082	6 261 816	6 222 267	11 451 721	5 746 989	5 704 732	1 032 362	514 827	517 535
2084	12 269 067	6 161 512	6 107 555	11 275 650	5 666 322	5 609 328	993 417	495 190	498 227
2085	12 053 502	6 059 783	5 993 719	11 098 533	5 584 136	5 514 397	954 969	475 647	479 322
2086	11 843 169	5 959 608	5 883 562	10 925 528	5 503 056	5 422 472	917 641	456 552	461 090
2087	11 636 699	5 860 794	5 775 905	10 755 296	5 422 795	5 332 501	881 403	437 999	443 404
2088	11 435 795	5 763 747	5 672 048	10 589 599	5 343 807	5 245 792	846 196	419 940	426 256
2089	11 243 520	5 669 252	5 574 268	10 431 563	5 266 937	5 164 626	811 957	402 315	409 643
2090	11 058 954	5 577 530	5 481 423	10 280 328	5 192 376	5 087 952	778 625	385 154	393 471

表 3－6　湖北省 65 岁及以上人口数量的预测结果（继续实行“一胎政策”）

单位：人

年份	湖北省 65 岁及以上人口			湖北省城镇 65 岁及以上人口			湖北省农村 65 岁及以上人口		
	总计	男性	女性	总计	男性	女性	总计	男性	女性
2018	7 792 848	3 797 715	3 995 133	4 015 558	1 952 648	2 062 910	3 777 290	1 845 066	1 932 224
2019	8 223 501	4 006 720	4 216 780	4 321 291	2 100 862	2 220 429	3 902 210	1 905 859	1 996 351
2020	8 633 099	4 206 272	4 426 827	4 613 919	2 243 184	2 370 735	4 019 180	1 963 088	2 056 092
2021	9 016 671	4 385 745	4 630 926	4 887 789	2 372 442	2 515 347	4 128 882	2 013 303	2 115 580
2022	9 445 283	4 591 632	4 853 650	5 192 431	2 518 934	2 673 497	4 252 852	2 072 699	2 180 153
2023	9 780 551	4 751 093	5 029 458	5 459 396	2 647 841	2 811 554	4 321 155	2 103 252	2 217 903
2024	9 937 526	4 819 956	5 117 570	5 633 149	2 729 352	2 903 798	4 304 377	2 090 604	2 213 773
2025	10 135 406	4 906 113	5 229 293	5 827 992	2 820 579	3 007 412	4 307 414	2 085 534	2 221 880
2026	10 210 831	4 927 353	5 283 478	5 946 901	2 872 125	3 074 777	4 263 929	2 055 228	2 208 701
2027	10 650 469	5 134 464	5 516 005	6 271 789	3 029 647	3 242 143	4 378 679	2 104 817	2 273 862
2028	11 363 345	5 480 293	5 883 052	6 784 806	3 282 103	3 502 703	4 578 539	2 198 190	2 380 349
2029	11 895 095	5 730 997	6 164 098	7 193 896	3 480 068	3 713 828	4 701 199	2 250 929	2 450 270
2030	12 431 855	5 986 793	6 445 061	7 599 518	3 677 077	3 922 441	4 832 336	2 309 716	2 522 620
2031	12 875 091	6 192 344	6 682 747	7 956 451	3 846 479	4 109 971	4 918 640	2 345 865	2 572 775
2032	13 190 793	6 332 431	6 858 362	8 242 637	3 979 416	4 263 221	4 948 156	2 353 015	2 595 141
2033	13 706 242	6 572 874	7 133 368	8 682 594	4 189 279	4 493 315	5 023 648	2 383 595	2 640 053

续表

年份	湖北省65岁及以上人口			湖北省城镇65岁及以上人口			湖北省农村65岁及以上人口		
	总计	男性	女性	总计	男性	女性	总计	男性	女性
2034	14 116 750	6 760 967	7 355 783	9 071 587	4 372 680	4 698 907	5 045 163	2 388 286	2 656 877
2035	14 598 400	6 985 357	7 613 042	9 525 374	4 588 903	4 936 470	5 073 026	2 396 454	2 676 572
2036	14 891 257	7 114 301	7 776 956	9 867 238	4 747 038	5 120 200	5 024 019	2 367 263	2 656 756
2037	15 145 775	7 223 402	7 922 373	10 191 251	4 895 429	5 295 822	4 954 525	2 327 974	2 626 551
2038	15 353 462	7 309 160	8 044 302	10 491 645	5 030 962	5 460 683	4 861 817	2 278 198	2 583 620
2039	15 503 410	7 365 362	8 138 048	10 755 038	5 146 650	5 608 388	4 748 372	2 218 711	2 529 661
2040	15 582 260	7 386 674	8 195 586	10 962 009	5 234 148	5 727 861	4 620 252	2 152 527	2 467 725
2041	15 612 166	7 383 314	8 228 852	11 138 172	5 303 656	5 834 515	4 473 994	2 079 657	2 394 337
2042	15 541 089	7 330 663	8 210 426	11 239 074	5 335 930	5 903 144	4 302 014	1 994 732	2 307 282
2043	15 499 230	7 291 767	8 207 463	11 364 806	5 379 581	5 985 226	4 134 423	1 912 186	2 222 237
2044	15 458 248	7 255 183	8 203 065	11 492 484	5 424 948	6 067 536	3 965 764	1 830 235	2 135 529
2045	15 371 329	7 195 535	8 175 794	11 578 508	5 449 507	6 129 002	3 792 821	1 746 028	2 046 793
2046	15 278 902	7 131 407	8 147 495	11 645 623	5 463 436	6 182 187	3 633 278	1 667 971	1 965 307
2047	15 267 286	7 106 184	8 161 102	11 776 900	5 507 613	6 269 288	3 490 386	1 598 572	1 891 814
2048	15 151 187	7 030 537	8 120 650	11 819 240	5 509 047	6 310 193	3 331 947	1 521 490	1 810 457
2049	15 033 320	6 954 089	8 079 232	11 853 478	5 506 611	6 346 866	3 179 843	1 447 477	1 732 365

续表

年份	湖北省65岁及以上人口			湖北省城镇65岁及以上人口			湖北省农村65岁及以上人口		
	总计	男性	女性	总计	男性	女性	总计	男性	女性
2050	14 920 498	6 880 983	8 039 515	11 874 282	5 498 741	6 375 541	3 046 216	1 382 241	1 663 974
2051	14 961 384	6 888 968	8 072 416	12 023 509	5 560 232	6 463 276	2 937 875	1 328 736	1 609 139
2052	15 105 001	6 950 518	8 154 483	12 254 564	5 664 728	6 589 836	2 850 437	1 285 789	1 564 648
2053	15 196 625	6 988 299	8 208 326	12 443 775	5 750 003	6 693 771	2 752 850	1 238 296	1 514 554
2054	15 356 521	7 060 614	8 295 906	12 692 056	5 864 569	6 827 487	2 664 465	1 196 045	1 468 419
2055	15 561 606	7 158 953	8 402 653	12 974 282	5 998 041	6 976 241	2 587 324	1 160 912	1 426 412
2056	15 624 290	7 205 633	8 418 657	13 144 721	6 091 356	7 053 365	2 479 569	1 114 277	1 365 292
2057	15 657 875	7 240 559	8 417 316	13 283 555	6 171 183	7 112 372	2 374 320	1 069 376	1 304 944
2058	15 692 540	7 276 873	8 415 667	13 417 791	6 249 455	7 168 336	2 274 749	1 027 418	1 247 331
2059	15 643 083	7 272 321	8 370 762	13 466 507	6 286 437	7 180 070	2 176 576	985 884	1 190 691
2060	15 553 790	7 251 765	8 302 025	13 461 364	6 300 297	7 161 067	2 092 426	951 468	1 140 958
2061	15 208 687	7 101 261	8 107 426	13 233 111	6 200 910	7 032 202	1 975 575	900 351	1 075 224
2062	14 854 971	6 947 406	7 907 565	12 990 564	6 095 649	6 894 914	1 864 407	851 757	1 012 650
2063	14 505 927	6 798 611	7 707 316	12 745 745	5 991 966	6 753 779	1 760 183	806 645	953 537
2064	14 121 129	6 632 093	7 489 036	12 464 489	5 870 646	6 593 844	1 656 640	761 448	895 192
2065	13 765 492	6 480 728	7 284 764	12 205 047	5 761 180	6 443 866	1 560 445	719 547	840 898

续表

年份	湖北省65岁及以上人口			湖北省城镇65岁及以上人口			湖北省农村65岁及以上人口		
	总计	男性	女性	总计	男性	女性	总计	男性	女性
2066	13 420 530	6 331 423	7 089 107	11 947 264	5 649 938	6 297 325	1 473 267	681 485	791 782
2067	13 070 956	6 179 199	6 891 757	11 681 424	5 534 411	6 147 013	1 389 532	644 788	744 744
2068	12 722 452	6 026 565	6 695 887	11 411 111	5 416 080	5 995 032	1 311 341	610 486	700 855
2069	12 412 863	5 895 443	6 517 419	11 171 202	5 314 984	5 856 218	1 241 661	580 460	661 201
2070	12 112 037	5 767 557	6 344 480	10 926 966	5 211 117	5 715 849	1 185 072	556 441	628 631
2071	11 866 818	5 668 415	6 198 404	10 722 451	5 128 062	5 594 389	1 144 367	540 352	604 015
2072	11 634 752	5 575 141	6 059 611	10 529 265	5 050 241	5 479 024	1 105 487	524 901	580 587
2073	11 417 502	5 490 003	5 927 498	10 346 322	4 978 242	5 368 079	1 071 180	511 761	559 419
2074	11 207 689	5 409 518	5 798 170	10 168 127	4 909 595	5 258 531	1 039 562	499 923	539 639
2075	10 986 645	5 321 016	5 665 630	9 974 669	4 831 089	5 143 580	1 011 976	489 927	522 050
2076	10 891 482	5 292 345	5 599 138	9 899 394	4 810 016	5 089 378	992 089	482 329	509 760
2077	10 803 762	5 266 638	5 537 123	9 830 684	4 791 763	5 038 921	973 077	474 875	498 202
2078	10 724 276	5 243 990	5 480 286	9 769 591	4 776 565	4 993 026	954 685	467 425	487 260
2079	10 650 924	5 223 978	5 426 947	9 714 177	4 764 017	4 950 160	936 748	459 961	476 787
2080	10 578 502	5 203 438	5 375 064	9 660 370	4 751 568	4 908 803	918 131	451 870	466 261
2081	10 501 078	5 178 895	5 322 184	9 603 170	4 736 216	4 866 954	897 908	442 679	455 229

续表

年份	湖北省 65 岁及以上人口			湖北省城镇 65 岁及以上人口			湖北省农村 65 岁及以上人口		
	总计	男性	女性	总计	男性	女性	总计	男性	女性
2082	10 416 508	5 149 740	5 266 768	9 540 182	4 717 194	4 822 988	876 326	432 546	443 780
2083	10 321 359	5 114 750	5 206 608	9 468 107	4 693 335	4 774 772	853 252	421 416	431 836
2084	10 220 203	5 074 730	5 145 474	9 391 750	4 665 575	4 726 176	828 453	409 155	419 298
2085	10 109 487	5 028 522	5 080 965	9 307 596	4 632 712	4 674 884	801 892	395 810	406 081
2086	9 988 968	4 975 902	5 013 066	9 214 466	4 594 007	4 620 459	774 502	381 895	392 607
2087	9 856 630	4 916 344	4 940 286	9 110 312	4 548 804	4 561 508	746 318	367 540	378 778
2088	9 714 965	4 850 676	4 864 289	8 997 496	4 497 883	4 499 614	717 469	352 793	364 676
2089	9 568 027	4 780 216	4 787 812	8 880 011	4 442 553	4 437 458	688 016	337 663	350 354
2090	9 416 486	4 706 012	4 710 474	8 758 228	4 383 647	4 374 581	658 258	322 365	335 892

三、人口老龄化程度的变化趋势

以上分析了湖北省老年人口数量的变化情况，下面来分析湖北省老年人口占总人口的比重，即湖北省老龄化程度的变化趋势。从表3－7可以看出，如果继续实行“一胎”政策，2018年湖北省60岁及以上人口占总人口的比重为19.92%，2019年及以后湖北省60岁及以上人口占总人口的比重呈现快速上升的趋势，直至2090年为42.84%。2018年湖北省城镇和农村60岁及以上人口占总人口的比重分别为17.83%和22.8%，2019年及以后呈现上升趋势，2046年湖北省城镇60岁及以上人口占总人口的比重（38.31%）开始超过农村（37.82%），至2090年湖北省城镇和农村60岁及以上人口占总人口的比重分别为43.75%和33.6%。可见，2046年及以后湖北省农村老龄化程度一直低于城镇老龄化程度，这是因为农村的人口再生产能力强于城镇的人口再生产能力，即湖北省农村妇女总和生育率高于城镇妇女总和生育率。

表3－7　　湖北省60岁及以上人口占比的预测结果

（继续实行“一胎”政策）

单位：%

年份	湖北省60岁及以上人口占比			湖北省城镇60岁及以上人口占比			湖北省农村60岁及以上人口占比		
	总计	男性	女性	总计	男性	女性	总计	男性	女性
2018	19.92	19.13	20.75	17.83	17.10	18.60	22.80	21.92	23.73
2019	20.31	19.49	21.18	18.20	17.44	19.00	23.34	22.42	24.31
2020	20.78	19.92	21.70	18.66	17.87	19.50	23.93	22.94	24.97
2021	21.05	20.13	22.03	18.91	18.08	19.79	24.34	23.27	25.48
2022	22.00	21.02	23.03	19.75	18.89	20.66	25.58	24.42	26.82
2023	23.46	22.43	24.56	21.12	20.22	22.07	27.34	26.08	28.67
2024	24.63	23.53	25.80	22.20	21.25	23.19	28.82	27.44	30.27
2025	25.82	24.65	27.04	23.29	22.30	24.34	30.30	28.82	31.85

续表

年份	湖北省60岁及以上人口占比			湖北省城镇60岁及以上人口占比			湖北省农村60岁及以上人口占比		
	总计	男性	女性	总计	男性	女性	总计	男性	女性
2026	26.85	25.62	28.15	24.26	23.21	25.36	31.62	30.04	33.27
2027	27.68	26.38	29.06	25.04	23.94	26.20	32.70	31.02	34.46
2028	28.90	27.52	30.36	26.25	25.08	27.48	34.12	32.32	36.00
2029	29.96	28.50	31.49	27.32	26.09	28.62	35.31	33.41	37.30
2030	31.16	29.62	32.77	28.60	27.30	29.97	36.49	34.48	38.59
2031	32.03	30.41	33.72	29.59	28.21	31.04	37.26	35.16	39.45
2032	32.84	31.15	34.62	30.54	29.08	32.07	37.93	35.73	40.22
2033	33.59	31.81	35.45	31.43	29.89	33.05	38.48	36.19	40.87
2034	34.24	32.38	36.18	32.24	30.61	33.95	38.92	36.53	41.39
2035	34.75	32.81	36.79	32.92	31.21	34.72	39.17	36.70	41.74
2036	35.19	33.16	37.31	33.54	31.72	35.44	39.31	36.78	41.93
2037	35.45	33.34	37.65	33.96	32.05	35.97	39.26	36.68	41.93
2038	35.77	33.57	38.06	34.46	32.45	36.58	39.24	36.59	41.96
2039	36.10	33.82	38.49	34.98	32.86	37.21	39.19	36.49	41.96
2040	36.34	33.97	38.82	35.44	33.21	37.78	38.90	36.15	41.73
2041	36.58	34.11	39.16	35.86	33.51	38.32	38.68	35.86	41.58
2042	36.99	34.40	39.69	36.46	33.98	39.06	38.56	35.67	41.53
2043	37.20	34.50	40.01	36.85	34.24	39.58	38.28	35.31	41.33
2044	37.42	34.60	40.35	37.22	34.49	40.08	38.02	34.97	41.16
2045	37.64	34.71	40.69	37.60	34.74	40.59	37.78	34.64	41.01
2046	38.19	35.16	41.36	38.31	35.34	41.41	37.82	34.55	41.17
2047	38.98	35.84	42.25	39.26	36.19	42.47	38.03	34.64	41.51
2048	39.68	36.44	43.06	40.12	36.95	43.44	38.13	34.61	41.73
2049	40.55	37.21	44.03	41.17	37.90	44.59	38.30	34.67	42.02
2050	41.52	38.09	45.10	42.39	39.02	45.91	38.33	34.63	42.14

续表

年份	湖北省60岁及以上人口占比			湖北省城镇60岁及以上人口占比			湖北省农村60岁及以上人口占比		
	总计	男性	女性	总计	男性	女性	总计	男性	女性
2051	42.20	38.77	45.78	43.27	39.90	46.80	38.13	34.43	41.94
2052	42.82	39.40	46.40	44.08	40.71	47.62	37.89	34.21	41.68
2053	43.46	40.04	47.03	44.90	41.53	48.44	37.65	34.00	41.41
2054	43.91	40.51	47.47	45.50	42.14	49.03	37.35	33.75	41.08
2055	44.27	40.90	47.80	45.94	42.61	49.44	37.17	33.63	40.85
2056	44.03	40.70	47.53	45.76	42.45	49.24	36.50	33.03	40.11
2057	43.75	40.46	47.21	45.52	42.24	48.96	35.82	32.43	39.35
2058	43.48	40.24	46.88	45.28	42.05	48.68	35.16	31.87	38.62
2059	43.11	39.92	46.46	44.94	41.75	48.29	34.45	31.24	37.82
2060	42.79	39.66	46.08	44.63	41.50	47.93	33.79	30.68	37.07
2061	42.47	39.39	45.72	44.31	41.23	47.57	33.22	30.19	36.41
2062	42.12	39.10	45.32	43.96	40.91	47.17	32.66	29.72	35.76
2063	41.74	38.78	44.88	43.55	40.56	46.72	32.15	29.31	35.16
2064	41.46	38.56	44.53	43.23	40.31	46.34	31.77	29.03	34.68
2065	41.19	38.35	44.19	42.91	40.05	45.96	31.45	28.82	34.26
2066	41.06	38.30	44.00	42.72	39.92	45.69	31.44	28.91	34.14
2067	40.96	38.28	43.82	42.54	39.82	45.45	31.48	29.05	34.08
2068	40.91	38.30	43.69	42.40	39.75	45.23	31.64	29.32	34.13
2069	40.86	38.35	43.54	42.26	39.70	44.99	31.88	29.68	34.24
2070	40.76	38.33	43.36	42.11	39.63	44.77	31.91	29.84	34.13
2071	41.01	38.64	43.55	42.35	39.93	44.95	32.11	30.12	34.25
2072	41.29	38.99	43.77	42.62	40.26	45.15	32.34	30.42	34.41
2073	41.59	39.35	44.01	42.91	40.61	45.38	32.58	30.73	34.58
2074	41.92	39.73	44.28	43.22	40.98	45.64	32.84	31.05	34.78
2075	42.24	40.12	44.54	43.53	41.35	45.89	33.08	31.35	34.96

续表

年份	湖北省60岁及以上人口占比			湖北省城镇60岁及以上人口占比			湖北省农村60岁及以上人口占比		
	总计	男性	女性	总计	男性	女性	总计	男性	女性
2076	42.54	40.47	44.79	43.82	41.70	46.12	33.29	31.61	35.11
2077	42.81	40.79	45.00	44.08	42.01	46.32	33.45	31.82	35.23
2078	43.04	41.07	45.18	44.30	42.28	46.49	33.57	31.98	35.31
2079	43.22	41.29	45.31	44.47	42.50	46.61	33.64	32.07	35.34
2080	43.35	41.46	45.40	44.58	42.66	46.69	33.64	32.11	35.32
2081	43.42	41.58	45.44	44.65	42.77	46.71	33.63	32.11	35.29
2082	43.45	41.64	45.43	44.66	42.81	46.67	33.60	32.09	35.25
2083	43.42	41.65	45.36	44.60	42.80	46.58	33.56	32.05	35.21
2084	43.36	41.61	45.27	44.51	42.74	46.45	33.50	31.99	35.16
2085	43.27	41.55	45.15	44.39	42.65	46.30	33.44	31.91	35.11
2086	43.18	41.49	45.04	44.27	42.55	46.15	33.41	31.85	35.10
2087	43.08	41.41	44.92	44.13	42.45	45.99	33.40	31.82	35.12
2088	42.99	41.34	44.81	44.00	42.33	45.83	33.43	31.82	35.18
2089	42.91	41.27	44.72	43.87	42.22	45.69	33.49	31.85	35.28
2090	42.84	41.20	44.64	43.75	42.11	45.56	33.60	31.92	35.42

注：60岁及以上人口占比=60岁及以上人口/总人口。

表3－8列示了湖北省65岁及以上人口占总人口的比重的变化趋势。如果继续实行“一胎”政策，2018年湖北省65岁及以上人口占总人口的比重为13.39%，2019年及以后湖北省65岁及以上人口占总人口的比重呈现上升趋势，直至2090年达到36.48%。2018年湖北省城镇和农村65岁及以上人口占总人口的比重分别为11.92%和15.4%，2019年及以后逐渐呈上升趋势，2048年湖北省城镇65岁及以上人口占总人口的比重（31.53%）开始超过农村65岁及以上人口占总人口的比重（31.33%），至2090年湖北省城镇和农村65岁及以上人口占总人口的比重分别达到37.27%和28.4%。同样，2048年及以后湖北省农村65岁及以上人口占总人口的比重一直低于城镇，这也是由于湖北省农村的人口

再生产能力强于城镇的人口再生产能力。

表3－8　湖北省65岁及以上人口占比的预测结果（继续实行"一胎"政策）

单位：%

年份	湖北省65岁及以上人口占比			湖北省城镇65岁及以上人口占比			湖北省农村65岁及以上人口占比		
	总计	男性	女性	总计	男性	女性	总计	男性	女性
2018	13.39	12.70	14.12	11.92	11.30	12.59	15.40	14.62	16.23
2019	14.14	13.41	14.91	12.62	11.96	13.33	16.30	15.48	17.18
2020	14.85	14.09	15.66	13.29	12.59	14.04	17.17	16.30	18.08
2021	15.54	14.71	16.41	13.90	13.15	14.70	18.05	17.12	19.03
2022	16.32	15.44	17.23	14.60	13.79	15.44	19.06	18.08	20.09
2023	16.95	16.03	17.91	15.18	14.34	16.06	19.88	18.84	20.97
2024	17.28	16.33	18.29	15.50	14.63	16.41	20.36	19.27	21.51
2025	17.69	16.69	18.75	15.90	15.00	16.86	20.87	19.71	22.10
2026	17.90	16.84	19.02	16.11	15.16	17.11	21.19	19.93	22.51
2027	18.76	17.64	19.94	16.87	15.88	17.91	22.34	20.97	23.77
2028	20.12	18.93	21.37	18.13	17.10	19.23	24.01	22.53	25.56
2029	21.18	19.91	22.51	19.12	18.03	20.26	25.36	23.75	27.05
2030	22.25	20.92	23.65	20.12	18.98	21.31	26.70	24.98	28.50
2031	23.17	21.77	24.64	20.99	19.79	22.25	27.86	26.03	29.76
2032	23.88	22.40	25.43	21.67	20.41	23.00	28.74	26.79	30.77
2033	24.96	23.40	26.60	22.77	21.43	24.17	29.95	27.88	32.10
2034	25.88	24.23	27.60	23.73	22.32	25.21	30.90	28.72	33.17
2035	26.94	25.21	28.75	24.86	23.38	26.42	31.96	29.66	34.34
2036	27.67	25.87	29.57	25.70	24.14	27.34	32.58	30.18	35.06
2037	28.36	26.47	30.33	26.51	24.86	28.23	33.11	30.62	35.69
2038	28.97	27.00	31.03	27.25	25.52	29.07	33.53	30.94	36.20
2039	29.49	27.44	31.65	27.91	26.09	29.82	33.84	31.16	36.60

续表

年份	湖北省65岁及以上人口占比			湖北省城镇65岁及以上人口占比			湖北省农村65岁及以上人口占比		
	总计	男性	女性	总计	男性	女性	总计	男性	女性
2040	29.88	27.74	32.11	28.48	26.57	30.49	33.81	31.06	36.65
2041	30.19	27.96	32.51	28.98	26.97	31.10	33.66	30.86	36.54
2042	30.31	28.01	32.72	29.31	27.19	31.52	33.30	30.47	36.22
2043	30.52	28.13	33.01	29.71	27.49	32.04	32.97	30.09	35.93
2044	30.74	28.27	33.31	30.14	27.81	32.57	32.62	29.71	35.60
2045	30.88	28.33	33.54	30.47	28.04	33.02	32.20	29.27	35.22
2046	31.03	28.38	33.79	30.77	28.22	33.44	31.88	28.89	34.95
2047	31.36	28.60	34.23	31.26	28.58	34.06	31.69	28.65	34.81
2048	31.49	28.63	34.47	31.53	28.74	34.46	31.33	28.24	34.52
2049	31.63	28.66	34.72	31.80	28.88	34.85	31.01	27.85	34.26
2050	31.76	28.69	34.97	32.10	29.06	35.28	30.52	27.30	33.83
2051	32.24	29.07	35.55	32.71	29.58	36.00	30.43	27.11	33.85
2052	32.96	29.69	36.38	33.57	30.34	36.97	30.55	27.13	34.09
2053	33.59	30.22	37.10	34.35	31.01	37.84	30.54	27.02	34.19
2054	34.39	30.93	38.02	35.31	31.87	38.90	30.62	27.01	34.37
2055	35.33	31.77	39.05	36.39	32.86	40.09	30.82	27.14	34.64
2056	35.96	32.41	39.68	37.18	33.65	40.89	30.62	26.98	34.41
2057	36.54	33.00	40.25	37.90	34.37	41.61	30.41	26.82	34.15
2058	37.14	33.61	40.83	38.64	35.11	42.34	30.22	26.69	33.90
2059	37.55	34.05	41.23	39.14	35.63	42.83	30.00	26.55	33.63
2060	37.87	34.42	41.50	39.50	36.03	43.15	29.94	26.56	33.49
2061	37.57	34.17	41.15	39.21	35.79	42.82	29.35	26.07	32.81
2062	37.23	33.89	40.75	38.87	35.50	42.42	28.77	25.59	32.14
2063	36.89	33.63	40.35	38.53	35.23	42.01	28.24	25.16	31.50
2064	36.46	33.27	39.84	38.07	34.85	41.49	27.65	24.68	30.80

续表

年份	湖北省65岁及以上人口占比			湖北省城镇65岁及以上人口占比			湖北省农村65岁及以上人口占比		
	总计	男性	女性	总计	男性	女性	总计	男性	女性
2065	36.08	32.97	39.37	37.67	34.52	41.01	27.12	24.26	30.16
2066	35.71	32.67	38.93	37.26	34.18	40.54	26.68	23.92	29.63
2067	35.31	32.35	38.47	36.82	33.81	40.02	26.26	23.59	29.11
2068	34.89	32.00	37.98	36.35	33.41	39.48	25.89	23.32	28.64
2069	34.58	31.77	37.59	35.97	33.11	39.03	25.66	23.19	28.31
2070	34.25	31.52	37.18	35.64	32.85	38.63	25.22	22.86	27.75
2071	34.08	31.43	36.92	35.43	32.72	38.34	25.09	22.85	27.50
2072	33.93	31.36	36.69	35.26	32.62	38.09	24.97	22.85	27.27
2073	33.82	31.34	36.49	35.11	32.56	37.85	24.95	22.95	27.12
2074	33.72	31.34	36.29	34.97	32.52	37.62	24.98	23.10	27.01
2075	33.58	31.29	36.06	34.78	32.41	37.34	25.09	23.34	26.99
2076	33.83	31.60	36.25	34.99	32.69	37.49	25.40	23.71	27.23
2077	34.10	31.93	36.46	35.23	32.99	37.67	25.73	24.10	27.51
2078	34.40	32.28	36.70	35.50	33.32	37.88	26.09	24.50	27.83
2079	34.72	32.66	36.97	35.80	33.67	38.12	26.47	24.92	28.17
2080	35.05	33.04	37.25	36.10	34.03	38.37	26.85	25.32	28.52
2081	35.36	33.40	37.51	36.39	34.36	38.60	27.18	25.67	28.83
2082	35.65	33.73	37.75	36.65	34.68	38.81	27.48	25.98	29.12
2083	35.90	34.02	37.96	36.88	34.95	38.99	27.74	26.23	29.38
2084	36.12	34.27	38.14	37.07	35.19	39.14	27.94	26.43	29.59
2085	36.29	34.48	38.28	37.23	35.38	39.25	28.08	26.55	29.75
2086	36.42	34.64	38.38	37.33	35.52	39.32	28.20	26.65	29.89
2087	36.49	34.74	38.42	37.38	35.61	39.34	28.28	26.70	30.00
2088	36.52	34.79	38.43	37.38	35.63	39.31	28.34	26.73	30.10
2089	36.51	34.80	38.41	37.34	35.61	39.26	28.38	26.73	30.17
2090	36.48	34.77	38.36	37.27	35.55	39.17	28.40	26.71	30.24

注：65岁及以上人口占比=65岁及以上人口/总人口。

第四节 "全面二孩" 政策下湖北省人口数量和老龄化程度的变化趋势

2015 年底我国出台"全面二孩"政策并于 2016 年 1 月 1 日正式实施。考虑到生育意愿决定"全面二孩"政策的效果，本书结合相关调查对湖北省"全面二孩"生育意愿进行分档设置，具体为 20.5%、46.7%、60%、80% 和 100%。选择 100% 的目的是为了分析一种极端情况，即当所有符合"全面二孩"政策规定夫妇生育二孩，湖北省人口数量、人口老龄化程度和社会医疗保险基金的财务运行状况会如何变化。现有的"全面二孩"生育意愿为 20.5%[①]，因此本书将 20.5% 设置为"全面二孩"生育意愿的一档；不确定是否生育二孩夫妇的比例为 26.2%，假设这部分夫妇均生育二孩，那么"全面二孩"生育意愿可上升至 46.7%（=20.5%+26.2%），因此本书也将 46.7% 设置为"全面二孩"生育意愿的一档。不仅如此，为了系统考察"全面二孩"生育意愿的提高对湖北省社会医疗保险基金财务运行状况的影响，本书将 60% 和 80% 设置为"全面二孩"生育意愿的两档。

一、"全面二孩"政策对湖北省人口总数的影响

"全面二孩"政策使得新生人口（0 岁人口）数量增加，从而人口总数增加。从表 3-9 可以看出，如果继续实行"一胎"政策（"全面二孩"生育意愿为0），湖北省新生人口数量从 2018 年的 61.5 万人下降至 2090 年的 15.05 万人；当 20.5% 符合"全面二孩"规定夫妇生育二孩，与继续实行"一胎"政策的情况相比，未来各年湖北省新生人口数量均增加，但无法改变新生人口数量呈现

① 全国妇联：《实施全面两孩政策对家庭教育的影响》，载《北京青年报》2016 年 12 月 28 日。

下降趋势的结论。即使“全面二孩”生育意愿达到100%，与继续实行“一胎”政策的情况相比，未来各年湖北省新生人口数量增加33.74%～197.25%，但是湖北省新生人口数量仍呈现一定的下降趋势。因此，“全面二孩”政策能使得未来各年湖北省新生人口数量增加，但是无法改变湖北省新生人口数量呈现下降的趋势。

表3－9　“全面二孩”政策对湖北省新生人口（0岁人口）数量的影响

单位：人

年份	“全面二孩”生育意愿					
	0	20.5%	46.7%	60%	80%	100%
2018	615 003	657 541	711 908	739 506	781 007	822 509
2019	583 590	624 563	676 930	703 513	743 487	783 462
2020	552 318	591 583	641 767	667 242	705 549	743 857
2021	522 013	559 411	607 208	631 471	667 957	704 442
2022	491 537	527 003	572 330	595 340	629 941	664 541
2023	463 357	497 009	540 017	561 849	594 679	627 509
2024	437 248	469 248	510 144	530 905	562 123	593 340
2025	418 513	449 331	488 717	508 710	538 774	568 838
2026	407 631	437 667	476 052	495 536	524 835	554 133
2027	397 225	426 499	463 911	482 901	511 457	540 011
2028	387 983	416 575	453 114	471 660	499 548	527 433
2029	379 611	407 600	443 366	461 519	488 816	516 109
2030	376 218	403 991	439 481	457 493	484 577	511 656
2031	378 903	406 883	442 644	460 797	488 095	515 394
2032	381 923	410 209	446 375	464 741	492 367	520 003
2033	385 020	413 652	450 273	468 876	496 866	524 877
2034	387 486	416 444	453 496	472 324	500 659	529 023

续表

年份	“全面二孩”生育意愿					
	0	20.5%	46.7%	60%	80%	100%
2035	389 453	418 775	456 305	475 380	504 094	532 846
2036	390 777	421 205	460 337	480 307	510 471	540 795
2037	391 048	423 229	464 966	486 415	518 999	551 982
2038	389 990	423 798	467 967	490 801	525 661	561 149
2039	387 497	422 786	469 188	493 301	530 269	568 088
2040	382 337	418 845	467 130	492 338	531 131	570 987
2041	375 720	413 447	463 689	490 063	530 826	572 914
2042	368 080	407 190	459 674	487 390	530 428	575 101
2043	359 497	399 839	454 354	483 295	528 425	575 486
2044	350 495	391 974	448 379	478 469	525 563	574 875
2045	341 054	383 574	441 735	472 899	521 838	573 271
2046	331 281	374 218	433 181	464 868	514 741	567 285
2047	321 592	364 363	423 236	454 928	504 874	557 570
2048	312 136	354 728	413 487	445 171	495 169	547 992
2049	303 169	345 610	404 294	435 989	486 069	539 050
2050	294 539	336 865	395 526	427 264	477 475	530 668
2051	287 416	329 386	387 652	419 217	469 200	522 207
2052	281 005	322 521	380 211	411 486	461 035	513 612
2053	275 411	316 594	373 880	404 958	454 225	506 534
2054	270 569	311 536	368 586	399 560	448 692	500 891
2055	266 320	307 195	364 186	395 157	444 319	496 592
2056	262 589	303 394	360 358	391 345	440 570	492 957
2057	259 462	300 242	357 247	388 289	437 645	490 224
2058	256 868	297 779	355 065	386 302	436 026	489 069

续表

年份	"全面二孩"生育意愿					
	0	20.5%	46.7%	60%	80%	100%
2059	254 677	295 854	353 629	385 185	435 484	489 226
2060	252 269	293 776	352 155	384 104	435 115	489 722
2061	249 461	291 333	350 402	382 808	434 651	490 279
2062	246 545	288 852	348 741	381 690	434 524	491 371
2063	243 479	286 287	347 125	380 701	434 683	492 944
2064	240 210	283 570	345 460	379 735	435 000	494 843
2065	236 662	280 585	343 565	378 572	435 186	496 703
2066	232 806	277 143	340 995	376 613	434 381	497 364
2067	228 668	273 255	337 738	373 828	432 526	496 727
2068	224 298	269 097	334 158	370 695	430 283	495 665
2069	219 750	264 729	330 329	367 293	427 742	494 277
2070	215 086	260 205	326 286	363 643	424 899	492 525
2071	211 023	256 168	322 558	360 208	422 104	490 633
2072	206 929	252 035	318 619	356 490	418 894	488 167
2073	202 855	247 870	314 553	352 582	415 382	485 260
2074	198 845	243 727	310 431	348 567	411 667	482 034
2075	194 922	239 640	306 301	344 500	407 821	478 577
2076	191 120	235 652	302 222	340 452	403 931	474 998
2077	187 477	231 814	298 270	336 511	400 109	471 435
2078	184 016	228 163	294 497	332 741	396 439	467 996
2079	180 743	224 707	290 926	329 171	392 964	464 741
2080	177 631	221 429	287 550	325 806	389 707	461 720
2081	174 653	218 310	284 372	322 663	386 714	459 012
2082	171 793	215 341	281 394	319 753	384 012	456 670

续表

年份	"全面二孩"生育意愿					
	0	20.5%	46.7%	60%	80%	100%
2083	169 035	212 504	278 605	317 065	381 599	454 699
2084	166 358	209 778	275 978	314 577	379 452	453 081
2085	163 735	207 131	273 479	312 249	377 530	451 772
2086	161 138	204 529	271 065	310 034	375 777	450 709
2087	158 541	201 939	268 691	307 883	374 134	449 823
2088	155 923	199 332	266 318	305 748	372 545	449 045
2089	153 268	196 689	263 919	303 599	370 969	448 325
2090	150 593	194 022	261 499	301 435	369 396	447 637

注："全面二孩"生育意愿为0的情况是指继续实行"一胎"政策的情况。

表3－10列示了20.5%符合规定的夫妇生育二孩时，湖北省人口数量的变化趋势。可以看出，湖北省总人口数量呈现下降趋势，至2090年为2 867.12万人。湖北省城镇人口从2018年的3 374.83万人增加至2039年的3 917.99万人，此后城镇人口呈现下降趋势，至2090年为2 602.69万人。湖北省农村人口从2018年的2 454.47万人下降至2090年的264.43万人。

如果"全面二孩"生育意愿进一步提高，情况会如何变化呢？从表3－11可以看出，如果46.7%符合"全面二孩"规定夫妇生育二孩，总人口在2020年达到高峰，峰值为5 849.83万人，此后总人口呈现下降趋势，至2090年为3 268.63万人；如60%符合"全面二孩"规定夫妇生育二孩，总人口在2021年达到高峰，峰值为5 862.5万人，此后总人口也呈现下降趋势，至2090年为3 488.88万人；如果80%符合"全面二孩"规定夫妇生育二孩，总人口在2022年达到高峰，峰值为5 882.59万人，此后总人口同样呈现下降趋势，至2090年为3 842万人；如果所有符合"全面二孩"规定夫妇生育二孩，总人口在2022年达到高峰，峰值为5 905.91万人，此后总人口同样呈现下降趋势，至2090年为4 222.56万人。可以看出，"全面二孩"政策的实施并未带来湖北省人口总数的快速增长，政府无须担忧人口数量的膨胀。

表 3－10　　湖北省人口总数的预测结果（“全面二孩”生育意愿为 20.5%）　　单位：人

年份	总人口			城镇人口			农村人口		
	总计	男性	女性	总计	男性	女性	总计	男性	女性
2018	58 293 156	29 955 331	28 337 825	33 748 359	17 324 661	16 423 698	24 544 797	12 630 670	11 914 128
2019	58 292 208	29 953 652	28 338 555	34 340 033	17 631 241	16 708 793	23 952 174	12 322 412	11 629 762
2020	58 285 760	29 947 807	28 337 953	34 846 044	17 893 011	16 953 033	23 439 716	12 054 796	11 384 920
2021	58 232 565	29 916 601	28 315 965	35 326 608	18 141 069	17 185 539	22 905 957	11 775 532	11 130 425
2022	58 132 095	29 859 736	28 272 359	35 780 548	18 374 757	17 405 791	22 351 546	11 484 979	10 866 567
2023	57 986 562	29 778 403	28 208 159	36 208 504	18 594 418	17 614 087	21 778 058	11 183 985	10 594 072
2024	57 798 456	29 674 134	28 124 322	36 611 918	18 800 950	17 810 968	21 186 537	10 873 184	10 313 354
2025	57 616 556	29 572 558	28 043 998	36 931 237	18 963 479	17 967 759	20 685 319	10 609 079	10 076 239
2026	57 407 290	29 456 474	27 950 816	37 231 997	19 116 132	18 115 865	20 175 293	10 340 342	9 834 951
2027	57 170 715	29 325 808	27 844 907	37 513 920	19 258 648	18 255 272	19 656 794	10 067 159	9 589 635
2028	56 907 437	29 181 079	27 726 358	37 777 053	19 391 190	18 385 863	19 130 383	9 789 889	9 340 494
2029	56 619 435	29 023 560	27 595 875	38 022 281	19 514 365	18 507 916	18 597 154	9 509 195	9 087 959
2030	56 353 725	28 877 783	27 475 941	38 190 301	19 597 203	18 593 098	18 163 424	9 280 581	8 882 843
2031	56 073 668	28 724 958	27 348 710	38 346 009	19 673 679	18 672 330	17 727 659	9 051 279	8 676 380
2032	55 780 117	28 565 430	27 214 687	38 490 059	19 744 058	18 746 001	17 290 058	8 821 372	8 468 686
2033	55 471 925	28 398 743	27 073 182	38 622 313	19 808 339	18 813 975	16 849 611	8 590 404	8 259 207

续表

年份	总人口			城镇人口			农村人口		
	总计	男性	女性	总计	男性	女性	总计	男性	女性
2034	55 149 308	28 225 374	26 923 935	38 742 867	19 866 848	18 876 018	16 406 441	8 358 525	8 047 916
2035	54 812 495	28 045 289	26 767 206	38 852 563	19 919 979	18 932 584	15 959 932	8 125 310	7 834 622
2036	54 460 996	27 858 304	26 602 691	38 951 385	19 967 840	18 983 545	15 509 610	7 890 464	7 619 146
2037	54 094 907	27 664 445	26 430 462	39 038 919	20 010 256	19 028 663	15 055 988	7 654 189	7 401 799
2038	53 712 931	27 462 940	26 249 990	39 115 085	20 047 044	19 068 041	14 597 846	7 415 896	7 181 950
2039	53 315 243	27 254 158	26 061 085	39 179 912	20 078 386	19 101 525	14 135 331	7 175 772	6 959 559
2040	52 941 405	27 058 752	25 882 653	39 169 045	20 070 118	19 098 927	13 772 360	6 988 633	6 783 726
2041	52 546 450	26 853 356	25 693 095	39 141 069	20 053 312	19 087 757	13 405 381	6 800 044	6 605 337
2042	52 130 887	26 638 403	25 492 483	39 095 583	20 027 941	19 067 642	13 035 304	6 610 462	6 424 842
2043	51 694 410	26 413 624	25 280 786	39 032 560	19 993 931	19 038 629	12 661 850	6 419 693	6 242 157
2044	51 239 270	26 180 357	25 058 913	38 953 071	19 951 919	19 001 152	12 286 199	6 228 438	6 057 761
2045	50 765 379	25 938 625	24 826 754	38 855 757	19 901 365	18 954 393	11 909 621	6 037 260	5 872 361
2046	50 273 257	25 688 725	24 584 532	38 740 634	19 842 275	18 898 358	11 532 623	5 846 450	5 686 173
2047	49 762 989	25 430 773	24 332 216	38 606 331	19 774 090	18 832 241	11 156 658	5 656 683	5 499 975
2048	49 234 809	25 164 547	24 070 262	38 453 808	19 697 070	18 756 738	10 781 001	5 467 477	5 313 524
2049	48 691 553	24 891 552	23 800 001	38 285 111	19 612 284	18 672 827	10 406 443	5 279 268	5 127 174

续表

年份	总人口			城镇人口			农村人口		
	总计	男性	女性	总计	男性	女性	总计	男性	女性
2050	48 176 052	24 634 769	23 541 283	38 036 677	19 486 688	18 549 988	10 139 375	5 148 080	4 991 295
2051	47 649 455	24 373 472	23 275 983	37 834 292	19 386 405	18 447 887	9 815 162	4 987 067	4 828 096
2052	47 114 948	24 109 182	23 005 766	37 618 310	19 280 018	18 338 292	9 496 638	4 829 165	4 667 474
2053	46 568 520	23 839 712	22 728 808	37 385 116	19 165 584	18 219 532	9 183 404	4 674 129	4 509 276
2054	46 014 740	23 566 692	22 448 048	37 138 914	19 044 643	18 094 271	8 875 826	4 522 049	4 353 777
2055	45 456 628	23 292 311	22 164 318	36 881 200	18 918 533	17 962 667	8 575 428	4 373 778	4 201 650
2056	44 897 868	23 018 247	21 879 622	36 615 202	18 788 888	17 826 314	8 282 667	4 229 359	4 053 308
2057	44 341 036	22 746 131	21 594 905	36 342 785	18 656 980	17 685 805	7 998 252	4 089 151	3 909 101
2058	43 783 963	22 475 078	21 308 885	36 061 845	18 522 101	17 539 744	7 722 118	3 952 977	3 769 141
2059	43 228 004	22 205 181	21 022 823	35 774 175	18 384 759	17 389 416	7 453 829	3 820 422	3 633 407
2060	42 679 033	21 938 980	20 740 053	35 485 661	18 247 514	17 238 147	7 193 372	3 691 467	3 501 906
2061	42 131 724	21 674 419	20 457 305	35 192 088	18 108 801	17 083 287	6 939 636	3 565 618	3 374 018
2062	41 592 716	21 414 117	20 178 598	34 899 970	17 971 303	16 928 667	6 692 746	3 442 815	3 249 931
2063	41 051 547	21 154 158	19 897 389	34 600 374	17 831 568	16 768 806	6 451 173	3 322 591	3 128 582
2064	40 508 835	20 894 703	19 614 132	34 294 356	17 690 188	16 604 169	6 214 479	3 204 515	3 009 963
2065	39 976 465	20 639 392	19 337 073	33 994 072	17 551 174	16 442 898	5 982 393	3 088 219	2 894 174

续表

年份	总人口			城镇人口			农村人口		
	总计	男性	女性	总计	男性	女性	总计	男性	女性
2066	39 448 511	20 386 106	19 062 406	33 694 554	17 412 741	16 281 813	5 753 957	2 973 365	2 780 593
2067	38 927 201	20 135 671	18 791 530	33 398 372	17 275 900	16 122 472	5 528 829	2 859 771	2 669 058
2068	38 412 185	19 887 538	18 524 647	33 105 823	17 140 428	15 965 395	5 306 362	2 747 110	2 559 252
2069	37 893 368	19 638 033	18 255 335	32 807 602	17 002 863	15 804 739	5 085 765	2 635 170	2 450 596
2070	37 399 867	19 400 776	17 999 091	32 449 618	16 832 996	15 616 622	4 950 250	2 567 780	2 382 470
2071	36 906 265	19 163 366	17 742 899	32 089 152	16 661 950	15 427 202	4 817 112	2 501 416	2 315 697
2072	36 418 696	18 927 780	17 490 916	31 732 353	16 491 853	15 240 499	4 686 344	2 435 927	2 250 417
2073	35 932 882	18 692 309	17 240 573	31 375 530	16 321 174	15 054 356	4 557 352	2 371 135	2 186 218
2074	35 449 765	18 457 695	16 992 070	31 019 284	16 150 490	14 868 793	4 430 481	2 307 205	2 123 277
2075	34 970 205	18 224 337	16 745 868	30 664 532	15 980 221	14 684 311	4 305 673	2 244 116	2 061 556
2076	34 495 488	17 992 624	16 502 864	30 312 592	15 810 796	14 501 796	4 182 896	2 181 827	2 001 069
2077	34 024 610	17 761 987	16 262 623	29 962 390	15 641 646	14 320 744	4 062 219	2 120 341	1 941 879
2078	33 559 364	17 533 057	16 026 307	29 615 726	15 473 411	14 142 315	3 943 638	2 059 646	1 883 992
2079	33 098 759	17 306 012	15 792 748	29 271 651	15 306 223	13 965 428	3 827 108	1 999 789	1 827 320
2080	32 645 130	17 081 666	15 563 464	28 932 563	15 140 956	13 791 607	3 712 567	1 940 710	1 771 857
2081	32 201 362	16 861 199	15 340 163	28 601 527	14 978 878	13 622 648	3 599 835	1 882 320	1 717 515

续表

年份	总人口			城镇人口			农村人口		
	总计	男性	女性	总计	男性	女性	总计	男性	女性
2082	31 766 668	16 644 713	15 121 955	28 277 541	14 819 954	13 457 587	3 489 127	1 824 759	1 664 368
2083	31 339 018	16 431 727	14 907 292	27 958 833	14 663 825	13 295 007	3 380 186	1 767 901	1 612 284
2084	30 926 000	16 224 629	14 701 371	27 653 241	14 513 029	13 140 212	3 272 759	1 711 601	1 561 159
2085	30 524 491	16 022 481	14 502 009	27 357 980	14 366 739	12 991 241	3 166 511	1 655 743	1 510 768
2086	30 134 137	15 825 004	14 309 134	27 073 033	14 224 824	12 848 209	3 061 104	1 600 180	1 460 925
2087	29 753 117	15 631 754	14 121 363	26 796 728	14 086 811	12 709 917	2 956 390	1 544 943	1 411 447
2088	29 382 095	15 442 589	13 939 506	26 529 943	13 952 688	12 577 255	2 852 152	1 489 902	1 362 251
2089	29 023 239	15 257 818	13 765 421	26 275 007	13 822 872	12 452 135	2 748 232	1 434 945	1 313 286
2090	28 671 268	15 075 327	13 595 941	26 026 901	13 695 326	12 331 575	2 644 367	1 380 001	1 264 366

表 3 – 11　　湖北省人口总数的预测结果（"全面二孩"生育意愿为 46.7% ~ 100%）

单位：人

年份	"全面二孩"生育意愿											
	46.7%			60%			80%			100%		
	总人口	城镇人口	农村人口	总人口	城镇人口	农村人口	总人口	城镇人口	农村人口	总人口	城镇人口	农村人口
2018	58 403 418	33 841 350	24 562 068	58 459 391	33 888 555	24 570 836	58 543 560	33 959 541	24 584 020	58 627 730	34 030 526	24 597 204
2019	58 454 741	34 477 631	23 977 110	58 537 249	34 547 481	23 989 768	58 661 321	34 652 517	24 008 803	58 785 392	34 757 554	24 027 838
2020	58 498 374	35 026 644	23 471 731	58 606 304	35 118 322	23 487 983	58 768 605	35 256 183	23 512 422	58 930 906	35 394 045	23 536 861
2021	58 492 868	35 548 306	22 944 562	58 625 007	35 660 847	22 964 160	58 823 711	35 830 081	22 993 630	59 022 415	35 999 315	23 023 100
2022	58 437 616	36 041 344	22 396 272	58 592 708	36 173 732	22 418 976	58 825 930	36 372 811	22 453 118	59 059 151	36 571 890	22 487 261
2023	58 334 980	36 506 499	21 828 481	58 511 848	36 657 769	21 854 079	58 777 815	36 885 243	21 892 572	59 043 781	37 112 715	21 931 067
2024	58 187 660	36 945 397	21 242 262	58 385 232	37 114 681	21 270 551	58 682 332	37 369 239	21 313 092	58 979 430	37 623 795	21 355 635
2025	58 045 035	37 298 969	20 746 066	58 262 544	37 485 639	20 776 905	58 589 624	37 766 342	20 823 281	58 916 701	38 047 040	20 869 661
2026	57 874 043	37 633 097	20 240 945	58 110 980	37 836 704	20 274 276	58 467 274	38 142 875	20 324 399	58 823 565	38 449 037	20 374 528
2027	57 674 767	37 947 519	19 727 249	57 930 638	38 167 620	19 763 018	58 315 402	38 498 592	19 816 811	58 700 162	38 829 552	19 870 610
2028	57 447 911	38 242 357	19 205 555	57 722 270	38 478 550	19 243 720	58 134 832	38 833 715	19 301 118	58 547 388	39 188 864	19 358 524
2029	57 195 554	38 518 587	18 676 967	57 488 004	38 770 514	18 717 490	57 927 771	39 149 335	18 778 436	58 367 527	39 528 134	18 839 393
2030	56 965 207	38 717 345	18 247 862	57 275 606	38 984 871	18 290 735	57 742 360	39 387 142	18 355 218	58 209 099	39 789 384	18 419 715
2031	56 720 779	38 903 954	17 816 825	57 049 265	39 187 164	17 862 101	57 543 217	39 613 015	17 930 202	58 037 155	40 038 833	17 998 322
2032	56 463 256	39 079 190	17 384 066	56 810 038	39 378 233	17 431 805	57 331 511	39 827 896	17 503 615	57 852 980	40 277 530	17 575 450

续表

年份	"全面二孩"生育意愿											
	46.7%			60%			80%			100%		
	总人口	城镇人口	农村人口	总人口	城镇人口	农村人口	总人口	城镇人口	农村人口	总人口	城镇人口	农村人口
2033	56 191 541	39 242 976	16 948 565	56 556 853	39 558 032	16 998 821	57 106 206	40 031 785	17 074 421	57 655 576	40 505 520	17 150 056
2034	55 905 827	39 395 401	16 510 426	56 289 889	39 726 647	16 563 242	56 867 463	40 224 762	16 642 701	57 445 082	40 722 877	16 722 204
2035	55 606 385	39 537 389	16 068 996	56 009 442	39 885 043	16 124 399	56 615 610	40 407 852	16 207 757	57 221 859	40 930 687	16 291 172
2036	55 293 851	39 669 907	15 623 944	55 716 794	40 034 759	15 682 034	56 352 998	40 583 547	15 769 451	56 989 444	41 132 500	15 856 944
2037	54 969 323	39 793 413	15 175 910	55 413 623	40 176 764	15 236 859	56 082 277	40 753 673	15 328 604	56 751 570	41 331 113	15 420 457
2038	54 631 330	39 907 713	14 723 617	55 098 370	40 310 804	14 787 566	55 801 741	40 917 880	14 883 861	56 506 380	41 526 069	14 980 311
2039	54 279 849	40 012 696	14 267 153	54 770 903	40 436 692	14 334 212	55 511 092	41 075 861	14 435 231	56 253 398	41 716 934	14 536 464
2040	53 954 090	40 043 722	13 910 368	54 470 248	40 489 635	13 980 613	55 249 070	41 162 590	14 086 480	56 031 072	41 838 441	14 192 631
2041	53 609 161	40 059 435	13 549 725	54 151 581	40 528 343	13 623 238	54 970 998	41 236 911	13 734 087	55 794 917	41 949 620	13 845 297
2042	53 245 850	40 059 757	13 186 094	53 815 868	40 552 931	13 262 937	54 678 143	41 299 276	13 378 866	55 546 552	42 051 306	13 495 247
2043	52 863 646	40 044 485	12 819 161	53 462 481	40 563 103	12 899 377	54 369 695	41 349 234	13 020 460	55 284 972	42 142 881	13 142 091
2044	52 464 656	40 014 581	12 450 075	53 093 449	40 559 756	12 533 693	54 047 556	41 387 578	12 659 978	55 011 941	42 225 026	12 786 915
2045	52 048 658	39 968 572	12 080 086	52 708 476	40 541 354	12 167 122	53 711 310	41 412 670	12 298 640	54 726 913	42 295 990	12 430 923
2046	51 615 217	39 905 584	11 709 633	52 306 575	40 506 506	11 800 069	53 359 059	41 422 262	11 936 797	54 426 977	42 352 570	12 074 407
2047	51 163 525	39 823 405	11 340 120	51 886 421	40 452 511	11 433 909	52 988 615	41 412 834	11 575 781	54 108 987	42 390 334	11 718 654

续表

年份	“全面二孩”生育意愿											
	46.7%			60%			80%			100%		
	总人口	城镇人口	农村人口	总人口	城镇人口	农村人口	总人口	城镇人口	农村人口	总人口	城镇人口	农村人口
2048	50 693 797	39 722 964	10 970 833	51 448 217	40 380 281	11 067 936	52 600 164	41 385 272	11 214 892	53 773 109	42 410 136	11 362 973
2049	50 208 904	39 606 332	10 602 572	50 994 854	40 291 899	10 702 955	52 196 625	41 341 677	10 854 947	53 422 289	42 414 099	11 008 191
2050	49 751 729	39 409 981	10 341 748	50 569 242	40 123 858	10 445 384	51 820 956	41 218 578	10 602 377	53 099 539	42 338 789	10 760 751
2051	49 283 047	39 259 267	10 023 780	50 131 943	40 001 269	10 130 673	51 433 359	41 140 686	10 292 673	52 764 662	42 308 476	10 456 185
2052	48 805 861	39 094 413	9 711 448	49 685 837	39 864 266	9 821 571	51 036 507	41 047 968	9 988 539	52 420 083	42 262 929	10 157 153
2053	48 316 329	38 911 951	9 404 378	49 227 180	39 709 461	9 517 719	50 626 804	40 937 166	9 689 638	52 062 369	42 199 030	9 863 339
2054	47 819 184	38 716 227	9 102 957	48 760 795	39 541 279	9 219 515	50 209 220	40 812 833	9 396 387	51 696 647	42 121 469	9 575 178
2055	47 317 623	38 508 895	8 808 728	48 289 976	39 361 466	8 928 510	49 787 212	40 676 864	9 110 348	51 326 552	42 032 304	9 294 248
2056	46 815 357	38 293 206	8 522 151	47 818 452	39 173 284	8 645 168	49 364 538	40 532 545	8 831 993	50 955 880	41 934 855	9 021 026
2057	46 315 023	38 071 078	8 243 945	47 348 898	38 978 685	8 370 213	48 943 937	40 381 886	8 562 051	50 587 447	41 831 197	8 756 250
2058	45 814 696	37 840 636	7 974 060	46 879 528	38 775 926	8 103 602	48 523 862	40 223 366	8 300 496	50 219 975	41 720 067	8 499 907
2059	45 315 932	37 603 866	7 712 066	46 412 019	38 567 108	7 844 911	48 106 191	40 059 281	8 046 909	49 855 574	41 603 982	8 251 591
2060	44 824 714	37 366 764	7 457 950	45 952 426	38 358 299	7 594 127	47 697 111	39 895 832	7 801 279	49 500 594	41 489 304	8 011 290
2061	44 335 796	37 125 202	7 210 594	45 495 563	38 145 434	7 350 129	47 291 554	39 729 071	7 562 482	49 150 116	41 372 240	7 777 876
2062	43 855 941	36 885 823	6 970 117	45 048 274	37 935 242	7 113 032	46 896 515	39 565 889	7 330 627	48 811 330	41 259 875	7 551 455

续表

年份	“全面二孩”生育意愿											
	46.7%			60%			80%			100%		
	总人口	城镇人口	农村人口	总人口	城镇人口	农村人口	总人口	城镇人口	农村人口	总人口	城镇人口	农村人口
2063	43 374 812	36 639 830	6 734 982	44 600 308	37 719 013	6 881 295	46 501 900	39 397 733	7 104 167	48 474 332	41 143 857	7 330 475
2064	42 893 124	36 388 384	6 504 740	44 152 449	37 497 984	6 654 465	46 108 621	39 225 978	6 882 643	48 140 199	41 025 728	7 114 471
2065	42 422 787	36 143 681	6 279 106	43 716 629	37 284 379	6 432 250	45 728 667	39 062 914	6 665 753	47 821 000	40 917 872	6 903 129
2066	41 957 653	35 900 553	6 057 100	43 286 577	37 072 922	6 213 656	45 355 569	38 903 088	6 452 481	47 510 054	40 814 642	6 695 413
2067	41 499 688	35 661 336	5 838 352	42 864 116	36 865 814	5 998 301	44 990 910	38 748 482	6 242 428	47 208 685	40 717 783	6 490 901
2068	41 048 482	35 426 283	5 622 199	42 448 802	36 663 289	5 785 512	44 634 200	38 599 298	6 034 902	46 916 356	40 627 468	6 288 888
2069	40 593 898	35 186 065	5 407 834	42 030 476	36 456 003	5 574 473	44 275 250	38 446 174	5 829 075	46 622 848	40 534 317	6 088 531
2070	40 164 981	34 886 526	5 278 455	41 638 143	36 189 766	5 448 377	43 942 997	38 234 865	5 708 133	46 357 028	40 384 022	5 973 006
2071	39 736 134	34 584 728	5 151 407	41 246 106	35 921 514	5 324 592	43 611 575	38 022 100	5 589 475	46 092 834	40 233 087	5 859 747
2072	39 313 366	34 286 698	5 026 668	40 860 291	35 657 202	5 203 089	43 286 767	37 813 702	5 473 065	45 835 881	40 087 173	5 748 707
2073	38 892 318	33 988 679	4 903 639	40 476 286	35 393 020	5 083 266	42 964 061	37 605 768	5 358 293	45 581 532	39 942 262	5 639 269
2074	38 473 842	33 691 183	4 782 660	40 094 886	35 129 427	4 965 459	42 644 147	37 398 654	5 245 493	45 330 348	39 798 585	5 531 763
2075	38 058 710	33 395 042	4 663 669	39 716 806	34 867 200	4 849 606	42 327 642	37 193 044	5 134 598	45 082 829	39 656 709	5 426 120
2076	37 648 143	33 101 511	4 546 632	39 343 225	34 607 553	4 735 671	42 015 649	36 990 077	5 025 572	44 839 986	39 517 685	5 322 300
2077	37 241 081	32 809 464	4 431 617	38 973 047	34 349 326	4 623 721	41 707 007	36 788 530	4 918 477	44 600 581	39 380 215	5 220 366

续表

年份	“全面二孩”生育意愿											
	46.7%			60%			80%			100%		
	总人口	城镇人口	农村人口	总人口	城镇人口	农村人口	总人口	城镇人口	农村人口	总人口	城镇人口	农村人口
2078	36 839 321	32 520 705	4 318 617	38 608 068	34 094 320	4 513 748	41 403 504	36 590 195	4 813 309	44 366 383	39 246 073	5 120 310
2079	36 441 871	32 234 281	4 207 590	38 247 290	33 841 579	4 405 712	41 104 129	36 394 103	4 710 026	44 136 365	39 114 270	5 022 095
2080	36 051 032	31 952 562	4 098 471	37 892 999	33 593 453	4 299 546	40 811 142	36 202 580	4 608 562	43 912 762	38 987 108	4 925 654
2081	35 669 694	31 678 615	3 991 079	37 548 088	33 353 019	4 195 069	40 527 452	36 018 718	4 508 734	43 698 507	38 867 706	4 830 801
2082	35 297 055	31 411 429	3 885 626	37 211 756	33 119 264	4 092 491	40 252 264	35 841 513	4 410 751	43 492 825	38 755 079	4 737 746
2083	34 931 157	31 149 305	3 781 852	36 882 087	32 890 534	3 991 553	39 983 742	35 669 391	4 314 351	43 293 978	38 647 752	4 646 226
2084	34 579 625	30 900 125	3 679 501	36 566 735	32 674 743	3 891 993	39 729 596	35 510 324	4 219 272	43 109 749	38 553 775	4 555 974
2085	34 239 286	30 661 062	3 578 224	36 262 511	32 469 050	3 793 461	39 486 623	35 361 469	4 125 154	42 936 943	38 470 318	4 466 625
2086	33 909 786	30 432 107	3 477 679	35 969 066	32 273 459	3 695 607	39 254 500	35 222 858	4 031 642	42 775 284	38 397 466	4 377 818
2087	33 589 238	30 211 534	3 377 704	35 684 490	32 086 223	3 598 267	39 031 291	35 092 728	3 938 563	42 622 827	38 333 457	4 289 370
2088	33 278 295	30 000 227	3 278 068	35 409 436	31 908 237	3 501 199	38 817 664	34 972 001	3 845 663	42 480 272	38 279 256	4 201 016
2089	32 979 091	29 800 490	3 178 601	35 146 028	31 741 799	3 404 229	38 615 733	34 862 976	3 752 757	42 349 741	38 237 181	4 112 560
2090	32 686 241	29 607 213	3 079 028	34 888 830	31 581 755	3 307 074	38 420 000	34 760 444	3 659 556	42 225 684	38 201 979	4 023 705

二、“全面二孩”政策对湖北省人口老龄化程度的影响

“全面二孩”政策的实施能否降低人口老龄化程度呢？“全面二孩”政策使得新生人口增加，从而人口老龄化程度得以降低。表 3－12 列示了 20.5% 符合“全面二孩”规定夫妇生育二孩时，湖北省人口老龄化程度的变化趋势。由表 3－12 可以看出，如果继续实行“一胎”政策，湖北省 60 岁及以上人口占总人口的比重从 2018 年的 19.92% 上升至 2090 年的 42.84%；当 20.5% 符合“全面二孩”规定夫妇生育二孩，2090 年湖北省 60 岁及以上人口占总人口的比重下降至 40.05%。再看 65 岁及以上人口占总人口的变化趋势，如果继续实行“一胎”政策，湖北省 65 岁及以上人口占总人口的比重从 2018 年的 13.39% 上升至 2090 年的 36.48%；当 20.5% 符合“全面二孩”规定夫妇生育二孩，2090 年湖北省 65 岁及以上人口占总人口的比重下降至 33.86%。

表 3－12　　湖北省人口老龄化程度的预测结果

（“全面二孩”生育意愿为 20.5%）　　单位：%

年份	60 岁及以上人口占总人口的比重			65 岁及以上人口占总人口的比重		
	总计	城镇	农村	总计	城镇	农村
2018	19.89	17.79	22.78	13.37	11.90	15.39
2019	20.27	18.14	23.32	14.11	12.58	16.29
2020	20.72	18.59	23.90	14.81	13.24	17.15
2021	20.98	18.82	24.31	15.48	13.84	18.03
2022	21.91	19.64	25.54	16.25	14.51	19.03
2023	23.35	20.99	27.29	16.87	15.08	19.84
2024	24.50	22.04	28.76	17.19	15.39	20.32
2025	25.67	23.11	30.23	17.59	15.78	20.82
2026	26.68	24.05	31.54	17.79	15.97	21.13
2027	27.49	24.81	32.61	18.63	16.72	22.28
2028	28.69	25.99	34.01	19.97	17.96	23.93

续表

年份	60岁及以上人口占总人口的比重			65岁及以上人口占总人口的比重		
	总计	城镇	农村	总计	城镇	农村
2029	29.72	27.04	35.19	21.01	18.92	25.28
2030	30.89	28.29	36.36	22.06	19.90	26.60
2031	31.74	29.25	37.11	22.96	20.75	27.75
2032	32.53	30.17	37.77	23.65	21.41	28.62
2033	33.25	31.04	38.31	24.71	22.48	29.81
2034	33.87	31.81	38.72	25.60	23.41	30.75
2035	34.36	32.47	38.96	26.63	24.52	31.79
2036	34.77	33.05	39.08	27.34	25.33	32.39
2037	35.00	33.45	39.02	28.00	26.11	32.91
2038	35.29	33.92	38.97	28.58	26.82	33.31
2039	35.59	34.40	38.90	29.08	27.45	33.59
2040	35.80	34.82	38.59	29.43	27.99	33.55
2041	36.01	35.20	38.35	29.71	28.46	33.37
2042	36.38	35.76	38.21	29.81	28.75	33.00
2043	36.55	36.11	37.91	29.98	29.12	32.65
2044	36.72	36.44	37.63	30.17	29.50	32.28
2045	36.91	36.77	37.36	30.28	29.80	31.85
2046	37.41	37.42	37.37	30.39	30.06	31.50
2047	38.14	38.31	37.55	30.68	30.50	31.29
2048	38.78	39.11	37.61	30.77	30.74	30.91
2049	39.59	40.09	37.74	30.87	30.96	30.56
2050	40.49	41.22	37.74	30.97	31.22	30.04
2051	41.10	42.03	37.50	31.40	31.78	29.93
2052	41.66	42.77	37.23	32.06	32.58	30.02
2053	42.22	43.52	36.96	32.63	33.28	29.98
2054	42.61	44.04	36.63	33.37	34.17	30.02
2055	42.90	44.42	36.41	34.23	35.18	30.18
2056	42.62	44.18	35.70	34.80	35.90	29.94
2057	42.29	43.89	34.99	35.31	36.55	29.69

续表

年份	60 岁及以上人口占总人口的比重			65 岁及以上人口占总人口的比重		
	总计	城镇	农村	总计	城镇	农村
2058	41. 96	43. 60	34. 31	35. 84	37. 21	29. 47
2059	41. 55	43. 21	33. 56	36. 19	37. 64	29. 22
2060	41. 18	42. 86	32. 87	36. 44	37. 93	29. 11
2061	40. 81	42. 49	32. 26	36. 10	37. 60	28. 49
2062	40. 41	42. 09	31. 67	35. 72	37. 22	27. 88
2063	39. 98	41. 64	31. 12	35. 34	36. 83	27. 32
2064	39. 65	41. 27	30. 70	34. 86	36. 34	26. 69
2065	39. 31	40. 90	30. 33	34. 44	35. 90	26. 13
2066	39. 13	40. 64	30. 26	34. 02	35. 45	25. 65
2067	38. 96	40. 40	30. 24	33. 58	34. 97	25. 19
2068	38. 83	40. 20	30. 33	33. 12	34. 46	24. 78
2069	38. 71	39. 99	30. 50	32. 76	34. 04	24. 49
2070	38. 54	39. 77	30. 47	32. 39	33. 66	24. 03
2071	38. 70	39. 91	30. 63	32. 16	33. 40	23. 86
2072	38. 89	40. 08	30. 80	31. 95	33. 17	23. 71
2073	39. 09	40. 27	30. 99	31. 78	32. 96	23. 65
2074	39. 31	40. 47	31. 19	31. 62	32. 76	23. 63
2075	39. 53	40. 68	31. 37	31. 42	32. 51	23. 70
2076	39. 72	40. 85	31. 52	31. 58	32. 63	23. 95
2077	40. 00	41. 13	31. 67	31. 76	32. 78	24. 22
2078	40. 23	41. 36	31. 76	31. 97	32. 96	24. 52
2079	40. 42	41. 55	31. 80	32. 19	33. 15	24. 83
2080	40. 55	41. 68	31. 79	32. 42	33. 35	25. 14
2081	40. 64	41. 76	31. 75	32. 62	33. 53	25. 41
2082	40. 67	41. 78	31. 69	32. 93	33. 82	25. 67
2083	40. 64	41. 73	31. 62	33. 19	34. 07	25. 89
2084	40. 58	41. 65	31. 53	33. 42	34. 30	26. 06
2085	40. 50	41. 55	31. 43	33. 61	34. 48	26. 16
2086	40. 41	41. 43	31. 35	33. 76	34. 61	26. 23

续表

年份	60 岁及以上人口占总人口的比重			65 岁及以上人口占总人口的比重		
	总计	城镇	农村	总计	城镇	农村
2087	40.31	41.31	31.29	33.84	34.68	26.27
2088	40.22	41.18	31.26	33.88	34.70	26.28
2089	40.13	41.06	31.25	33.89	34.68	26.26
2090	40.05	40.95	31.28	33.86	34.63	26.22

如果“全面二孩”生育意愿进一步提高，情况会如何变化呢？从表 3－13 可以看出，如果46.7%符合“全面二孩”规定夫妇生育二孩，2090 年湖北省 60 岁及以上人口占总人口的比重下降至 37.62%，较继续实行“一胎”政策的情况低 5.22 个百分点（=42.84% －37.62%）；如果“全面二孩”生育意愿提高至 60%，2090 年湖北省 60 岁及以上人口占总人口的比重下降至 36.04%，较继续实行“一胎”政策的情况低 6.8 个百分点（=42.84% －36.04%）；如果“全面二孩”生育意愿提高至 80%，2090 年湖北省 60 岁及以上人口占总人口的比重下降至 33.8%，较继续实行“一胎”政策的情况低 9.04 个百分点（=42.84% －33.8%）；如果所有符合“全面二孩”规定夫妇生育二孩，2090 年 60 岁及以上人口占总人口的比重下降至 31.72%，较继续实行“一胎”政策的情况低 11.12 个百分点（=42.84% －31.72%）。

再看 65 岁及以上人口占总人口比重的变化趋势，从表 3－14 可以看出，如果 46.7% 符合“全面二孩”规定夫妇生育二孩，2090 年湖北省 65 岁及以上人口占总人口的比重下降至 30.84%，较继续实行“一胎”政策的情况低 5.64 个百分点（=36.48% －30.84%）；如果“全面二孩”生育意愿提高至 60%，2090 年湖北省 65 岁及以上人口占总人口的比重下降至 29.43%，较继续实行“一胎”政策的情况低 7.05 个百分点（=36.48% －29.43%）；如果“全面二孩”生育意愿提高至 80%，2090 年湖北省 65 岁及以上人口占总人口的比重下降至 27.46%，较继续实行“一胎”政策的情况低 9.02 个百分点（=36.48% －27.46%）；如果所有符合“全面二孩”规定夫妇生育二孩，2090 年湖北省 65 岁及以上人口占总人口的比重下降至 25.66%，较继续实行“一胎”政策的情况低 10.82 个百分点（=36.48% －25.66%）。

表 3-13 湖北省 60 岁及以上人口占总人口比重的预测结果（“全面二孩”生育意愿为 46.7%～100%）

单位：%

年份	“全面二孩”生育意愿											
	46.7%			60%			80%			100%		
	总计	城镇	农村	总计	城镇	农村	总计	城镇	农村	总计	城镇	农村
2018	17.74	22.77	19.84	17.72	22.76	19.81	17.68	22.75	19.78	17.64	22.73	17.74
2019	18.07	23.30	20.18	18.03	23.28	20.14	17.98	23.26	20.10	17.92	23.25	18.07
2020	18.49	23.87	20.61	18.44	23.85	20.55	18.37	23.83	20.50	18.30	23.81	18.49
2021	18.70	24.27	20.84	18.64	24.25	20.77	18.55	24.22	20.70	18.47	24.19	18.70
2022	19.50	25.49	21.74	19.43	25.47	21.65	19.32	25.43	21.57	19.21	25.39	19.50
2023	20.81	27.23	23.14	20.73	27.20	23.04	20.60	27.15	22.94	20.47	27.10	20.81
2024	21.84	28.68	24.26	21.74	28.65	24.13	21.59	28.59	24.01	21.44	28.53	21.84
2025	22.88	30.14	25.38	22.77	30.09	25.24	22.60	30.03	25.10	22.43	29.96	22.88
2026	23.80	31.43	26.36	23.67	31.38	26.20	23.48	31.30	26.04	23.29	31.23	23.80
2027	24.53	32.49	27.13	24.39	32.43	26.95	24.18	32.34	26.78	23.97	32.26	24.53
2028	25.68	33.88	28.28	25.52	33.81	28.08	25.29	33.71	27.88	25.06	33.61	25.68
2029	26.69	35.04	29.27	26.52	34.96	29.05	26.26	34.85	28.83	26.01	34.74	26.69
2030	27.91	36.19	30.39	27.72	36.10	30.15	27.43	35.98	29.91	27.16	35.85	27.91
2031	28.83	36.93	31.19	28.62	36.83	30.93	28.32	36.69	30.66	28.01	36.55	28.83
2032	29.72	37.57	31.94	29.49	37.46	31.65	29.16	37.31	31.36	28.83	37.16	29.72

续表

年份	“全面二孩”生育意愿											
	46. 7%			60%			80%			100%		
	总计	城镇	农村	总计	城镇	农村	总计	城镇	农村	总计	城镇	农村
2033	30. 55	38. 08	32. 61	30. 30	37. 97	32. 29	29. 94	37. 80	31. 99	29. 59	37. 64	30. 55
2034	31. 29	38. 48	33. 18	31. 02	38. 36	32. 85	30. 64	38. 17	32. 52	30. 27	37. 99	31. 29
2035	31. 91	38. 70	33. 62	31. 63	38. 57	33. 26	31. 22	38. 37	32. 91	30. 82	38. 17	31. 91
2036	32. 45	38. 80	33. 99	32. 16	38. 65	33. 60	31. 72	38. 44	33. 23	31. 30	38. 23	32. 45
2037	32. 81	38. 71	34. 17	32. 50	38. 55	33. 76	32. 04	38. 32	33. 36	31. 59	38. 10	32. 81
2038	33. 25	38. 64	34. 40	32. 91	38. 47	33. 97	32. 42	38. 22	33. 55	31. 95	37. 98	33. 25
2039	33. 69	38. 54	34. 65	33. 33	38. 36	34. 19	32. 81	38. 09	33. 74	32. 31	37. 83	33. 69
2040	34. 06	38. 21	34. 80	33. 69	38. 02	34. 31	33. 14	37. 73	33. 83	32. 60	37. 45	34. 06
2041	34. 39	37. 94	34. 94	34. 00	37. 74	34. 42	33. 41	37. 44	33. 91	32. 85	37. 14	34. 39
2042	34. 90	37. 77	35. 24	34. 48	37. 55	34. 68	33. 86	37. 23	34. 14	33. 25	36. 91	34. 90
2043	35. 19	37. 44	35. 34	34. 74	37. 21	34. 75	34. 08	36. 86	34. 17	33. 44	36. 52	35. 19
2044	35. 47	37. 13	35. 44	35. 00	36. 89	34. 82	34. 30	36. 52	34. 21	33. 61	36. 16	35. 47
2045	35. 74	36. 84	35. 55	35. 24	36. 57	34. 88	34. 50	36. 18	34. 24	33. 78	35. 80	35. 74
2046	36. 33	36. 80	35. 96	35. 79	36. 52	35. 25	35. 00	36. 10	34. 56	34. 23	35. 69	36. 33
2047	37. 14	36. 94	36. 58	36. 56	36. 64	35. 82	35. 71	36. 19	35. 08	34. 89	35. 75	37. 14

续表

年份	“全面二孩”生育意愿											
	46.7%			60%			80%			100%		
	总计	城镇	农村	总计	城镇	农村	总计	城镇	农村	总计	城镇	农村
2048	37.86	36.96	37.11	37.24	36.64	36.30	36.34	36.16	35.51	35.46	35.69	37.86
2049	38.75	37.05	37.80	38.09	36.70	36.93	37.12	36.19	36.08	36.18	35.69	38.75
2050	39.78	37.01	38.57	39.08	36.65	37.64	38.04	36.11	36.74	37.03	35.58	39.78
2051	40.51	36.73	39.07	39.75	36.35	38.08	38.65	35.78	37.12	37.59	35.22	40.51
2052	41.16	36.42	39.50	40.36	36.01	38.46	39.20	35.42	37.44	38.07	34.84	41.16
2053	41.81	36.10	39.94	40.97	35.67	38.84	39.74	35.05	37.77	38.55	34.44	41.81
2054	42.24	35.73	40.21	41.36	35.28	39.05	40.07	34.63	37.93	38.83	33.99	42.24
2055	42.54	35.46	40.39	41.61	35.00	39.18	40.27	34.31	38.00	38.96	33.64	42.54
2056	42.24	34.72	40.02	41.29	34.24	38.76	39.90	33.53	37.55	38.57	32.84	42.24
2057	41.90	33.97	39.60	40.92	33.47	38.31	39.49	32.74	37.07	38.12	32.03	41.90
2058	41.55	33.25	39.19	40.54	32.74	37.87	39.08	31.98	36.59	37.68	31.25	41.55
2059	41.10	32.48	38.70	40.08	31.94	37.34	38.58	31.17	36.03	37.14	30.42	41.10
2060	40.70	31.74	38.25	39.64	31.20	36.85	38.11	30.40	35.51	36.64	29.63	40.70
2061	40.27	31.10	37.79	39.19	30.53	36.36	37.63	29.71	34.99	36.13	28.92	40.27
2062	39.81	30.46	37.32	38.71	29.88	35.85	37.11	29.03	34.44	35.58	28.22	39.81

续表

年份	“全面二孩”生育意愿											
	46.7%			60%			80%			100%		
	总计	城镇	农村	总计	城镇	农村	总计	城镇	农村	总计	城镇	农村
2063	39. 31	29. 87	36. 81	38. 18	29. 27	35. 30	36. 55	28. 40	33. 87	34. 99	27. 57	39. 31
2064	38. 88	29. 40	36. 38	37. 73	28. 78	34. 84	36. 06	27. 88	33. 37	34. 47	27. 02	38. 88
2065	38. 45	28. 99	35. 96	37. 27	28. 34	34. 38	35. 57	27. 41	32. 88	33. 95	26. 53	38. 45
2066	38. 13	28. 86	35. 66	36. 92	28. 19	34. 04	35. 17	27. 22	32. 50	33. 52	26. 30	38. 13
2067	37. 82	28. 77	35. 39	36. 58	28. 07	33. 72	34. 79	27. 06	32. 14	33. 10	26. 11	37. 82
2068	37. 55	28. 79	35. 15	36. 27	28. 05	33. 43	34. 44	27. 00	31. 81	32. 71	26. 01	37. 55
2069	37. 26	28. 87	34. 91	35. 96	28. 09	33. 15	34. 08	26. 99	31. 48	32. 31	25. 96	37. 26
2070	36. 97	28. 80	34. 63	35. 63	28. 00	32. 82	33. 71	26. 88	31. 12	31. 90	25. 82	36. 97
2071	37. 01	28. 89	34. 64	35. 62	28. 07	32. 77	33. 63	26. 91	31. 01	31. 77	25. 83	37. 01
2072	37. 07	29. 01	34. 68	35. 63	28. 17	32. 74	33. 57	26. 97	30. 93	31. 65	25. 87	37. 07
2073	37. 14	29. 14	34. 72	35. 65	28. 27	32. 72	33. 53	27. 05	30. 85	31. 54	25. 91	37. 14
2074	37. 22	29. 28	34. 78	35. 68	28. 39	32. 71	33. 49	27. 13	30. 78	31. 45	25. 97	37. 22
2075	37. 31	29. 41	34. 83	35. 71	28. 49	32. 69	33. 45	27. 20	30. 70	31. 34	26. 01	37. 31
2076	37. 36	29. 50	34. 85	35. 71	28. 56	32. 65	33. 38	27. 24	30. 60	31. 21	26. 03	37. 36
2077	37. 65	29. 63	35. 14	36. 01	28. 68	32. 94	33. 69	27. 36	30. 90	31. 53	26. 15	37. 65

续表

年份	“全面二孩”生育意愿											
	46.7%			60%			80%			100%		
	总计	城镇	农村	总计	城镇	农村	总计	城镇	农村	总计	城镇	农村
2078	37.90	29.71	35.39	36.27	28.76	33.20	33.96	27.44	31.17	31.81	26.23	37.90
2079	38.10	29.73	35.59	36.48	28.78	33.41	34.18	27.46	31.38	32.04	26.26	38.10
2080	38.25	29.71	35.74	36.63	28.76	33.56	34.34	27.44	31.54	32.21	26.24	38.25
2081	38.34	29.66	35.83	36.73	28.70	33.66	34.44	27.38	31.64	32.32	26.19	38.34
2082	38.38	29.58	35.87	36.77	28.62	33.70	34.49	27.30	31.69	32.37	26.11	38.38
2083	38.35	29.48	35.86	36.75	28.52	33.69	34.48	27.20	31.69	32.37	26.01	38.35
2084	38.28	29.37	35.80	36.68	28.40	33.64	34.42	27.08	31.64	32.32	25.89	38.28
2085	38.19	29.24	35.72	36.59	28.27	33.57	34.34	26.94	31.57	32.24	25.75	38.19
2086	38.08	29.13	35.64	36.50	28.15	33.48	34.25	26.81	31.49	32.16	25.62	38.08
2087	37.97	29.04	35.54	36.38	28.04	33.39	34.14	26.70	31.40	32.05	25.51	37.97
2088	37.85	28.96	35.45	36.27	27.96	33.29	34.03	26.60	31.30	31.94	25.41	37.85
2089	37.73	28.91	35.35	36.15	27.89	33.19	33.91	26.52	31.20	31.83	25.32	37.73
2090	37.62	28.88	35.26	36.04	27.85	33.10	33.80	26.47	31.10	31.72	25.26	37.62

表 3 – 14　湖北省 65 岁及以上人口占总人口比重的预测结果（“全面二孩”生育意愿为 46.7% ~ 100%）　单位：%

年份	“全面二孩”生育意愿											
	46.7%			60%			80%			100%		
	总计	城镇	农村	总计	城镇	农村	总计	城镇	农村	总计	城镇	农村
2018	13.34	11.87	15.38	13.33	11.85	15.37	13.31	11.82	15.36	13.29	11.80	15.36
2019	14.07	12.53	16.27	14.05	12.51	16.27	14.02	12.47	16.25	13.99	12.43	16.24
2020	14.76	13.17	17.12	14.73	13.14	17.11	14.69	13.09	17.09	14.65	13.04	17.08
2021	15.41	13.75	18.00	15.38	13.71	17.98	15.33	13.64	17.96	15.28	13.58	17.93
2022	16.16	14.41	18.99	16.12	14.35	18.97	16.06	14.28	18.94	15.99	14.20	18.91
2023	16.77	14.95	19.80	16.72	14.89	19.77	16.64	14.80	19.74	16.56	14.71	19.70
2024	17.08	15.25	20.26	17.02	15.18	20.24	16.93	15.07	20.20	16.85	14.97	20.16
2025	17.46	15.63	20.76	17.40	15.55	20.73	17.30	15.43	20.69	17.20	15.32	20.64
2026	17.64	15.80	21.07	17.57	15.72	21.03	17.46	15.59	20.98	17.36	15.47	20.93
2027	18.47	16.53	22.20	18.38	16.43	22.16	18.26	16.29	22.10	18.14	16.15	22.04
2028	19.78	17.74	23.84	19.69	17.63	23.79	19.55	17.47	23.72	19.41	17.31	23.65
2029	20.80	18.68	25.17	20.69	18.56	25.12	20.53	18.38	25.04	20.38	18.20	24.95
2030	21.82	19.63	26.48	21.71	19.49	26.42	21.53	19.29	26.33	21.36	19.10	26.23
2031	22.70	20.45	27.61	22.57	20.30	27.54	22.37	20.09	27.43	22.18	19.87	27.33
2032	23.36	21.09	28.46	23.22	20.93	28.39	23.01	20.70	28.27	22.80	20.46	28.15

续表

年份	“全面二孩”生育意愿											
	46.7%			60%			80%			100%		
	总计	城镇	农村	总计	城镇	农村	总计	城镇	农村	总计	城镇	农村
2033	24.39	22.13	29.64	24.23	21.95	29.55	24.00	21.69	29.42	23.77	21.44	29.29
2034	25.25	23.03	30.56	25.08	22.84	30.46	24.82	22.55	30.31	24.57	22.28	30.17
2035	26.25	24.09	31.57	26.06	23.88	31.46	25.79	23.57	31.30	25.51	23.27	31.14
2036	26.93	24.87	32.16	26.73	24.65	32.04	26.42	24.31	31.86	26.13	23.99	31.68
2037	27.55	25.61	32.65	27.33	25.37	32.52	27.01	25.01	32.32	26.69	24.66	32.13
2038	28.10	26.29	33.02	27.87	26.03	32.88	27.51	25.64	32.67	27.17	25.27	32.45
2039	28.56	26.88	33.28	28.31	26.60	33.13	27.93	26.18	32.89	27.56	25.78	32.67
2040	28.88	27.38	33.21	28.61	27.07	33.05	28.20	26.63	32.80	27.81	26.20	32.55
2041	29.12	27.80	33.02	28.83	27.48	32.84	28.40	27.01	32.58	27.98	26.55	32.31
2042	29.19	28.06	32.63	28.88	27.71	32.44	28.42	27.21	32.16	27.98	26.73	31.88
2043	29.32	28.38	32.25	28.99	28.02	32.05	28.51	27.48	31.75	28.04	26.97	31.46
2044	29.46	28.72	31.85	29.12	28.33	31.64	28.60	27.77	31.33	28.10	27.22	31.02
2045	29.53	28.97	31.40	29.16	28.56	31.17	28.62	27.96	30.84	28.09	27.37	30.51
2046	29.60	29.18	31.03	29.21	28.75	30.79	28.63	28.11	30.44	28.07	27.50	30.09
2047	29.84	29.57	30.78	29.42	29.11	30.53	28.81	28.44	30.15	28.22	27.78	29.79

续表

年份	"全面二孩"生育意愿											
	46.7%			60%			80%			100%		
	总计	城镇	农村	总计	城镇	农村	总计	城镇	农村	总计	城镇	农村
2048	29.89	29.75	30.37	29.45	29.27	30.11	28.80	28.56	29.71	28.18	27.87	29.33
2049	29.94	29.93	29.99	29.48	29.42	29.71	28.80	28.67	29.30	28.14	27.95	28.89
2050	29.99	30.13	29.46	29.51	29.59	29.17	28.79	28.81	28.74	28.10	28.04	28.31
2051	30.36	30.63	29.31	29.84	30.06	29.00	29.09	29.22	28.55	28.36	28.42	28.10
2052	30.95	31.35	29.36	30.40	30.74	29.03	29.60	29.85	28.55	28.82	28.99	28.07
2053	31.45	31.98	29.28	30.87	31.34	28.93	30.02	30.40	28.42	29.19	29.49	27.92
2054	32.11	32.78	29.28	31.49	32.10	28.91	30.59	31.10	28.37	29.71	30.13	27.84
2055	32.89	33.69	29.38	32.23	32.96	28.99	31.26	31.89	28.42	30.32	30.86	27.86
2056	33.38	34.32	29.11	32.68	33.55	28.70	31.65	32.43	28.10	30.66	31.34	27.52
2057	33.81	34.89	28.82	33.07	34.08	28.39	31.99	32.89	27.76	30.95	31.75	27.16
2058	34.25	35.45	28.55	33.48	34.60	28.10	32.34	33.35	27.45	31.25	32.15	26.81
2059	34.52	35.81	28.26	33.71	34.91	27.79	32.52	33.61	27.10	31.38	32.36	26.44
2060	34.70	36.02	28.10	33.85	35.09	27.61	32.61	33.73	26.89	31.43	32.43	26.20
2061	34.31	35.64	27.45	33.43	34.68	26.94	32.16	33.30	26.20	30.95	31.97	25.49
2062	33.87	35.21	26.81	32.98	34.23	26.28	31.68	32.82	25.52	30.44	31.47	24.80

续表

年份	"全面二孩"生育意愿											
	46.7%			60%			80%			100%		
	总计	城镇	农村	总计	城镇	农村	总计	城镇	农村	总计	城镇	农村
2063	33.45	34.78	26.20	32.53	33.78	25.66	31.20	32.34	24.88	29.93	30.96	24.14
2064	32.93	34.24	25.55	31.99	33.23	24.99	30.63	31.76	24.19	29.34	30.36	23.43
2065	32.45	33.76	24.94	31.49	32.72	24.37	30.11	31.23	23.55	28.79	29.81	22.78
2066	31.99	33.27	24.43	31.01	32.21	23.84	29.60	30.69	23.00	28.26	29.25	22.20
2067	31.50	32.74	23.92	30.50	31.67	23.32	29.06	30.12	22.45	27.70	28.66	21.64
2068	31.00	32.19	23.47	29.98	31.10	22.84	28.51	29.54	21.96	27.13	28.06	21.12
2069	30.58	31.73	23.13	29.54	30.62	22.48	28.05	29.03	21.57	26.64	27.53	20.71
2070	30.16	31.30	22.64	29.10	30.17	21.99	27.57	28.55	21.06	26.14	27.02	20.19
2071	29.87	30.98	22.44	28.78	29.82	21.77	27.22	28.16	20.82	25.76	26.61	19.94
2072	29.60	30.68	22.25	28.49	29.49	21.57	26.89	27.80	20.60	25.40	26.22	19.70
2073	29.37	30.41	22.15	28.22	29.19	21.45	26.59	27.46	20.46	25.07	25.85	19.54
2074	29.14	30.14	22.09	27.97	28.90	21.37	26.30	27.13	20.36	24.74	25.48	19.42
2075	28.88	29.83	22.11	27.68	28.56	21.37	25.98	26.75	20.33	24.39	25.08	19.38
2076	28.94	29.86	22.30	27.70	28.54	21.53	25.94	26.69	20.46	24.31	24.97	19.48
2077	29.03	29.91	22.51	27.74	28.55	21.72	25.93	26.64	20.62	24.25	24.87	19.61

续表

年份	“全面二孩”生育意愿											
	46. 7%			60%			80%			100%		
	总计	城镇	农村	总计	城镇	农村	总计	城镇	农村	总计	城镇	农村
2078	29. 13	29. 98	22. 74	27. 80	28. 58	21. 93	25. 93	26. 60	20. 79	24. 20	24. 78	19. 76
2079	29. 25	30. 06	22. 99	27. 87	28. 62	22. 15	25. 94	26. 58	20. 98	24. 17	24. 71	19. 92
2080	29. 37	30. 15	23. 23	27. 94	28. 66	22. 36	25. 95	26. 56	21. 16	24. 13	24. 64	20. 07
2081	29. 46	30. 22	23. 43	28. 00	28. 68	22. 54	25. 95	26. 53	21. 30	24. 07	24. 56	20. 19
2082	29. 79	30. 54	23. 67	28. 33	29. 02	22. 77	26. 29	26. 88	21. 53	24. 43	24. 92	20. 41
2083	30. 07	30. 83	23. 87	28. 62	29. 31	22. 96	26. 60	27. 19	21. 71	24. 75	25. 25	20. 59
2084	30. 32	31. 08	24. 01	28. 88	29. 57	23. 09	26. 87	27. 47	21. 84	25. 03	25. 53	20. 72
2085	30. 53	31. 28	24. 09	29. 10	29. 79	23. 16	27. 09	27. 70	21. 91	25. 26	25. 78	20. 80
2086	30. 69	31. 44	24. 13	29. 26	29. 95	23. 20	27. 26	27. 87	21. 95	25. 44	25. 96	20. 83
2087	30. 79	31. 53	24. 14	29. 37	30. 06	23. 20	27. 38	27. 99	21. 94	25. 56	26. 09	20. 82
2088	30. 84	31. 58	24. 11	29. 43	30. 11	23. 17	27. 45	28. 06	21. 90	25. 63	26. 17	20. 78
2089	30. 85	31. 58	24. 05	29. 44	30. 13	23. 09	27. 47	28. 08	21. 81	25. 66	26. 20	20. 70
2090	30. 84	31. 55	23. 96	29. 43	30. 10	22. 99	27. 46	28. 07	21. 71	25. 66	26. 20	20. 59

第五节　小　　结

运用人口预测模型并带入相关参数，本书分析了在继续实行“一胎”政策和实施“全面二孩”政策背景下，湖北省人口老龄化程度的变化趋势。如果继续实行“一胎”政策，湖北省60岁及以上人口占比占总人口的比重从2018年的19.92%上升至2090年的42.84%。如果20.5%符合“全面二孩”规定夫妇生育二孩，2090年湖北省60岁及以上人口占总人口的比重下降至40.05%；如果46.7%符合“全面二孩”规定夫妇生育二孩，2090年湖北省60岁及以上人口占总人口的比重下降至37.62%；如果所有符合“全面二孩”规定夫妇生育二孩，2090年60岁及以上人口占总人口的比重下降至31.72%。

再看65岁及以上人口占总人口比重的变化趋势，如果继续实行“一胎”政策，湖北省65岁及以上人口占总人口的比重从2018年的13.39%上升至2090年的36.48%。如果20.5%符合“全面二孩”规定夫妇生育二孩，2090年湖北省65岁及以上人口占总人口的比重下降至33.86%；如果46.7%符合“全面二孩”规定夫妇生育二孩，2090年湖北省65岁及以上人口占总人口的比重下降至30.84%；如果所有符合“全面二孩”规定夫妇生育二孩，2090年65岁及以上人口占总人口的比重下降至25.66%。

可见，“全面二孩”政策可以缓解湖北省的人口老龄化程度，且“全面二孩”生育意愿越高，缓解效果越好，但是“全面二孩”政策无法扭转湖北省人口老龄化程度加深的局面。

第四章
无任何政策干预下湖北省社会医疗保险基金可持续性评估

为了便于评估湖北省社会医疗保险基金的可持续性，以及各项政策调整方案对湖北省社会医疗保险基金可持续性的影响，本书分析了在没有任何政策干预下①，湖北省社会医疗保险基金的财务运行状况，并以此判断湖北省社会医疗保险基金的可持续性。如社会医疗保险基金仍有累计结余，代表社会医疗保险基金具备可持续性；如社会医疗基金出现累计赤字，代表社会医疗保险基金不具备可持续性。

第一节　模型与方法

一、城镇职工基本医疗保险基金精算模型

根据已有研究成果（邓大松等，2003；王晓燕等，2004；何文炯等，2009；宋世斌，2010）和《国务院关于建立城镇职工基本医疗保险制度的决定》（以下简称《决定》），影响城镇职工基本医疗保险基金财务运行状况的因素可以分为三类：基金收入、基金支出和基金利息。影响基金收入的因素包括参保在职职工人数、在职职工平均缴费工资和缴费率、基金进入统筹基金和个人账户的比例。影响基金支出的因素包括参保职工人数（包括参保在职职工人数和参保退休职工人数）、人均医疗费用和报销比例，其中人均医疗费用又与基期的人均医疗费用和未来的人均医疗费用增长率相关，同时人均医疗费用又可以分为人均住院费用和人均门诊费用。基金利息则由基金的累计结余额决定。

由于我国城镇职工基本医疗保险基金的统筹基金和个人账户部分分开运营，因而在模拟基金累计余额的变化趋势时，一定需考虑基金收入划入统筹基金和个人账户的比例。人口老龄化程度会影响人均医疗费用（一般影响人均医疗费用的增长率），因而本书在基金预测中会引入人口老龄化因素。综合考虑以上因

① 没有任何政策干预是指继续实行“一胎”政策、未延迟退休年龄、未调整（提高或降低）缴费率等。

素，本书对城镇职工基本医疗保险基金收入、支出、收支差额和累计结余额进行精算建模，模拟并预测其未来发展变化趋势。

与城镇职工基本养老保险个人账户（“空账”）不同，城镇职工基本医疗保险个人账户为实账，根据政策规定，一旦个人账户资金用完，个人将自付剩余的门诊医疗费用，所以全部参保人个人账户的余额不可能为负，个人账户的余额至少为0①，即只要个人账户是实账管理②，个人账户基金永远是可持续的，因而本书的分析对象为具有共济功能的城镇职工基本医疗保险统筹基金，本书也只介绍预测统筹基金变化趋势的精算模型。下文如无特别说明，城镇职工基本医疗保险基金均指城镇职工基本医疗保险统筹基金，本书未考察完全积累式的城镇职工基本医疗保险个人账户。

城镇职工基本医疗保险的统筹层次为市（地）级（直辖市除外），各地级市之间的城镇职工基本医疗保险政策规定不尽相同，为了研究方便，本书做了一系列简化处理：

（1）统筹基金的管理费用为0。根据《决定》的规定：“社会保险经办机构的事业经费不得从基金中提取，由各级财政预算解决。”因此本书可以认为城镇职工基本医疗保险统筹基金的管理费用为0。

（2）城镇职工基本医疗保险“统账结合”模式为“板块式”，即个人账户支付门诊费用和需要自费的住院费用，统筹基金报销住院费用和门诊大病费用，两者之间互不挤占。城镇职工基本医疗保险“统账结合”模式可以分为“板块式”和“通道式”③，但是除镇江市、厦门市等少部分地区，全国大部分地区的“统账结合”模式为“板块式”，因而本书可以假设湖北省城镇职工基本医疗保险的“统账结合”模式为“板块式”。

（3）医疗费用的报销比例保持不变。目前，大部分地区医疗费用的报销比例均在70%及以上，扩展空间不大，而且世界卫生组织（WHO）认为70%的报销比例可以较好地减少道德风险，而且许多实行社会保险型的发达国家（如德国、日本等）的医疗费用报销比例在70%左右，因此本书可以认为湖北省未来

---

① 曾益：《我国城镇职工基本医疗保险个人账户公平性研究》，载《上海财经大学学报》2012年第1期。

② 实账管理是指基金管理者不会挪用个人账户基金里的资金，从而保证账户里永远都有资金。

③ “通道式”是指医疗费用先从个人账户中支付，个人账户用完后，再由个人自付一定的额度，然后进入社会统筹基金支付段。

住院费用的报销比例保持不变①。

（一）城镇职工基本医疗保险统筹基金收入模型

t年参保在职职工人数乘以t年缴费工资，乘以t年城镇职工基本医疗保险缴费率，再乘以t年城镇职工基本医疗保险基金划入统筹基金的比例，等于t年城镇职工基本医疗保险统筹基金收入，具体表达式为：

$$
\begin{aligned}
(HI)_t^e &= \sum_{i=1}^{3}\sum_{x=a}^{b_t^i-1} N_{t,x}^{e,i}\cdot \bar{w}_t \cdot R_t^{e,1}\cdot R_t^{e,2} \\
&= \sum_{i=1}^{3}\sum_{x=a}^{b_t^i} N_{t,x}^{e,i}\cdot \bar{w}_{t_0-1}\cdot \prod_{s=t_0}^{t}(1+k_s^{e,1})\cdot R_t^{e,1}\cdot R_t^{e,2}
\end{aligned} \tag{4.1}
$$

其中，$(HI)_t^e$ 为t年城镇职工基本医疗保险统筹基金收入，i=1，2，3分别表示男性、女干部和女工人，a为参保职工最初参加城镇职工基本医疗保险的年龄，b_t^i 为t年第i类参保职工的退休年龄，$N_{t,x}^{e,i}$ 为t年x岁第i类参保职工人数，$\sum_{i=1}^{3}\sum_{x=a}^{b_t^i-1} N_{t,x}^{e,i}$ 表示t年参保在职职工人数，$\bar{w}_t$ 是指t年参保在职职工人均缴费基数，$R_t^{e,1}$ 为t年城镇职工基本医疗保险缴费率，$R_t^{e,2}$ 为t年城镇职工基本医疗保险基金划入统筹基金的比例，$k_s^{e,1}$ 为s年职工缴费基数增长率，t_0 为精算分析的起始时间。

（二）城镇职工基本医疗保险统筹基金支出模型

t年参保职工人数乘以t年人均统筹基金支出等于t年城镇职工基本医疗保险统筹基金支出，t年人均住院医疗费用乘以t年城镇职工基本医疗保险报销比例等于t年人均统筹基金支出，具体表达式为：

$$
\begin{aligned}
(HC)_t^e &= \sum_{i=1}^{3}\sum_{x=a}^{c} N_{t,x}^{e,i}\cdot (PHC)_t^e = \sum_{i=1}^{3}\sum_{x=a}^{c} N_{t,x}^{e,i}\cdot m_{e,t}\cdot u_{e,t} \\
&= \sum_{i=1}^{3}\sum_{x=a}^{c} N_{t,x}^{e,i}\cdot m_{e,t_0-1}\cdot \prod_{s=t_0}^{t}(1+k_s^{e,2})\cdot u_{e,t}
\end{aligned} \tag{4.2}
$$

其中，$(HC)_t^e$ 为t年城镇职工基本医疗保险统筹基金支出，c为参保职工的极大

① 本书研究的是“全面二孩”政策对社会医疗保险基金财务运行状况的影响，并非是医疗保险报销比例对社会医疗保险基金的影响，因此本书可以假定未来医疗保险的报销比例不变，以剔除医疗保险报销比例对医疗费用和社会医疗保险基金的影响，从而更精确地衡量人口老龄化程度对社会医疗保险基金的影响。

生存年龄，$\sum_{i=1}^{3}\sum_{x=a}^{c}N_{t,x}^{e,i}$ 为 t 年参保职工人数，$(PAC)_t^e$ 为 t 年人均统筹基金支出，$m_{e,t}$为 t 年人均住院医疗费用，$u_{e,t}$为 t 年城镇职工基本医疗保险报销比例，$k_s^{e,2}$ 为 s 年人均住院医疗费用（人均统筹基金支出）增长率。

（三）城镇职工基本医疗保险统筹基金累计结余模型

t-1 年城镇职工基本医疗保险统筹基金的累计结余（含利息）与 t 年城镇职工基本医疗保险统筹基金的当期结余（含利息）之和，等于 t 年城镇职工基本医疗保险统筹基金的累计结余，t 年统筹基金收入减去 t 年统筹基金支出等 t 年统筹基金的当期结余，具体表达式为：

$$(PS)_t^e=(PS)_{t-1}^e\cdot(1+i)+[(HI)_t^e-(HC)_t^e]\cdot(1+i) \tag{4.3}$$

其中，$(PS)_t^e$ 是指 t 年城镇职工基本医疗保险统筹基金的累计结余，i 表示城镇职工基本医疗保险基金保值增值率（银行 1 年期定期存款利率）。

二、城乡居民基本医疗保险基金精算模型

与城镇职工基本医疗保险不同，城乡居民基本医疗保险不设个人账户，仅设统筹基金。不仅如此，城乡居民基本医疗保险的缴费人员为全部参保人员，而城镇职工基本医疗保险的缴费人员为参保在职职工，并非全部参保人员。因此，城乡居民基本医疗保险基金精算模型与城镇职工基本医疗保险基金精算模型存在一定的不同，具体如下：

（一）城乡居民基本医疗保险基金收入模型

t 年参保城乡居民人数乘以 t 年城乡居民人均纯收入，乘以 t 年城乡居民基本医疗保险缴费率，等于 t 年城乡居民基本医疗保险基金收入，具体表达式为：

$$(HI)_t^r=\sum_{i=1}^{2}\sum_{x=a}^{c}N_{t,x}^{r,i}\cdot\bar{I}_t\cdot R_t^{r,1}=\sum_{i=1}^{2}\sum_{x=a}^{c}N_{t,x}^{r,i}\cdot\bar{I}_{t_0-1}\cdot\prod_{s=t_0}^{t}(1+k_s^{r,1})\cdot R_t^{r,1} \tag{4.4}$$

其中，$(HI)_t^r$ 为 t 年城乡居民基本医疗保险基金收入，i=1，2 分别表示男性、

女性，a 为参保城乡居民最初参加城乡居民基本医疗保险的年龄，c 为参保城乡居民的极大生存年龄，$N_{t,x}^{r,i}$为 t 年 x 岁第 i 类参保城乡居民人数，$\sum_{i=1}^{2}\sum_{x=a}^{c}N_{t,x}^{r,i}$ 表示 t 年参保城乡居民人数，$\bar{I}_t$ 是指 t 年城乡居民人均纯收入，$R_t^{r,1}$ 为 t 年城乡居民基本医疗保险缴费率，$k_s^{r,1}$ 为 s 年城乡居民缴费基数增长率，t_0 为精算分析的起始时间。

（二）城乡居民基本医疗保险基金支出模型

t 年参保城乡居民人数乘以 t 年人均基金支出等于 t 年城乡居民基本医疗保险基金支出，t 年人均医疗费用乘以 t 年城乡居民基本医疗保险报销比例等于 t 年人均基金支出，具体表达式为：

$$\begin{aligned}(HC)_t^r &= \sum_{i=1}^{2}\sum_{x=a}^{c}N_{t,x}^{r,i}\cdot(PHC)_t^r\\ &= \sum_{i=1}^{2}\sum_{x=a}^{c}N_{t,x}^{r,i}\cdot m_{r,t}\cdot u_{r,t}\\ &= \sum_{i=1}^{2}\sum_{x=a}^{c}N_{t,x}^{r,i}\cdot m_{r,t_0-1}\cdot\prod_{s=t_0}^{t}(1+k_s^{r,2})\cdot u_{r,t}\end{aligned}\tag{4.5}$$

其中，$(HC)_t^r$ 为 t 年城乡居民基本医疗保险基金支出，$(PAC)_t^r$ 为 t 年人均基金支出，$m_{r,t}$为 t 年人均医疗费用，$u_{r,t}$为 t 年城乡居民基本医疗保险报销比例①，$k_s^{r,2}$ 为 s 年人均医疗费用（人均基金支出）增长率。

（三）城乡居民基本医疗保险基金累计结余模型

t－1 年城乡居民基本医疗保险基金的累计结余（含利息）与 t 年城乡居民基本医疗保险基金的当期结余（含利息）之和等于 t 年城乡居民基本医疗保险基金的累计结余，t 年基金收入减去 t 年基金支出等 t 年基金的当期结余，具体表达式为：

$$(PS)_t^r=(PS)_{t-1}^r\cdot(1+i)+[(HI)_t^r-(HC)_t^r]\cdot(1+i)\tag{4.6}$$

其中，$(PS)_t^e$ 是指 t 年城乡居民基本医疗保险基金的累计结余，i 表示城乡居民基本医疗保险基金保值增值率（银行 1 年期定期存款利率）。

---

① 与城镇职工基本医疗保险一样，本书同样假定城乡居民基本医疗保险的报销比例不变，以更精确地衡量“全面二孩”政策对城乡居民基本医疗保险基金的影响。

第二节　相关参数计算与说明

一、年龄参数

（一）城镇职工基本医疗保险基金精算模型的年龄参数

城镇职工基本医疗保险的参保在职职工主要是城镇就业人员，考虑到分年龄别人口的就业率，本研究设定城镇就业人口初次参加城镇职工基本医疗保险的年龄为22岁。基于2010年第六次人口普查的惯例，假定人口最大生存年龄是100岁。目前，我国（含湖北省）的退休年龄仍执行1978年的老政策，即男性、女干部和女工人分别在60岁、55岁和50岁退休。《中华人民共和国国民经济和社会发展第十三个五年规划纲要》（以下简称《“十三五”规划纲要》）指出“实施渐进式延迟退休年龄政策”，可见我国（含湖北省）延迟退休年龄是发展的必然趋势。本研究对延迟退休年龄方案做如下设定：2022年开始延迟退休年龄[①]，首先，延迟女工人的退休年龄，每年延迟6个月，至2031年女工人的退休年龄达到55岁；其次，2032年开始延迟女性（含女干部和女工人）的退休年龄（男性的退休年龄暂不变），每年延迟6个月，至2041年女性的退休年龄达到60岁；最后，2042年开始延迟男女的退休年龄，每年延迟6个月，至2051年男女的退休年龄均达到65岁。

---

① 人力资源和社会保障部曾召开新闻发布会，表示延迟退休年龄政策将于2022年正式实施。

（二）城乡居民基本医疗保险基金精算模型的年龄参数

城乡居民基本医疗保险的参保对象为未参加城镇职工基本医疗保险的所有居民，含少年儿童、在校学生等，因此居民最初参加城乡居民基本医疗保险的年龄为0岁，参保城乡居民的极大生存年龄同样为100岁。

二、参保人数预测

（一）城镇职工基本医疗保险参保人数预测

如本书第三章所述，本研究以2010年第六次人口普查数据为基础，利用队列要素方法对湖北省参保人口数量进行预测。首先，t-1年分年龄、性别、城乡的常住人口数量乘以对应的生存概率得到t年分年龄、性别、城乡的人口数量。其次，t年分城乡的育龄（15~49岁）妇女数量乘以对应的生育率得到年分城乡的新生人口数量。最后，也将城镇化背景下农村人口向城镇迁移的情况考虑进来，得到分年龄、性别、城乡的常住人口数量。此外，一方面，假定2016年湖北省参保在职职工（660.5万人）的年龄分布与2016年劳动年龄段城镇常住人口[①]的年龄分布一致；另一方面，假定2016年湖北省参保退休职工（300.5万人）也与2016年退休年龄段城镇常住人口[②]的年龄分布一致。据此，本研究得到2016年湖北省分年龄、性别的参保职工数量。表4-1列示了没有任何政策干预情况下城镇职工基本医疗保险参保职工人数的变化趋势。可以看出，参保职工人数（由参保在职职工和参保退休职工构成）呈现先上升在下降的趋势，退职比一直呈现上升趋势，从2018年的0.5287上升至2090年的1.8804，也就是说至2090年1位参保在职职工需抚养1.88位参保退休职工。

① 劳动年龄段：男性为22~59岁，女干部22~54岁，女工人22~49岁。
② 退休年龄段：男性为60岁及以上，女干部为55岁及以上，女工人为50岁及以上。

表 4－1　　湖北省城镇职工基本医疗保险参保人数预测结果
（没有任何政策干预）

年份	参保在职职工（人）	参保退休职工（人）	参保城镇职工（人）	退职比
2018	6 811 452	3 601 345	10 412 797	0. 5287
2019	6 883 257	3 727 927	10 611 184	0. 5416
2020	6 954 383	3 865 939	10 820 322	0. 5559
2021	7 028 636	3 976 164	11 004 800	0. 5657
2022	7 091 190	4 121 550	11 212 740	0. 5812
2023	7 111 901	4 320 992	11 432 893	0. 6076
2024	7 148 913	4 486 860	11 635 773	0. 6276
2025	7 178 866	4 653 171	11 832 036	0. 6482
2026	7 243 662	4 805 824	12 049 486	0. 6635
2027	7 324 305	4 932 806	12 257 111	0. 6735
2028	7 385 740	5 093 592	12 479 332	0. 6897
2029	7 459 213	5 239 175	12 698 387	0. 7024
2030	7 532 605	5 388 251	12 920 856	0. 7153
2031	7 613 017	5 523 485	13 136 503	0. 7255
2032	7 654 520	5 655 321	13 309 841	0. 7388
2033	7 750 475	5 773 581	13 524 056	0. 7449
2034	7 853 043	5 880 408	13 733 451	0. 7488
2035	7 964 670	5 970 743	13 935 412	0. 7497
2036	8 068 508	6 064 863	14 133 371	0. 7517
2037	8 166 312	6 158 135	14 324 447	0. 7541
2038	8 262 741	6 241 603	14 504 344	0. 7554
2039	8 345 640	6 329 898	14 675 538	0. 7585
2040	8 423 135	6 409 556	14 832 692	0. 7609
2041	8 497 093	6 474 489	14 971 582	0. 7620
2042	8 544 920	6 557 054	15 101 974	0. 7674
2043	8 597 948	6 613 939	15 211 887	0. 7692

续表

年份	参保在职职工（人）	参保退休职工（人）	参保城镇职工（人）	退职比
2044	8 611 496	6 707 154	15 318 649	0. 7789
2045	8 621 560	6 787 851	15 409 411	0. 7873
2046	8 637 513	6 844 965	15 482 477	0. 7925
2047	8 637 148	6 910 979	15 548 128	0. 8001
2048	8 632 782	6 970 902	15 603 683	0. 8075
2049	8 592 735	7 070 487	15 663 222	0. 8228
2050	8 550 004	7 164 992	15 714 996	0. 8380
2051	8 540 769	7 203 734	15 744 503	0. 8435
2052	8 534 105	7 230 936	15 765 041	0. 8473
2053	8 523 198	7 255 959	15 779 157	0. 8513
2054	8 454 880	7 354 922	15 809 802	0. 8699
2055	8 392 273	7 439 327	15 831 600	0. 8864
2056	8 342 061	7 501 963	15 844 024	0. 8993
2057	8 290 450	7 561 906	15 852 356	0. 9121
2058	8 230 160	7 627 589	15 857 749	0. 9268
2059	8 167 282	7 691 143	15 858 425	0. 9417
2060	8 099 310	7 756 761	15 856 072	0. 9577
2061	8 014 361	7 838 695	15 853 056	0. 9781
2062	7 926 212	7 919 739	15 845 951	0. 9992
2063	7 834 262	7 995 071	15 829 334	1. 0205
2064	7 724 039	8 085 395	15 809 435	1. 0468
2065	7 617 049	8 165 599	15 782 648	1. 0720
2066	7 491 070	8 264 710	15 755 780	1. 1033
2067	7 359 068	8 365 010	15 724 078	1. 1367
2068	7 220 732	8 467 430	15 688 162	1. 1727
2069	7 079 500	8 563 308	15 642 807	1. 2096
2070	6 958 012	8 625 031	15 583 044	1. 2396

续表

年份	参保在职职工（人）	参保退休职工（人）	参保城镇职工（人）	退职比
2071	6 812 057	8 712 462	15 524 520	1. 2790
2072	6 665 265	8 794 837	15 460 102	1. 3195
2073	6 518 931	8 869 595	15 388 525	1. 3606
2074	6 373 873	8 935 241	15 309 114	1. 4019
2075	6 230 861	8 990 955	15 221 815	1. 4430
2076	6 090 635	9 036 187	15 126 822	1. 4836
2077	5 954 051	9 069 555	15 023 606	1. 5233
2078	5 821 923	9 091 337	14 913 260	1. 5616
2079	5 695 236	9 098 481	14 793 717	1. 5976
2080	5 573 697	9 092 562	14 666 259	1. 6313
2081	5 456 885	9 075 400	14 532 285	1. 6631
2082	5 344 525	9 046 758	14 391 283	1. 6927
2083	5 235 932	9 006 587	14 242 520	1. 7201
2084	5 130 570	8 958 804	14 089 374	1. 7462
2085	5 027 767	8 902 787	13 930 554	1. 7707
2086	4 926 801	8 839 739	13 766 541	1. 7942
2087	4 827 069	8 769 272	13 596 341	1. 8167
2088	4 728 109	8 692 354	13 420 463	1. 8384
2089	4 630 067	8 610 755	13 240 823	1. 8597
2090	4 532 747	8 523 187	13 055 934	1. 8804

注：参保城镇职工人数（参保总人数）= 参保在职职工人数 + 参保退休职工人数，退职比 = 参保退休职工人数/参保在职职工人数。

（二）城乡居民基本医疗保险参保人数预测

如上所述，城乡居民基本医疗保险的参保对象为未参加城镇职工基本医疗保险的所有居民，因此湖北省城乡居民基本医疗保险参保人数等于湖北省总人数减去湖北省城镇职工基本医疗保险参保人数，预测结果如表 4 – 2 所示。可以看出，在没有任何政策干预的情况下，湖北省城乡居民基本医疗保险参保人数从 2018 年的 4 900.08 万人下降至 2090 年的 1 337.45 万人。

表 4－2　　湖北省城乡居民基本医疗保险参保人数预测（没有任何政策干预）　　单位：人

年份	总计	男性	女性	年份	总计	男性	女性
2018	49 000 872	25 177 638	23 823 233	2041	39 786 648	19 993 022	19 793 625
2019	48 922 858	25 124 674	23 798 184	2042	39 195 127	19 676 026	19 519 101
2020	48 794 979	25 043 536	23 751 442	2043	38 599 820	19 358 368	19 241 451
2021	48 653 602	24 954 889	23 698 713	2044	38 000 713	19 040 105	18 960 608
2022	48 453 537	24 833 654	23 619 883	2045	37 396 857	18 720 816	18 676 041
2023	48 221 214	24 694 871	23 526 344	2046	36 787 009	18 399 801	18 387 208
2024	47 966 770	24 544 271	23 422 499	2047	36 169 551	18 076 171	18 093 379
2025	47 690 784	24 382 153	23 308 631	2048	35 543 923	17 749 572	17 794 351
2026	47 348 950	24 184 598	23 164 352	2049	34 909 463	17 419 641	17 489 822
2027	46 984 798	23 975 370	23 009 427	2050	34 265 211	17 085 984	17 179 227
2028	46 588 083	23 748 862	22 839 221	2051	33 614 307	16 750 175	16 864 132
2029	46 166 825	23 509 495	22 657 330	2052	32 957 687	16 412 614	16 545 073
2030	45 720 363	23 255 681	22 464 682	2053	32 293 147	16 072 452	16 220 695
2031	45 255 623	22 991 283	22 264 340	2054	31 624 349	15 731 372	15 892 977
2032	44 833 085	22 753 401	22 079 684	2055	30 951 490	15 389 709	15 561 781
2033	44 322 325	22 469 041	21 853 284	2056	30 277 715	15 048 863	15 228 852
2034	43 793 429	22 175 995	21 617 433	2057	29 604 980	14 709 726	14 895 254
2035	43 249 313	21 875 831	21 373 482	2058	28 934 075	14 372 831	14 561 245
2036	42 691 856	21 569 633	21 122 223	2059	28 270 169	14 040 565	14 229 605
2037	42 123 408	21 258 702	20 864 706	2060	27 616 613	13 714 304	13 902 309
2038	41 545 902	20 943 997	20 601 906	2061	26 969 377	13 392 601	13 576 776
2039	40 961 953	20 627 074	20 334 879	2062	26 333 790	13 077 593	13 256 197
2040	40 375 776	20 310 134	20 065 642	2063	25 700 026	12 765 163	12 934 862

续表

年份	总计	男性	女性	年份	总计	男性	女性
2064	25 072 106	12 456 988	12 615 117	2078	17 555 547	8 827 876	8 727 672
2065	24 459 992	12 156 866	12 303 126	2079	17 119 532	8 621 425	8 498 107
2066	23 859 564	11 863 079	11 996 484	2080	16 698 999	8 422 598	8 276 400
2067	23 270 700	11 575 832	11 694 869	2081	16 295 851	8 232 143	8 063 708
2068	22 695 320	11 295 501	11 399 819	2082	15 908 896	8 049 364	7 859 532
2069	22 125 229	11 018 958	11 106 271	2083	15 536 526	7 873 556	7 662 970
2070	21 568 373	10 749 308	10 819 065	2084	15 184 286	7 706 750	7 477 536
2071	21 019 610	10 484 514	10 535 096	2085	14 848 645	7 547 463	7 301 182
2072	20 484 106	10 226 513	10 257 594	2086	14 528 768	7 395 138	7 133 630
2073	19 960 261	9 974 842	9 985 419	2087	14 221 563	7 248 504	6 973 059
2074	19 449 682	9 730 158	9 719 524	2088	13 926 031	7 106 935	6 819 096
2075	18 953 322	9 492 956	9 460 366	2089	13 645 159	6 971 550	6 673 610
2076	18 472 103	9 263 492	9 208 611	2090	13 374 507	6 840 568	6 533 939
2077	18 005 329	9 041 472	8 963 857	—	—	—	—

注：总计人数 = 男性人数 + 女性人数。

三、缴费基数与缴费率

(一) 城镇职工基本医疗保险人均缴费基数与缴费率

根据《决定》，城镇职工基本医疗保险的缴费率为 8%，其中用人单位和职工的缴费率分别为 6% 和 2%。考虑到湖北省各地级市城镇职工基本医疗保险缴费率存在一定的差异，为了分析方便，本研究仍假定湖北省城镇职工基本医疗保险缴费率为 8%。缴费率乘以缴费基数得到人均缴费率，本研究以湖北省 2016

年人均实际缴费基数 56 604.84 元[①]为准，考虑到经济已进入新常态的发展路径，本研究假定城镇职工基本医疗保险人均缴费基数增长率与人均 GDP 增长率一致，即 2017～2020 年的人均缴费基数增长率为 6.5%，以后每 5 年下降 0.5%，直到降至 2%（闫坤和刘陈杰，2015[②]）。

根据《决定》，个人缴费部分和用人单位缴费率部分的 30% 划入个人账户，其余部分划入统筹基金，即 52.5%（=6×0.7/8）的基金收入划入统筹基金，而 47.5% 左右的基金收入划入个人账户。由于大部分省份的政策规定缴费率高于 8%，因而大部分省份基金收入划入统筹基金的比例要高于 52.5%。根据 2004～2012 年《全国社会保险情况》（见表 4－3），60% 左右的缴费额划入统筹基金，本研究假设湖北省城镇职工基本医疗保险基金划入统筹基金的比例为 60%[③]。

表 4－3　全国城镇职工基本医疗保险基金划入统筹基金的比例

年份	总收入（亿元）	统筹基金收入（亿元）	划入统筹基金的比例（%）
2007	2 214	1 332	60.16
2008	2 886	1 758	60.91
2009	3 420	2 099	61.37
2010	3 955	2 376	60.08
2011	4 945	3 015	60.97
2012	6 062	3 721	61.38

注：现有的公开资料还无法获取湖北省城镇职工基本医疗保险基金划入统筹基金的比例，只能获取全国城镇职工基本医疗保险基金划入统筹基金的比例。

资料来源：总收入和统筹基金收入数据来源于 2004～2012 年《全国社会保险情况》，2013 年及以后人力资源和社会保障部不再公布《全国社会保险情况》，http：//www.mohrss.gov.cn/SYrlzyhshbzb/zwgk/szrs/。

① 2016 年湖北省城镇职工基本医疗保险基金收入 299.1 亿元，参保在职职工人数为 660.5 万人，人均缴费为 4 528.39 元（=299.1×10 000/660.5），缴费基数为 56 604.84 元（=4 528.39/8%）。资料来源：国家统计局：《中国统计年鉴》2018 年。

② 闫坤、刘陈杰：《我国新常态时期合理经济增速测算》，载《财贸经济》2015 年第 1 期。

③ 这一假设是可以成立的，虽然大部分省份规定用人单位缴费部分的 30% 划入个人账户，但是在实际操作中，这一比例是低于 30% 的，各地会依据参保职工的年龄，设定不同的划入比例。

（二）城乡居民基本医疗保险人均缴费基数与缴费率

城乡居民基本医疗保险的缴费也是定额缴费，湖北省人均缴费从 2014 年的 392.38 元增加至 2016 年的 548.59 元。本研究计算了湖北省城乡居民基本医疗保险的人均缴费与农村居民人均可支配收入[①]的关系。从表 4－4 可以看出，2015～2016 年湖北省人均缴费约为当年农村居民人均可支配收入的 4.25%，按照这一趋势，本研究假定未来城乡居民基本医疗保险的人均缴费仍为农村居民人均可支配收入的 4.25%。未来人均农村居民人均可支配收入的增长率与人均 GDP 增长率持平，即 2017～2020 年为 6.5%，以后每 5 年下降 0.5%，直到降至 2%。

表 4－4　湖北省城乡居民基本医疗保险缴费情况

年份	基金收入（亿元）	人均缴费（元）	农村居民人均可支配收入（元）	人均缴费/农村居民人均可支配收入（%）
2014	40.6	392.38	10 849.1	3.62
2015	50.7	495.75	11 843.9	4.19
2016	56.0	548.59	12 725.0	4.31

注：人均缴费＝基金收入/参保总人数。

资料来源：历年《中国统计年鉴》。

四、人均（统筹）基金支出增长率

（一）城镇职工基本医疗保险人均统筹基金支出增长率

人均统筹基金支出增长率是预测湖北省城镇职工基本医疗保险基金变化趋势的重要参数，不同的学者对人均统筹基金支出增长率或者人均医疗费用增长

① 《中国统计年鉴》所指的城镇居民既包括参加城镇职工基本医疗保险的城镇居民，也包括参加城乡居民基本医疗保险的城镇居民，因而本研究所指的城镇居民与《中国统计年鉴》所指的城镇居民并不一致，而《中国统计年鉴》所指的农村居民与参加城乡居民基本医疗保险的农村居民是一致的，所以本研究使用农村居民人均可支配收入进行测算。

率的设置也不尽相同，王晓燕等（2004）设置人均货币工资增长率为15.9%，人均医疗费用增长率为23%，比人均货币工资增长率高7.1%；何文炯等（2009）设置人均统筹基金支出增长率比人均缴费工资增长率高1%，那么实际中人均统筹基金支出增长率如何呢？根据第三次和第四次国家卫生服务调查，2003年和2008年全国次均住院费用分别为9 156元和10 783元，住院率分别为5.9%和9.2%，因此2003年和2008年全国人均住院费用分别为540.2元（=9 156×5.9%）和992.04元（=10 783×9.2%），平均增长率为12.93%①，比2003～2008年的城镇职工平均工资增长率（14.63%）低了近1.7个百分点，这与学者的假设不太相符②，这是因为学者并未考虑人口结构因素对人均住院医疗费用的影响，所以本研究借鉴Mayhew（2000）使用的“增长因子”方法来分析人口老龄化对湖北省人均统筹基金支出产生的影响，以更精确地衡量未来湖北省人均统筹基金支出的增长率，更好地预测未来湖北省城镇职工基本医疗保险基金的变化趋势。下面本研究将对“增长因子”方法进行介绍，然后测算未来湖北省人均统筹基金支出增长率。

“增长因子”方法的特点是将人均医疗费用的增长率分解为几个独立的增长因素，这些因素包括人口老龄化、医疗技术的发展、疾病谱（疾病模式）的转变、治疗成本的变化等。并且假设各因素之间相互独立，没有重叠（Mayhew，2000；Newhouse，1992；Fuchs，1998）。基于该假设，人均医疗费用的变化与这些增长因素之间的关系可以表示为：

$$H(t) = H(0) \times \exp(t \sum_{i} r_i) \tag{4.7}$$

其中，H(0) 是基期的人均医疗费用，H(t) 是时间t时的人均医疗费用，$\sum_{i} r_i$ 为各因素带来的人均医疗费用增长率之和，本研究为了分析人口结构（即人口老龄化因素）因素在其中的作用，将人口结构变化产生的影响，从其他影响因素中分离出来，也可称为人口因素的作用③。而其他所有的因素，如技术发展和医疗价格变化等加在一起代表剩余的增长因子，统称为非人口因素的作用。则

---

① 城镇职工基本医疗保险制度的政策也在不断完善中，以前统筹基金只能报销住院费用，因而这里可以用人均住院费用增长率替代人均统筹基金支出增长率。

② 何文炯等（2009）使用Z市医疗保险数据时，发现2008～2010年人均统筹基金支出增长率为9.91%，而人均缴费工资增长率为10.12%，即人均统筹基金支出增长率比人均缴费工资增长率还慢0.21%。

③ 人口因素可以分解为人口数量因素和人口结构因素，由于本研究考察的是人均住院医疗费用的增长率，因此不考虑人口数量对医疗费用增长的影响，而只考虑人口结构因素对医疗费用增长的影响。

模型的形式变为：

$$H(t)=H(0)\times \exp^{t(rp+ru)} \tag{4.8}$$

其中，rp 代表人口结构变化带来的人均医疗费用增长率，ru 表示除人口结构因素（人口因素）以外的其他因素，即非人口因素变化带来的人均医疗费用增长率。

如果用 I(t) 表示人口结构的指数，即对 $e^{t\times rp}$ 用 I(t) 来表示，则 rp 可以表示为：

$$rp(t)=\frac{1}{t}\ln I(t) \tag{4.9}$$

进行化简后，ru 可以表示为：

$$ru(t)=\frac{1}{t}\ln\frac{H(t)}{H(0)I(t)} \tag{4.10}$$

当时间 t = 0 时，指数 $I(0)=e^0=1$，非人口因素带来的人均医疗费用增长率可以写为：

$$ru(t)=\frac{1}{t}\ln\frac{H(t)/I(t)}{H(0)/I(0)} \tag{4.11}$$

所以 ru 可以解释为被人口结构指数标准化后的人均医疗费用增长率。

与人口结构相关的人均医疗费用增长指数定义为：

$$I(t)=\frac{\sum_i p_i(t)C_i(t)}{\sum_i p_i(0)C_i(0)} \tag{4.12}$$

$p_i(t)$ 为 t 年 i 年龄组的人口占总人口的比例，$C_i(t)$ 是年龄别相对医疗费用指数，在此情况下，I(0) 也等于 1。所以：

$$rp(t)=\frac{\ln\frac{\sum_i p_i(t)C_i(t)}{\sum_i p_i(0)C_i(0)}}{t} \tag{4.13}$$

下面本研究依次确定 $C_i(t)$ 和 $p_i(t)$ 的参数值，卫健委中国卫生费用核算小组根据 1982 年和 1990 年中国第三次和第四次全国人口普查数据资料，以及卫健委 1993 年和 1998 年全国卫生服务调查结果测算了 1992 年和 1997 年全国各年龄组人口的人均医疗服务需求额，并以此为基础得到了中国各年龄组的人均医疗消费权重（如表 4－5 所示）。本研究以表 4－5 中的结果来确定 $C_i(t)$ 的具体值，安德林和赫西（Anderson and Hussey，2000）的一项研究表明，20 世纪 90 年代中期，65 岁及以上老年人口的人均医疗费用是 65 岁以下人口人均医疗费用的 2.4 ~2.8 倍，所以本研究采用 1997 年的人均医疗消费权重来确定 $C_i(t)$，而不采用平均值进行确定。$p_i(t)$ 通过湖北省城镇职工基本医疗保险的参保人数进行确定，采用以下公式：

$$p_{20-24}(t) = \frac{\sum_{x=20}^{24}(N_{x,t}^{m} + N_{x,t}^{f})}{\sum_{x=20}^{100}(N_{x,t}^{m} + N_{x,t}^{f})}$$

其他可以此类推。

表 4 -5　　分年龄别人均医疗消费权重

年份	0 ~4	5 ~14	15 ~24	25 ~34	35 ~44	45 ~54	55 ~64	65 +	合计
1992	1.02	0.27	0.31	0.63	1.15	2.02	3.42	1.96	1.00
1997	0.95	0.38	0.40	0.77	0.99	1.38	2.18	3.15	1.00
平均值	0.99	0.32	0.36	0.70	1.07	1.70	2.80	2.56	1.00

数据来源：中国卫生费用核算小组：《中国卫生总费用历史回顾和发展预测》，载《卫生软科学》2000 年第 5 期。

根据以上方法，并代入相关数值，本研究计算了人口结构变化带来的湖北省城镇职工基本医疗保险人均统筹基金支出增长率。从表 4 -6 可以看出，人口结构的变化对湖北省人均统筹基金支出增长率的影响一直为正

表 4 -6　　人口结构变化带来的湖北省城镇职工基本医疗保险人均统筹基金支出增长率（没有任何政策干预）　　单位：%

年份	rp(t)	年份	rp(t)	年份	rp(t)
2018	1.16	2023	0.84	2028	0.71
2019	1.28	2024	0.59	2029	0.60
2020	1.00	2025	0.76	2030	0.44
2021	0.88	2026	0.23	2031	0.37
2022	0.65	2027	0.58	2032	0.45

续表

年份	rp(t)	年份	rp(t)	年份	rp(t)
2033	0. 40	2053	0. 55	2073	0. 77
2034	0. 33	2054	0. 57	2074	0. 75
2035	0. 31	2055	0. 57	2075	0. 59
2036	0. 20	2056	0. 41	2076	0. 74
2037	0. 26	2057	0. 36	2077	0. 72
2038	0. 13	2058	0. 35	2078	0. 70
2039	0. 32	2059	0. 83	2079	0. 67
2040	0. 23	2060	0. 73	2080	0. 64
2041	0. 26	2061	0. 62	2081	0. 61
2042	0. 29	2062	0. 63	2082	0. 58
2043	0. 35	2063	0. 66	2083	0. 53
2044	0. 43	2064	0. 60	2084	0. 49
2045	0. 41	2065	0. 55	2085	0. 45
2046	0. 28	2066	0. 70	2086	0. 41
2047	0. 35	2067	0. 69	2087	0. 37
2048	0. 23	2068	0. 68	2088	0. 33
2049	0. 62	2069	0. 77	2089	0. 30
2050	0. 50	2070	0. 77	2090	0. 27
2051	0. 47	2071	0. 78	—	—
2052	0. 56	2072	0. 78	—	—

对于除人口因素之外的非人口因素带来的人均统筹基金支出增长率，1975 ~ 2000 年，一直高于经济增长率（人均缴费基数增长率）1% ~2%。国外相关研究中也对此进行假定，罗布森（Robson，2001）假设人均医疗费用增长与一般的经济增长速度相同，而不是按照历史序列中比一般经济增长高 0. 8% 的速度①。

① Robson W B. Will the Baby Boomers Bust the Health Budget? Demographic Change and Health Care Financing Reform [R]. Commentary - CD Howe Institute Working Paper, 2001.

沃克（Walker，2001）则认为医疗费用的增长速度一般比 GDP 的增长速度快 1%。包括我国在内的发展中国家可以快速学习发达国家的医疗技术，所以非人口因素带来的人均统筹基金支出增长率（或人均医疗费用增长率）还有增长空间，同时由于中国目前缺少有效的成本控制机制，这种增长可能会长时间保持。因此，本研究假设非人口因素带来的湖北省人均统筹基金支出增长率比城镇职工基本医疗保险人均缴费基数增长率快 1%，据此可以推算出未来湖北省人均统筹基金支出的增长率，详见表 4－7。

表 4－7　湖北省城镇职工基本医疗保险人均统筹基金支出增长率（没有任何政策干预）

单位：%

年份	人均统筹基金支出增长率	年份	人均统筹基金支出增长率	年份	人均统筹基金支出增长率
2018	8.66	2035	6.31	2052	4.56
2019	8.78	2036	5.70	2053	4.55
2020	8.50	2037	5.76	2054	4.57
2021	7.88	2038	5.63	2055	4.57
2022	7.65	2039	5.82	2056	3.91
2023	7.84	2040	5.73	2057	3.86
2024	7.59	2041	5.26	2058	3.85
2025	7.76	2042	5.29	2059	4.33
2026	6.73	2043	5.35	2060	4.23
2027	7.08	2044	5.43	2061	3.62
2028	7.21	2045	5.41	2062	3.63
2029	7.10	2046	4.78	2063	3.66
2030	6.94	2047	4.85	2064	3.60
2031	6.37	2048	4.73	2065	3.55
2032	6.45	2049	5.12	2066	3.20
2033	6.40	2050	5.00	2067	3.19
2034	6.33	2051	4.47	2068	3.18

续表

年份	人均统筹基金支出增长率	年份	人均统筹基金支出增长率	年份	人均统筹基金支出增长率
2069	3.27	2077	3.22	2085	2.95
2070	3.27	2078	3.20	2086	2.91
2071	3.28	2079	3.17	2087	2.87
2072	3.28	2080	3.14	2088	2.83
2073	3.27	2081	3.11	2089	2.80
2074	3.25	2082	3.08	2090	2.77
2075	3.09	2083	3.03	—	—
2076	3.24	2084	2.99	—	—

（二）城乡居民基本医疗保险人均基金支出增长率

采用相同的方法（增长因子方法），本研究预测了城乡居民基本医疗保险人均基金支出增长率，表4－8列示的是人口结构变化带来的湖北省人均基金支出增长率。可以看出，2058年及以前人口结构变化对湖北省人均基金支出增长率的影响为正，2059年及以后人口结构变化对湖北省人均基金支出增长率的影响为负。表4－9列示了湖北省城乡居民基本医疗保险人均基金支出增长率。

表4－8　　人口结构变化带来的湖北省城乡居民基本医疗保险人均基金支出增长率（没有任何政策干预）

单位：%

年份	rp(t)	年份	rp(t)	年份	rp(t)
2018	1.75	2024	1.11	2030	1.34
2019	1.46	2025	1.24	2031	1.36
2020	1.43	2026	1.02	2032	1.10
2021	1.35	2027	1.42	2033	1.44
2022	1.28	2028	1.63	2034	1.37
2023	1.39	2029	1.37	2035	1.44

续表

年份	rp(t)	年份	rp(t)	年份	rp(t)
2036	1. 24	2055	0. 52	2074	-0. 81
2037	1. 27	2056	0. 22	2075	-0. 90
2038	1. 12	2057	0. 17	2076	-0. 88
2039	0. 93	2058	0. 17	2077	-0. 89
2040	0. 84	2059	-0. 22	2078	-0. 89
2041	0. 86	2060	-0. 21	2079	-0. 90
2042	0. 82	2061	-0. 28	2080	-0. 90
2043	0. 80	2062	-0. 34	2081	-0. 89
2044	0. 83	2063	-0. 38	2082	-0. 87
2045	0. 83	2064	-0. 50	2083	-0. 87
2046	0. 60	2065	-0. 56	2084	-0. 81
2047	0. 67	2066	-0. 58	2085	-0. 78
2048	0. 54	2067	-0. 65	2086	-0. 75
2049	0. 26	2068	-0. 68	2087	-0. 74
2050	0. 28	2069	-0. 69	2088	-0. 73
2051	0. 36	2070	-0. 73	2089	-0. 68
2052	0. 47	2071	-0. 75	2090	-0. 67
2053	0. 41	2072	-0. 78	—	—
2054	0. 45	2073	-0. 79	—	—

表 4-9 湖北省城乡居民基本医疗保险人均基金支出增长率（没有任何政策干预）

单位：%

年份	人均基金支出增长率	年份	人均基金支出增长率	年份	人均基金支出增长率
2018	8. 66	2021	7. 88	2024	7. 59
2019	8. 78	2022	7. 65	2025	7. 76
2020	8. 50	2023	7. 84	2026	6. 73

续表

年份	人均基金支出增长率	年份	人均基金支出增长率	年份	人均基金支出增长率
2027	7.08	2049	5.12	2071	3.28
2028	7.21	2050	5.00	2072	3.28
2029	7.10	2051	4.47	2073	3.27
2030	6.94	2052	4.56	2074	3.25
2031	6.37	2053	4.55	2075	3.09
2032	6.45	2054	4.57	2076	3.24
2033	6.40	2055	4.57	2077	3.22
2034	6.33	2056	3.91	2078	3.20
2035	6.31	2057	3.86	2079	3.17
2036	5.70	2058	3.85	2080	3.14
2037	5.76	2059	4.33	2081	3.11
2038	5.63	2060	4.23	2082	3.08
2039	5.82	2061	3.62	2083	3.03
2040	5.73	2062	3.63	2084	2.99
2041	5.26	2063	3.66	2085	2.95
2042	5.29	2064	3.60	2086	2.91
2043	5.35	2065	3.55	2087	2.87
2044	5.43	2066	3.20	2088	2.83
2045	5.41	2067	3.19	2089	2.80
2046	4.78	2068	3.18	2090	2.77
2047	4.85	2069	3.27	—	—
2048	4.73	2070	3.27	—	—

五、基金保值增值率

现阶段，湖北省城镇职工基本医疗保险基金和城乡基本医疗保险基金还未投资于资本市场，主要存放于银行，因此本研究设定基金的保值增值率为银行1年期整存整取存款利率，即2.5%①。

第三节　湖北省城镇职工基本医疗保险基金可持续性评估

一、湖北省城镇职工基本医疗保险基金收支运行状况

运用公式（4.1）~公式（4.3）并代入相关参数，本研究模拟了湖北省城镇职工基本医疗保险基金的收支运行状况。从表4-10可以看出，如果没有任何政策干预，湖北省城镇职工基本医疗保险基金收入呈现上升趋势，从2018年的218.84亿元增加至2090年的1 975.88亿元，年平均增长速度为3.1%。湖北省城镇职工基本医疗保险基金支出同样呈现上升趋势，从2018年的193.96亿元增加至2090年的6 118.32亿元，年平均增长速度为4.91%。可见，基金收入的年平均增长速度慢于基金支出的年平均增长速度，如果不采取有效措施，基金支出将在2024年超过基金收入。

① 根据中国人民银行的数据，近年来银行1年期定期存款利率介于1.5%~3.5%之间，本书取中间值2.5%。

表 4－10　　湖北省城镇职工基本医疗保险基金收支运行状况
（没有任何政策干预）

单位：亿元

年份	基金收入	基金支出	年份	基金收入	基金支出	年份	基金收入	基金支出
2018	218.84	193.96	2043	1 103.78	1 391.79	2068	2 035.99	3 909.21
2019	236.63	214.64	2044	1 155.27	1 476.18	2069	2 036.09	4 015.04
2020	255.81	237.04	2045	1 208.67	1 563.98	2070	2 041.17	4 121.98
2021	275.34	259.75	2046	1 259.34	1 645.63	2071	2 038.32	4 230.19
2022	295.85	284.34	2047	1 309.66	1 731.37	2072	2 034.29	4 339.60
2023	316.00	311.62	2048	1 361.35	1 818.37	2073	2 029.42	4 449.69
2024	338.29	340.39	2049	1 409.24	1 915.81	2074	2 023.95	4 559.37
2025	361.79	372.09	2050	1 458.32	2 015.30	2075	2 018.10	4 662.46
2026	386.96	403.71	2051	1 507.73	2 108.29	2076	2 012.14	4 772.48
2027	414.74	439.24	2052	1 559.28	2 206.45	2077	2 006.36	4 881.89
2028	443.31	478.57	2053	1 611.80	2 308.02	2078	2 001.07	4 990.91
2029	474.59	520.84	2054	1 654.84	2 413.91	2079	1 996.68	5 098.39
2030	508.01	565.94	2055	1 700.08	2 523.96	2080	1 993.15	5 204.39
2031	541.68	611.35	2056	1 740.60	2 621.67	2081	1 990.41	5 309.05
2032	574.58	658.44	2057	1 781.73	2 721.22	2082	1 988.41	5 411.64
2033	613.78	711.41	2058	1 821.83	2 823.28	2083	1 986.97	5 511.17
2034	656.11	767.83	2059	1 862.15	2 941.85	2084	1 985.92	5 608.48
2035	702.04	828.19	2060	1 902.05	3 061.60	2085	1 985.06	5 702.64
2036	746.75	887.69	2061	1 929.16	3 166.36	2086	1 984.10	5 793.58
2037	793.59	951.29	2062	1 955.64	3 273.96	2087	1 982.81	5 880.37
2038	843.11	1 017.35	2063	1 981.27	3 384.46	2088	1 981.00	5 963.00
2039	894.15	1 088.88	2064	2 002.23	3 494.66	2089	1 978.73	6 042.64
2040	947.57	1 163.28	2065	2 023.86	3 605.50	2090	1 975.88	6 118.32
2041	998.91	1 235.84	2066	2 030.20	3 705.79	—	—	—
2042	1 049.73	1 311.84	2067	2 034.31	3 807.00	—	—	—

二、湖北省城镇职工基本医疗保险基金累计结余状况

由于基金支出在2024年超过基金收入，因此湖北省城镇职工基本医疗保险基金在2024年开始出现当期赤字，为2.1亿元（见表4-1），如不采取有效措施，基金的收不抵支状况会一直出现，当期赤字也会逐年扩大，2090年当期赤字为4 142.44亿元。长期的当期赤字状况使得基金不得不动用过去积累的资金来保证医疗保险待遇的兑现。2033年及以前，湖北省城镇职工基本医疗保险基金的累计结余一直为正，但是至2034年，湖北省城镇职工基本医疗保险基金的累计结余使用完毕，湖北省城镇职工基本医疗保险基金开始出现累计赤字，2034年累计赤字规模为31.37亿元，2035年及以后累计赤字规模逐年加大，2090年湖北省城镇职工基本医疗保险基金累计赤字额度为148 520.14亿元，这表明在测算期内湖北省城镇职工基本医疗保险基金的内源性融资不足以保证医疗保险待遇的兑现。可见，若维持现有制度不变，在没有任何政策干预的情况下，湖北省城镇职工基本医疗保险基金分别在2024年和2034年开始出现当期赤字和累计赤字，2034年及以后基金不具备财务可持续性，迫切需要相关政策干预以改善湖北省城镇职工基本医疗保险基金的财务运行状况。

表4-11　湖北省城镇职工基本医疗保险基金累计结余情况（没有任何政策干预）

单位：亿元

年份	当期结余	累计结余	年份	当期结余	累计结余	年份	当期结余	累计结余
2018	24.87	321.39	2026	-16.75	446.37	2034	-111.72	-31.37
2019	21.99	351.96	2027	-24.49	432.42	2035	-126.16	-161.47
2020	18.77	380.00	2028	-35.26	407.09	2036	-140.94	-309.97
2021	15.59	405.48	2029	-46.25	369.87	2037	-157.70	-479.36
2022	11.51	427.41	2030	-57.93	319.74	2038	-174.24	-669.94
2023	4.38	442.59	2031	-69.68	256.31	2039	-194.73	-886.28
2024	-2.10	451.50	2032	-83.86	176.76	2040	-215.71	-1 129.54
2025	-10.30	452.23	2033	-97.63	81.11	2041	-236.93	-1 400.63

续表

年份	当期结余	累计结余	年份	当期结余	累计结余	年份	当期结余	累计结余
2042	-262.11	-1 704.31	2059	-1 079.70	-15 463.64	2076	-2 760.34	-63 058.54
2043	-288.01	-2 042.13	2060	-1 159.54	-17 038.77	2077	-2 875.53	-67 582.42
2044	-320.91	-2 422.12	2061	-1 237.21	-18 732.87	2078	-2 989.84	-72 336.57
2045	-355.31	-2 846.87	2062	-1 318.32	-20 552.48	2079	-3 101.71	-77 324.24
2046	-386.30	-3 313.99	2063	-1 403.18	-22 504.55	2080	-3 211.25	-82 548.87
2047	-421.71	-3 829.09	2064	-1 492.42	-24 596.90	2081	-3 318.64	-88 014.20
2048	-457.01	-4 393.26	2065	-1 581.64	-26 833.00	2082	-3 423.23	-93 723.36
2049	-506.57	-5 022.33	2066	-1 675.60	-29 221.32	2083	-3 524.20	-99 678.75
2050	-556.98	-5 718.79	2067	-1 772.69	-31 768.85	2084	-3 622.56	-105 883.84
2051	-600.56	-6 477.34	2068	-1 873.22	-34 483.12	2085	-3 717.58	-112 341.46
2052	-647.17	-7 302.62	2069	-1 978.95	-37 373.63	2086	-3 809.49	-119 054.72
2053	-696.22	-8 198.81	2070	-2 080.81	-40 440.79	2087	-3 897.56	-126 026.09
2054	-759.07	-9 181.83	2071	-2 191.86	-43 698.47	2088	-3 982.00	-133 258.29
2055	-823.88	-10 255.85	2072	-2 305.31	-47 153.87	2089	-4 063.92	-140 755.26
2056	-881.07	-11 415.35	2073	-2 420.27	-50 813.50	2090	-4 142.44	-148 520.14
2057	-939.49	-12 663.71	2074	-2 535.43	-54 682.65	—	—	—
2058	-1 001.44	-14 006.78	2075	-2 644.36	-58 760.18	—	—	—

注：当期结余为负代表基金出现当期赤字，累计结余为负代表基金出现累计赤字。

第四节　湖北省城乡居民基本医疗保险基金可持续性评估

一、湖北省城乡居民基本医疗保险基金收支运行状况

运用公式（4.4）~公式（4.6）并代入相关参数，本书模拟了湖北省城乡居

民基本医疗保险基金的收支运行状况。从表4－12可以看出，如果没有任何政策干预，湖北省城乡居民基本医疗保险基金收入呈现上升趋势，从2018年的337.36亿元增加至2090年的1 249.34亿元，年平均增长速度为1.83%。湖北省城乡居民基本医疗保险基金支出同样呈现上升趋势，从2018年的325.61亿元增加至2090年的1 951.43亿元，年平均增长速度为2.52%。可见，基金收入的年平均增长速度低于基金支出的年平均增长速度，如果不采取有效措施，基金支出将在2020年超过基金收入。

表4－12　湖北省城乡居民基本医疗保险基金收支运行状况（没有任何政策干预）

单位：亿元

年份	基金收入	基金支出	年份	基金收入	基金支出	年份	基金收入	基金支出
2018	337.36	325.61	2036	846.70	1 112.42	2054	1 326.40	2 135.65
2019	360.40	354.20	2037	877.20	1 171.95	2055	1 343.62	2 184.71
2020	384.62	384.81	2038	908.43	1 232.38	2056	1 353.80	2 216.74
2021	408.43	415.73	2039	940.45	1 293.16	2057	1 363.43	2 247.08
2022	433.19	448.30	2040	973.34	1 355.49	2058	1 372.51	2 276.69
2023	459.14	483.60	2041	1 002.30	1 414.02	2059	1 381.25	2 297.45
2024	486.40	520.07	2042	1 031.83	1 474.12	2060	1 389.79	2 318.15
2025	515.04	559.69	2043	1 061.89	1 535.91	2061	1 391.15	2 325.29
2026	542.03	597.47	2044	1 092.45	1 600.29	2062	1 392.33	2 330.85
2027	570.13	639.85	2045	1 123.47	1 666.67	2063	1 392.79	2 334.29
2028	599.24	686.04	2046	1 149.35	1 723.14	2064	1 392.73	2 334.17
2029	629.45	733.33	2047	1 175.26	1 781.74	2065	1 392.69	2 332.69
2030	660.76	783.17	2048	1 201.13	1 839.17	2066	1 385.68	2 319.11
2031	690.02	832.28	2049	1 226.88	1 892.34	2067	1 378.51	2 303.77
2032	721.17	883.04	2050	1 252.41	1 946.23	2068	1 371.31	2 287.63
2033	752.17	937.96	2051	1 271.62	1 992.50	2069	1 363.60	2 270.44
2034	784.07	995.06	2052	1 290.42	2 040.90	2070	1 355.87	2 252.55
2035	816.91	1 055.80	2053	1 308.65	2 087.84	2071	1 347.80	2 233.71

续表

年份	基金收入	基金支出	年份	基金收入	基金支出	年份	基金收入	基金支出
2072	1 339.73	2 214.25	2079	1 286.16	2 072.95	2086	1 253.81	1 974.20
2073	1 331.58	2 194.62	2080	1 279.65	2 054.29	2087	1 251.85	1 966.52
2074	1 323.47	2 174.67	2081	1 273.74	2 037.04	2088	1 250.35	1 959.80
2075	1 315.49	2 152.99	2082	1 268.36	2 021.04	2089	1 249.63	1 955.14
2076	1 307.73	2 132.39	2083	1 263.45	2 005.97	2090	1 249.34	1 951.43
2077	1 300.18	2 111.95	2084	1 259.50	1 993.54	—	—	—
2078	1 293.05	2 092.35	2085	1 256.29	1 982.97	—	—	—

二、湖北省城乡居民基本医疗保险基金累计结余状况

由于基金支出在2020年超过基金收入，因此湖北省城乡居民基本医疗保险基金在2020年开始出现当期赤字，为0.19亿元（见表4－13），如不采取有效措施，基金的收不抵支状况会一直出现，当期赤字也会逐年扩大，2090年当期赤字为702.09亿元。长期的当期赤字状况使得基金不得不动用过去积累的资金来保证医疗保险待遇的兑现。2025年及以前，湖北省城乡居民基本医疗保险基金的累计结余一直为正，但至2026年，湖北省城乡居民基本医疗保险基金的累计结余使用完毕，湖北省城乡居民基本医疗保险基金开始出现累计赤字，2026年累计赤字规模为42.14亿元，2027年及以后累计赤字规模逐年加大，2090年湖北省城乡居民基本医疗保险基金累计赤字额度为86 997.83亿元，这表明在测算期内湖北省城乡居民基本医疗保险基金的内源性融资不足以保证医疗保险待遇的兑现。可见，若维持现有制度不变，在没有任何政策干预的情况下，湖北省城乡居民基本医疗保险基金在2026年开始出现累计赤字，2026年及以后基金不具备财务可持续性，迫切需要相关政策干预以改善湖北省城乡居民基本医疗保险基金的财务运行状况。

表 4－13　　湖北省城乡居民基本医疗保险基金累计结余（没有任何政策干预）

单位：亿元

年份	当期结余	累计结余	年份	当期结余	累计结余	年份	当期结余	累计结余
2018	11.75	117.42	2043	－474.03	－5 113.08	2068	－916.32	－36 776.15
2019	6.20	126.71	2044	－507.84	－5 761.45	2069	－906.84	－38 625.07
2020	－0.19	129.67	2045	－543.21	－6 462.27	2070	－896.68	－40 509.79
2021	－7.29	125.44	2046	－573.78	－7 211.95	2071	－885.91	－42 430.59
2022	－15.10	113.10	2047	－606.47	－8 013.89	2072	－874.52	－44 387.74
2023	－24.46	90.86	2048	－638.04	－8 868.23	2073	－863.04	－46 382.05
2024	－33.67	58.62	2049	－665.46	－9 772.03	2074	－851.20	－48 414.08
2025	－44.65	14.32	2050	－693.82	－10 727.50	2075	－837.50	－50 482.87
2026	－55.44	－42.14	2051	－720.88	－11 734.59	2076	－824.66	－52 590.22
2027	－69.72	－114.66	2052	－750.49	－12 797.21	2077	－811.77	－54 737.05
2028	－86.80	－206.49	2053	－779.19	－13 915.81	2078	－799.30	－56 924.76
2029	－103.88	－318.14	2054	－809.24	－15 093.18	2079	－786.79	－59 154.34
2030	－122.41	－451.56	2055	－841.09	－16 332.63	2080	－774.64	－61 427.20
2031	－142.26	－608.66	2056	－862.94	－17 625.46	2081	－763.30	－63 745.26
2032	－161.87	－789.80	2057	－883.64	－18 971.83	2082	－752.68	－66 110.39
2033	－185.79	－999.98	2058	－904.18	－20 372.91	2083	－742.52	－68 524.23
2034	－210.99	－1 241.24	2059	－916.21	－21 821.35	2084	－734.04	－70 989.73
2035	－238.89	－1 517.13	2060	－928.35	－23 318.44	2085	－726.68	－73 509.32
2036	－265.71	－1 827.41	2061	－934.14	－24 858.90	2086	－720.39	－76 085.45
2037	－294.75	－2 175.22	2062	－938.53	－26 442.36	2087	－714.67	－78 720.12
2038	－323.95	－2 561.65	2063	－941.51	－28 068.46	2088	－709.45	－81 415.31
2039	－352.71	－2 987.22	2064	－941.44	－29 735.15	2089	－705.51	－84 173.84
2040	－382.14	－3 453.60	2065	－939.99	－31 442.02	2090	－702.09	－86 997.83
2041	－411.72	－3 961.96	2066	－933.43	－33 184.84	—	—	—
2042	－442.29	－4 514.35	2067	－925.26	－34 962.86	—	—	—

注：当期结余为负代表基金出现当期赤字，累计结余为负代表基金出现累计赤字。

第五节　小　　结

运用精算模型，本研究模拟了湖北省社会医疗保险基金的财务运行状况，研究发现：第一，如果没有任何政策干预，湖北省城镇职工基本医疗保险基金在 2024 年开始出现当期赤字（收不抵支），并于 2034 年开始出现累计赤字，2090 年累计赤字高达 148 520.14 亿元（见表 4－14）。第二，如果没有任何政策干预，湖北省城乡居民基本医疗保险基金在 2020 年开始出现当期赤字，并于 2026 年开始出现累计赤字，2090 年累计赤字为 86 997.83 亿元。可见，在没有任何政策干预的情况下，湖北省社会医疗保险基金不具备可持续性，即湖北省社会医疗保险基金在中长期内不能实现精算平衡。

表 4－14　　我国社会医疗保险基金财务运行状况（没有任何政策干预）

险种	当期赤字时点（年）	累计赤字时点（年）	2090 年累计赤字（亿元）
城镇职工基本医疗保险	2024～2090	2034～2090	148 520.14
城乡居民基本医疗保险	2020～2090	2026～2090	86 997.83

第五章
“全面二孩”政策对湖北省社会医疗保险基金可持续性的影响

再次运用社会医疗保险基金精算模型［公式（4.1）~公式（4.6）］，本研究模拟实施“全面二孩”政策情况下，湖北省社会医疗保险基金（城镇职工基本医疗保险基金和城乡居民基本医疗保险基金）的财务运行状况，并分析“全面二孩”政策能否提高湖北省社会医疗保险基金的可持续性。

第一节 “全面二孩”政策对社会医疗保险基金可持续性的影响机制

“全面二孩”政策对社会医疗保险基金可持续性的影响是通过人口数量和人口结构传导的。“全面二孩”政策实施后，总和生育率发生变化进而影响新生人口规模与人口老龄化程度。新生人口尚未成为参保人口前，基金财务运行状况保持不变，与继续实行“一胎”政策时的情况一致。随着新生人口成为参保人口，基金财务运行状况发生变化。相比继续实行“一胎”政策的情况，当新生人口成为参保在职职工（缴费人口）时，基金收入持续增加，基金支出也会增加，但是基金支出的增长速度慢于基金收入的增长速度，这是因为人口结构的改善降低了人均（统筹）基金支出的增长速度。因此，“全面二孩”政策的确可以改善社会医疗保险基金财务运行状况，提高社会医疗保险基金的可持续性，具体如下：

（1）社会医疗保险基金收入。

在现收现付制下，人口增长率直接影响着社会医疗保险基金可持续性。“全面二孩”政策下，符合条件的夫妇实际选择生育二孩的比例越高，新生人口规模越大。待新生人口加入社会医疗保险系统后，基金收入状况开始变化。在缴费率保持不变的条件下，确定型缴费制度下社会医疗保险的资金来源越充足，基金收入也就越高。

（2）社会医疗保险基金支出。

同样，分年龄、分性别的人口结构影响着社会医疗保险基金支出规模①。待新生人口加入社会医疗保险系统后，社会医疗保险基金支出也随之增加，但是社会医疗保险基金支出的增幅要低于社会养老基金支出的增幅，这是因为人口结构的改善降低了人均（统筹）基金支出的增长速度。

所以，综合社会医疗保险基金的收支状况来看，在“全面二孩”政策的新增人口成为社会医疗保险的参保人口后的任何时点，社会医疗保险基金的财务运行状况均能得以改善。那么，具体的改善程度为多少呢？本研究将采用精算模型进行定量的评估。

第二节 “全面二孩”政策对湖北省城镇职工基本医疗保险基金可持续性的影响

一、“全面二孩”政策对湖北省城镇职工基本医疗保险参保人数的影响

“全面二孩”政策对湖北省人口数量产生影响，待新增人口参加城镇职工基本医疗保险，参保总人数也将随之增加，因而本研究在此分析“全面二孩”政策对湖北省城镇职工基本医疗保险参保人数的影响。“全面二孩”政策实施以来的新生人口于2039年（=2016+1+22）②及以后成为参保在职职工，并于2067年（=2017+50③）及以后成为参保退休职工。从表5-1可以看出，如果20.5%符合“全面二孩”规定夫妇生育二孩，与没有任何政策干预的情况相比，

---

① 社会医疗保险与社会医疗保险不一样，参保人员可能在整个生命周期都会发生医疗支出，而参保人员只会在退休阶段（待遇领取阶段）领取养老金。

② “全面二孩”政策于2016年1月1日正式实施，经过怀胎十月（约1年），因此第一批“全面二孩”于2016年底至2017年出生。

③ 女工人的退休年龄为50岁。

2039～2090年参保在职职工的人数增加6.78万～102.5万人，增加幅度为0.81%～22.61%；2067～2090年参保退休职工的人数增加2.14万～59.63万人，增加幅度为0.26%～7%；2039～2090年参保总人数增加6.78万～162.14万人，增加幅度为0.46%～12.42%。

表5－1　　湖北省城镇职工基本医疗保险参保人数（“全面二孩”生育意愿为20.5%）

年份	绝对值				增加值			
	参保在职职工（人）	参保退休职工（人）	参保城镇职工（人）	退职比	参保在职职工（人）	参保退休职工（人）	参保城镇职工（人）	退职比
2018	6 811 452	3 601 345	10 412 797	0.5287	0	0	0	0
2019	6 883 257	3 727 927	10 611 184	0.5416	0	0	0	0
2020	6 954 383	3 865 939	10 820 322	0.5559	0	0	0	0
2021	7 028 636	3 976 164	11 004 800	0.5657	0	0	0	0
2022	7 091 190	4 121 550	11 212 740	0.5812	0	0	0	0
2023	7 111 901	4 320 992	11 432 893	0.6076	0	0	0	0
2024	7 148 913	4 486 860	11 635 773	0.6276	0	0	0	0
2025	7 178 866	4 653 171	11 832 036	0.6482	0	0	0	0
2026	7 243 662	4 805 824	12 049 486	0.6635	0	0	0	0
2027	7 324 305	4 932 806	12 257 111	0.6735	0	0	0	0
2028	7 385 740	5 093 592	12 479 332	0.6897	0	0	0	0
2029	7 459 213	5 239 175	12 698 387	0.7024	0	0	0	0
2030	7 532 605	5 388 251	12 920 856	0.7153	0	0	0	0
2031	7 613 017	5 523 485	13 136 503	0.7255	0	0	0	0
2032	7 654 520	5 655 321	13 309 841	0.7388	0	0	0	0
2033	7 750 475	5 773 581	13 524 056	0.7449	0	0	0	0
2034	7 853 043	5 880 408	13 733 451	0.7488	0	0	0	0
2035	7 964 670	5 970 743	13 935 412	0.7497	0	0	0	0
2036	8 068 508	6 064 863	14 133 371	0.7517	0	0	0	0

续表

年份	绝对值				增加值			
	参保在职职工（人）	参保退休职工（人）	参保城镇职工（人）	退职比	参保在职职工（人）	参保退休职工（人）	参保城镇职工（人）	退职比
2037	8 166 312	6 158 135	14 324 447	0. 7541	0	0	0	0
2038	8 262 741	6 241 603	14 504 344	0. 7554	0	0	0	0
2039	8 413 525	6 329 898	14 743 422	0. 7523	67 884	0	67 884	-0. 0061
2040	8 521 279	6 409 556	14 930 836	0. 7522	98 144	0	98 144	-0. 0088
2041	8 624 533	6 474 489	15 099 021	0. 7507	127 439	0	127 439	-0. 0113
2042	8 700 712	6 557 054	15 257 766	0. 7536	155 792	0	155 792	-0. 0137
2043	8 781 175	6 613 939	15 395 114	0. 7532	183 227	0	183 227	-0. 0161
2044	8 821 206	6 707 154	15 528 359	0. 7603	209 710	0	209 710	-0. 0185
2045	8 856 884	6 787 851	15 644 735	0. 7664	235 324	0	235 324	-0. 0209
2046	8 897 712	6 844 965	15 742 677	0. 7693	260 200	0	260 200	-0. 0232
2047	8 921 616	6 910 979	15 832 595	0. 7746	284 468	0	284 468	-0. 0255
2048	8 941 046	6 970 902	15 911 947	0. 7797	308 264	0	308 264	-0. 0278
2049	8 924 441	7 070 487	15 994 928	0. 7923	331 706	0	331 706	-0. 0306
2050	8 904 915	7 164 992	16 069 907	0. 8046	354 911	0	354 911	-0. 0334
2051	8 918 678	7 203 734	16 122 412	0. 8077	377 909	0	377 909	-0. 0357
2052	8 934 850	7 230 936	16 165 786	0. 8093	400 745	0	400 745	-0. 0380
2053	8 946 697	7 255 959	16 202 656	0. 8110	423 499	0	423 499	-0. 0403
2054	8 901 130	7 354 922	16 256 052	0. 8263	446 250	0	446 250	-0. 0436
2055	8 861 341	7 439 327	16 300 668	0. 8395	469 068	0	469 068	-0. 0469
2056	8 834 157	7 501 963	16 336 120	0. 8492	492 095	0	492 095	-0. 0501
2057	8 805 940	7 561 906	16 367 845	0. 8587	515 489	0	515 489	-0. 0534
2058	8 769 623	7 627 589	16 397 212	0. 8698	539 464	0	539 464	-0. 0570
2059	8 731 511	7 691 143	16 422 654	0. 8808	564 228	0	564 228	-0. 0609
2060	8 689 343	7 756 761	16 446 104	0. 8927	590 032	0	590 032	-0. 0650
2061	8 631 441	7 838 695	16 470 136	0. 9082	617 080	0	617 080	-0. 0699

续表

年份	绝对值				增加值			
	参保在职职工（人）	参保退休职工（人）	参保城镇职工（人）	退职比	参保在职职工（人）	参保退休职工（人）	参保城镇职工（人）	退职比
2062	8 571 541	7 919 739	16 491 280	0.9240	645 329	0	645 329	-0.0752
2063	8 508 916	7 995 071	16 503 988	0.9396	674 654	0	674 654	-0.0809
2064	8 428 970	8 085 395	16 514 366	0.9592	704 931	0	704 931	-0.0875
2065	8 351 908	8 165 599	16 517 507	0.9777	734 859	0	734 859	-0.0943
2066	8 250 655	8 264 710	16 515 365	1.0017	759 585	0	759 585	-0.1016
2067	8 143 857	8 386 423	16 530 280	1.0298	784 789	21 412	806 201	-0.1069
2068	8 031 033	8 498 366	16 529 399	1.0582	810 301	30 936	841 237	-0.1145
2069	7 915 528	8 603 447	16 518 975	1.0869	836 028	40 140	876 168	-0.1227
2070	7 818 597	8 675 757	16 494 354	1.1096	860 585	50 725	911 310	-0.1300
2071	7 691 276	8 781 598	16 472 874	1.1418	879 219	69 136	948 355	-0.1372
2072	7 563 109	8 881 899	16 445 008	1.1744	897 844	87 062	984 906	-0.1451
2073	7 435 406	8 974 032	16 409 438	1.2069	916 476	104 437	1 020 913	-0.1537
2074	7 308 862	9 056 469	16 365 332	1.2391	934 989	121 228	1 056 217	-0.1627
2075	7 181 512	9 132 181	16 313 693	1.2716	950 651	141 226	1 091 877	-0.1713
2076	7 043 855	9 214 863	16 258 718	1.3082	953 220	178 676	1 131 895	-0.1754
2077	6 910 010	9 284 699	16 194 710	1.3437	955 960	215 145	1 171 104	-0.1796
2078	6 780 930	9 341 830	16 122 760	1.3777	959 007	250 493	1 209 500	-0.1839
2079	6 657 730	9 383 068	16 040 798	1.4093	962 494	284 587	1 247 081	-0.1882
2080	6 540 136	9 410 034	15 950 171	1.4388	966 439	317 472	1 283 911	-0.1925
2081	6 427 729	9 424 593	15 852 322	1.4662	970 844	349 193	1 320 037	-0.1969
2082	6 320 269	9 426 534	15 746 803	1.4915	975 744	379 776	1 355 519	-0.2012
2083	6 217 045	9 415 914	15 632 959	1.5145	981 113	409 327	1 390 440	-0.2056
2084	6 117 484	9 396 737	15 514 221	1.5360	986 915	437 933	1 424 848	-0.2101
2085	6 020 867	9 368 505	15 389 372	1.5560	993 100	465 718	1 458 818	-0.2147
2086	5 926 348	9 332 546	15 258 894	1.5748	999 547	492 807	1 492 354	-0.2195

续表

年份	绝对值				增加值			
	参保在职职工（人）	参保退休职工（人）	参保城镇职工（人）	退职比	参保在职职工（人）	参保退休职工（人）	参保城镇职工（人）	退职比
2087	5 833 168	9 288 573	15 121 741	1.5924	1 006 099	519 301	1 525 400	-0.2243
2088	5 740 711	9 237 707	14 978 418	1.6092	1 012 602	545 353	1 557 955	-0.2293
2089	5 649 017	9 181 788	14 830 806	1.6254	1 018 950	571 033	1 589 983	-0.2344
2090	5 557 817	9 119 549	14 677 366	1.6409	1 025 070	596 361	1 621 432	-0.2395

注：增加值是与没有任何政策干预的情况相比；参保城镇职工人数（参保总人数）= 参保在职职工人数 + 参保退休职工人数，退职比 = 参保退休职工人数/参保在职职工人数。

从上文分析可以看出，“全面二孩”政策使得参保在职职工数量的增加幅度超过了退休职工数量的增加幅度，从而湖北省城镇职工基本医疗保险系统内抚养比（退职比）有所下降。从表 5-1 可以看出，如果 20.5% 符合“全面二孩”规定夫妇生育二孩，2090 年退职比为 1.6409，较没有任何政策干预时下降 0.2395。

如果“全面二孩”生育意愿进一步提高，情况会如何变化呢？从表 5-2 可以看出，如果 46.7% 符合“全面二孩”规定夫妇生育二孩，与没有任何政策干预的情况相比，2039~2090 年参保在职职工的人数增加 1.77%~54.81%，2067~2090 年参保退休职工的人数增加 0.56%~15.87%，2039~2090 年参保总人数增加 1.01%~29.39%。如果 60% 符合“全面二孩”规定夫妇生育二孩，与没有任何政策干预的情况相比，2039~2090 年参保在职职工的人数增加 2.26%~72.62%，2067~2090 年参保退休职工的人数增加 0.71%~20.39%，2039~2090 年参保总人数增加 1.28%~38.52%。如果 80% 符合“全面二孩”规定夫妇生育二孩，与没有任何政策干预的情况相比，2039~2090 年参保在职职工的人数增加 2.99%~101.32%，2067~2090 年参保退休职工的人数增加 0.94%~27.19%，2039~2090 年参保总人数增加 1.7%~52.93%。如果所有符合“全面二孩”规定夫妇生育二孩，与没有任何政策干预的情况相比，2039~2090 年参保在职职工的人数增加 3.72%~132.34%，2067~2090 年参保退休职工的人数增加 1.17%~34%，2039~2090 年参保总人数增加 2.11%~68.14%。

表 5 - 2　湖北省城镇职工基本医疗保险参保人数（"全面二孩"生育意愿为 46.7% ~ 100%）

年份	"全面二孩"生育意愿															
	46.7%				60%				80%				100%			
	参保在职职工（人）	参保退休职工（人）	参保城镇职工（人）	退职比	参保在职职工（人）	参保退休职工（人）	参保城镇职工（人）	退职比	参保在职职工（人）	参保退休职工（人）	参保城镇职工（人）	退职比	参保在职职工（人）	参保退休职工（人）	参保城镇职工（人）	退职比
2018	6 811 452	3 601 345	10 412 797	0.5287	6 811 452	3 601 345	10 412 797	0.5287	6 811 452	3 601 345	10 412 797	0.5287	6 811 452	3 601 345	10 412 797	0.5287
2019	6 883 257	3 727 927	10 611 184	0.5416	6 883 257	3 727 927	10 611 184	0.5416	6 883 257	3 727 927	10 611 184	0.5416	6 883 257	3 727 927	10 611 184	0.5416
2020	6 954 383	3 865 939	10 820 322	0.5559	6 954 383	3 865 939	10 820 322	0.5559	6 954 383	3 865 939	10 820 322	0.5559	6 954 383	3 865 939	10 820 322	0.5559
2021	7 028 636	3 976 164	11 004 800	0.5657	7 028 636	3 976 164	11 004 800	0.5657	7 028 636	3 976 164	11 004 800	0.5657	7 028 636	3 976 164	11 004 800	0.5657
2022	7 091 190	4 121 550	11 212 740	0.5812	7 091 190	4 121 550	11 212 740	0.5812	7 091 190	4 121 550	11 212 740	0.5812	7 091 190	4 121 550	11 212 740	0.5812
2023	7 111 901	4 320 992	11 432 893	0.6076	7 111 901	4 320 992	11 432 893	0.6076	7 111 901	4 320 992	11 432 893	0.6076	7 111 901	4 320 992	11 432 893	0.6076
2024	7 148 913	4 486 860	11 635 773	0.6276	7 148 913	4 486 860	11 635 773	0.6276	7 148 913	4 486 860	11 635 773	0.6276	7 148 913	4 486 860	11 635 773	0.6276
2025	7 178 866	4 653 171	11 832 036	0.6482	7 178 866	4 653 171	11 832 036	0.6482	7 178 866	4 653 171	11 832 036	0.6482	7 178 866	4 653 171	11 832 036	0.6482
2026	7 243 662	4 805 824	12 049 486	0.6635	7 243 662	4 805 824	12 049 486	0.6635	7 243 662	4 805 824	12 049 486	0.6635	7 243 662	4 805 824	12 049 486	0.6635
2027	7 324 305	4 932 806	12 257 111	0.6735	7 324 305	4 932 806	12 257 111	0.6735	7 324 305	4 932 806	12 257 111	0.6735	7 324 305	4 932 806	12 257 111	0.6735
2028	7 385 740	5 093 592	12 479 332	0.6897	7 385 740	5 093 592	12 479 332	0.6897	7 385 740	5 093 592	12 479 332	0.6897	7 385 740	5 093 592	12 479 332	0.6897
2029	7 459 213	5 239 175	12 698 387	0.7024	7 459 213	5 239 175	12 698 387	0.7024	7 459 213	5 239 175	12 698 387	0.7024	7 459 213	5 239 175	12 698 387	0.7024
2030	7 532 605	5 388 251	12 920 856	0.7153	7 532 605	5 388 251	12 920 856	0.7153	7 532 605	5 388 251	12 920 856	0.7153	7 532 605	5 388 251	12 920 856	0.7153
2031	7 613 017	5 523 485	13 136 503	0.7255	7 613 017	5 523 485	13 136 503	0.7255	7 613 017	5 523 485	13 136 503	0.7255	7 613 017	5 523 485	13 136 503	0.7255

续表

年份	“全面二孩”生育意愿															
	46.7%				60%				80%				100%			
	参保在职职工（人）	参保退休职工（人）	参保城镇职工（人）	退职比	参保在职职工（人）	参保退休职工（人）	参保城镇职工（人）	退职比	参保在职职工（人）	参保退休职工（人）	参保城镇职工（人）	退职比	参保在职职工（人）	参保退休职工（人）	参保城镇职工（人）	退职比
2032	7 654 520	5 655 321	13 309 841	0.7388	7 654 520	5 655 321	13 309 841	0.7388	7 654 520	5 655 321	13 309 841	0.7388	7 654 520	5 655 321	13 309 841	0.7388
2033	7 750 475	5 773 581	13 524 056	0.7449	7 750 475	5 773 581	13 524 056	0.7449	7 750 475	5 773 581	13 524 056	0.7449	7 750 475	5 773 581	13 524 056	0.7449
2034	7 853 043	5 880 408	13 733 451	0.7488	7 853 043	5 880 408	13 733 451	0.7488	7 853 043	5 880 408	13 733 451	0.7488	7 853 043	5 880 408	13 733 451	0.7488
2035	7 964 670	5 970 743	13 935 412	0.7497	7 964 670	5 970 743	13 935 412	0.7497	7 964 670	5 970 743	13 935 412	0.7497	7 964 670	5 970 743	13 935 412	0.7497
2036	8 068 508	6 064 863	14 133 371	0.7517	8 068 508	6 064 863	14 133 371	0.7517	8 068 508	6 064 863	14 133 371	0.7517	8 068 508	6 064 863	14 133 371	0.7517
2037	8 166 312	6 158 135	14 324 447	0.7541	8 166 312	6 158 135	14 324 447	0.7541	8 166 312	6 158 135	14 324 447	0.7541	8 166 312	6 158 135	14 324 447	0.7541
2038	8 262 741	6 241 603	14 504 344	0.7554	8 262 741	6 241 603	14 504 344	0.7554	8 262 741	6 241 603	14 504 344	0.7554	8 262 741	6 241 603	14 504 344	0.7554
2039	8 493 356	6 329 898	14 823 254	0.7453	8 533 881	6 329 898	14 863 779	0.7417	8 594 821	6 329 898	14 924 719	0.7365	8 655 761	6 329 898	14 985 659	0.7313
2040	8 639 786	6 409 556	15 049 342	0.7419	8 699 944	6 409 556	15 109 500	0.7367	8 790 407	6 409 556	15 199 963	0.7292	8 880 870	6 409 556	15 290 427	0.7217
2041	8 780 482	6 474 489	15 254 971	0.7374	8 859 647	6 474 489	15 334 136	0.7308	8 978 693	6 474 489	15 453 181	0.7211	9 097 738	6 474 489	15 572 227	0.7117
2042	8 892 901	6 557 054	15 449 955	0.7373	8 990 462	6 557 054	15 547 516	0.7293	9 137 171	6 557 054	15 694 225	0.7176	9 283 880	6 557 054	15 840 934	0.7063
2043	9 008 429	6 613 939	15 622 368	0.7342	9 123 790	6 613 939	15 737 730	0.7249	9 297 267	6 613 939	15 911 206	0.7114	9 470 743	6 613 939	16 084 682	0.6984
2044	9 082 308	6 707 154	15 789 461	0.7385	9 214 852	6 707 154	15 922 006	0.7279	9 414 167	6 707 154	16 121 320	0.7125	9 613 482	6 707 154	16 320 635	0.6977
2045	9 150 724	6 787 851	15 938 576	0.7418	9 299 887	6 787 851	16 087 739	0.7299	9 524 193	6 787 851	16 312 045	0.7127	9 748 499	6 787 851	16 536 350	0.6963

续表

年份	"全面二孩"生育意愿															
	46.7%				60%				80%				100%			
	参保在职职工（人）	参保退休职工（人）	参保城镇职工（人）	退职比	参保在职职工（人）	参保退休职工（人）	参保城镇职工（人）	退职比	参保在职职工（人）	参保退休职工（人）	参保城镇职工（人）	退职比	参保在职职工（人）	参保退休职工（人）	参保城镇职工（人）	退职比
2046	9 223 348	6 844 965	16 068 313	0. 7421	9 388 652	6 844 965	16 233 617	0. 7291	9 637 229	6 844 965	16 482 194	0. 7103	9 885 806	6 844 965	16 730 771	0. 6924
2047	9 278 270	6 910 979	16 189 250	0. 7449	9 459 320	6 910 979	16 370 299	0. 7306	9 731 575	6 910 979	16 642 555	0. 7102	10 003 831	6 910 979	16 914 810	0. 6908
2048	9 328 116	6 970 902	16 299 017	0. 7473	9 524 606	6 970 902	16 495 507	0. 7319	9 820 079	6 970 902	16 790 981	0. 7099	10 115 553	6 970 902	17 086 454	0. 6891
2049	9 341 475	7 070 487	16 411 962	0. 7569	9 553 176	7 070 487	16 623 662	0. 7401	9 871 522	7 070 487	16 942 009	0. 7163	10 189 869	7 070 487	17 260 355	0. 6939
2050	9 351 610	7 164 992	16 516 601	0. 7662	9 578 367	7 164 992	16 743 358	0. 7480	9 919 355	7 164 992	17 084 346	0. 7223	10 260 342	7 164 992	17 425 334	0. 6983
2051	9 394 769	7 203 734	16 598 503	0. 7668	9 636 449	7 203 734	16 840 183	0. 7476	9 999 877	7 203 734	17 203 611	0. 7204	10 363 306	7 203 734	17 567 040	0. 6951
2052	9 440 131	7 230 936	16 671 067	0. 7660	9 696 628	7 230 936	16 927 564	0. 7457	10 082 339	7 230 936	17 313 275	0. 7172	10 468 050	7 230 936	17 698 986	0. 6908
2053	9 481 060	7 255 959	16 737 019	0. 7653	9 752 322	7 255 959	17 008 281	0. 7440	10 160 235	7 255 959	17 416 194	0. 7142	10 568 149	7 255 959	17 824 108	0. 6866
2054	9 464 571	7 354 922	16 819 493	0. 7771	9 750 596	7 354 922	17 105 518	0. 7543	10 180 714	7 354 922	17 535 636	0. 7224	10 610 837	7 354 922	17 965 759	0. 6932
2055	9 453 952	7 439 327	16 893 279	0. 7869	9 754 796	7 439 327	17 194 124	0. 7626	10 207 213	7 439 327	17 646 540	0. 7288	10 659 652	7 439 327	18 098 979	0. 6979
2056	9 456 216	7 501 963	16 958 179	0. 7933	9 772 038	7 501 963	17 274 001	0. 7677	10 247 013	7 501 963	17 748 976	0. 7321	10 722 055	7 501 963	18 224 018	0. 6997
2057	9 457 955	7 561 906	17 019 861	0. 7995	9 789 053	7 561 906	17 350 958	0. 7725	10 287 085	7 561 906	17 848 991	0. 7351	10 785 288	7 561 906	18 347 194	0. 7011
2058	9 452 469	7 627 589	17 080 058	0. 8069	9 799 364	7 627 589	17 426 953	0. 7784	10 321 340	7 627 589	17 948 929	0. 7390	10 843 712	7 627 589	18 471 301	0. 7034
2059	9 446 413	7 691 143	17 137 556	0. 8142	9 809 851	7 691 143	17 500 993	0. 7840	10 357 043	7 691 143	18 048 186	0. 7426	10 905 040	7 691 143	18 596 183	0. 7053

续表

年份	“全面二孩”生育意愿															
	46.7%				60%				80%				100%			
	参保在职职工（人）	参保退休职工（人）	参保城镇职工（人）	退职比	参保在职职工（人）	参保退休职工（人）	参保城镇职工（人）	退职比	参保在职职工（人）	参保退休职工（人）	参保城镇职工（人）	退职比	参保在职职工（人）	参保退休职工（人）	参保城镇职工（人）	退职比
2060	9 437 966	7 756 761	17 194 728	0.8219	9 818 959	7 756 761	17 575 721	0.7900	10 393 106	7 756 761	18 149 867	0.7463	10 968 724	7 756 761	18 725 485	0.7072
2061	9 415 859	7 838 695	17 254 554	0.8325	9 815 674	7 838 695	17 654 369	0.7986	10 418 950	7 838 695	18 257 645	0.7523	11 024 690	7 838 695	18 863 385	0.7110
2062	9 393 808	7 919 739	17 313 547	0.8431	9 813 708	7 919 739	17 733 447	0.8070	10 448 294	7 919 739	18 368 033	0.7580	11 086 671	7 919 739	19 006 411	0.7143
2063	9 370 911	7 995 071	17 365 983	0.8532	9 812 066	7 995 071	17 807 138	0.8148	10 479 992	7 995 071	18 475 063	0.7629	11 153 365	7 995 071	19 148 436	0.7168
2064	9 332 383	8 085 395	17 417 779	0.8664	9 795 856	8 085 395	17 881 251	0.8254	10 498 981	8 085 395	18 584 377	0.7701	11 209 523	8 085 395	19 294 918	0.7213
2065	9 298 357	8 165 599	17 463 956	0.8782	9 785 177	8 165 599	17 950 775	0.8345	10 525 311	8 165 599	18 690 910	0.7758	11 275 145	8 165 599	19 440 744	0.7242
2066	9 232 430	8 264 710	17 497 141	0.8952	9 738 877	8 264 710	18 003 588	0.8486	10 510 675	8 264 710	18 775 385	0.7863	11 294 753	8 264 710	19 559 463	0.7317
2067	9 161 947	8 411 608	17 573 555	0.9181	9 688 667	8 424 393	18 113 060	0.8695	10 493 283	8 443 619	18 936 902	0.8047	11 312 980	8 462 845	19 775 825	0.7481
2068	9 086 105	8 535 727	17 621 832	0.9394	9 633 545	8 554 693	18 188 239	0.8880	10 471 788	8 583 214	19 055 002	0.8197	11 328 077	8 611 734	19 939 811	0.7602
2069	9 008 095	8 652 577	17 660 672	0.9605	9 576 606	8 677 517	18 254 123	0.9061	10 449 115	8 715 020	19 164 135	0.8340	11 342 770	8 752 524	20 095 293	0.7716
2070	8 948 899	8 736 254	17 685 153	0.9762	9 538 665	8 766 965	18 305 629	0.9191	10 445 795	8 813 146	19 258 941	0.8437	11 377 269	8 859 327	20 236 596	0.7787
2071	8 850 298	8 865 637	17 715 935	1.0017	9 456 783	8 908 298	18 365 081	0.9420	10 391 770	8 972 450	19 364 220	0.8634	11 354 361	9 036 601	20 390 962	0.7959
2072	8 750 927	8 988 860	17 739 787	1.0272	9 374 201	9 043 158	18 417 359	0.9647	10 337 188	9 124 807	19 461 995	0.8827	11 331 084	9 206 457	20 537 541	0.8125
2073	8 652 095	9 103 213	17 755 308	1.0521	9 292 219	9 168 790	18 461 009	0.9867	10 283 325	9 267 401	19 550 726	0.9012	11 308 681	9 366 013	20 674 693	0.8282

续表

年份	“全面二孩”生育意愿															
	46.7%				60%				80%				100%			
	参保在职职工（人）	参保退休职工（人）	参保城镇职工（人）	退职比	参保在职职工（人）	参保退休职工（人）	参保城镇职工（人）	退职比	参保在职职工（人）	参保退休职工（人）	参保城镇职工（人）	退职比	参保在职职工（人）	参保退休职工（人）	参保城镇职工（人）	退职比
2074	8 554 313	9 207 125	17 761 438	1.0763	9 211 243	9 283 602	18 494 845	1.0079	10 230 416	9 398 607	19 629 023	0.9187	11 287 200	9 513 611	20 800 810	0.8429
2075	8 455 551	9 303 622	17 759 173	1.1003	9 129 206	9 390 652	18 519 858	1.0286	10 176 336	9 521 523	19 697 859	0.9357	11 264 446	9 652 395	20 916 841	0.8569
2076	8 326 297	9 434 227	17 760 524	1.1331	9 006 435	9 545 584	18 552 019	1.0599	10 066 127	9 713 038	19 779 165	0.9649	11 170 179	9 880 492	21 050 671	0.8845
2077	8 201 094	9 550 735	17 751 829	1.1646	8 887 843	9 685 784	18 573 627	1.0898	9 960 301	9 888 864	19 849 165	0.9928	11 080 512	10 091 945	21 172 456	0.9108
2078	8 081 071	9 653 113	17 734 184	1.1945	8 774 655	9 811 131	18 585 787	1.1181	9 860 231	10 048 752	19 908 983	1.0191	10 996 978	10 286 373	21 283 352	0.9354
2079	7 967 532	9 738 001	17 705 533	1.2222	8 668 280	9 918 177	18 586 457	1.1442	9 767 500	10 189 119	19 956 619	1.0432	10 921 354	10 460 060	21 381 414	0.9578
2080	7 860 255	9 807 085	17 667 341	1.2477	8 568 536	10 008 642	18 577 178	1.1681	9 682 012	10 311 734	19 993 747	1.0650	10 853 655	10 614 827	21 468 482	0.9780
2081	7 758 850	9 862 280	17 621 130	1.2711	8 475 065	10 084 464	18 559 530	1.1899	9 603 478	10 418 577	20 022 055	1.0849	10 793 696	10 752 689	21 546 385	0.9962
2082	7 663 167	9 903 402	17 566 569	1.2923	8 387 786	10 145 478	18 533 264	1.2096	9 531 950	10 509 503	20 041 453	1.1026	10 741 704	10 873 530	21 615 234	1.0123
2083	7 572 505	9 930 666	17 503 170	1.3114	8 306 023	10 191 975	18 497 999	1.2271	9 466 828	10 584 928	20 051 756	1.1181	10 697 197	10 977 889	21 675 085	1.0262
2084	7 486 291	9 948 173	17 434 464	1.3289	8 229 229	10 228 115	18 457 343	1.2429	9 407 631	10 649 097	20 056 728	1.1320	10 659 811	11 070 100	21 729 911	1.0385
2085	7 403 793	9 955 607	17 359 400	1.3447	8 156 685	10 253 675	18 410 360	1.2571	9 353 695	10 701 943	20 055 638	1.1441	10 628 975	11 150 265	21 779 239	1.0490
2086	7 324 037	9 954 484	17 278 521	1.3592	8 087 359	10 270 283	18 357 642	1.2699	9 303 918	10 745 274	20 049 192	1.1549	10 603 538	11 220 390	21 823 928	1.0582
2087	7 246 049	9 944 664	17 190 714	1.3724	8 020 169	10 277 887	18 298 056	1.2815	9 257 051	10 779 188	20 036 239	1.1644	10 582 091	11 280 745	21 862 836	1.0660

续表

年份	“全面二孩”生育意愿															
	46.7%				60%				80%				100%			
	参保在职职工（人）	参保退休职工（人）	参保城镇职工（人）	退职比	参保在职职工（人）	参保退休职工（人）	参保城镇职工（人）	退职比	参保在职职工（人）	参保退休职工（人）	参保城镇职工（人）	退职比	参保在职职工（人）	参保退休职工（人）	参保城镇职工（人）	退职比
2088	7 168 993	9 927 513	17 096 505	1.3848	7 954 155	10 277 992	18 232 148	1.2922	9 211 947	10 805 423	20 017 370	1.1730	10 563 293	11 333 327	21 896 620	1.0729
2089	7 092 748	9 905 003	16 997 751	1.3965	7 889 113	10 272 657	18 161 770	1.3021	9 168 261	10 826 187	19 994 448	1.1808	10 546 652	11 380 519	21 927 171	1.0791
2090	7 016 938	9 875 919	16 892 857	1.4074	7 824 601	10 260 702	18 085 302	1.3113	9 125 446	10 840 367	19 965 813	1.1879	10 531 503	11 421 287	21 952 790	1.0845

注：参保城镇职工人数（参保总人数）= 参保在职职工人数 + 参保退休职工人数，退职比 = 参保退休职工人数/参保在职职工人数。

可见，随着“全面二孩”生育意愿的提高，参保在职职工人数和参保退休职工人数的增加幅度高于“全面二孩”生育意愿为20.5%的情况，那么退职比的变化情况如何呢？如果46.7%符合“全面二孩”规定夫妇生育二孩，2090年退职比为1.4074，较没有任何政策干预时下降0.473。如果60%符合“全面二孩”规定夫妇生育二孩，2090年退职比为1.3113，较没有任何政策干预时下降0.5491。如果80%符合“全面二孩”规定夫妇生育二孩，2090年退职比为1.1879，较没有任何政策干预时下降0.6975。如果所有符合“全面二孩”规定夫妇生育二孩，2090年退职比为1.0845，较没有任何政策干预时下降0.7959。可见，随着“全面二孩”生育意愿的提高，参保在职职工的抚养压力会逐步下降。

二、“全面二孩”政策对湖北省城镇职工基本医疗保险基金财务运行状况的影响

退职比的改善使得湖北省城镇职工基本医疗保险基金的财务运行状况得到改善。从表5-3可以看出，当20.5%符合“全面二孩”规定夫妇生育二孩，人口结构的改善使得湖北省城镇职工基本医疗保险人均统筹基金支出增长率有所降低，进而会导致湖北省城镇职工基本医疗保险基金支出有所减少。

表5-3　湖北省城镇职工基本医疗保险人均统筹基金支出增长率（“全面二孩”生育意愿为20.5%）

单位：%

年份	“全面二孩”生育意愿		年份	“全面二孩”生育意愿		年份	“全面二孩”生育意愿	
	0	20.5		0	20.5		0	20.5
2018	8.66	8.66	2024	7.59	7.59	2030	6.94	6.94
2019	8.78	8.78	2025	7.76	7.76	2031	6.37	6.37
2020	8.50	8.50	2026	6.73	6.73	2032	6.45	6.45
2021	7.88	7.88	2027	7.08	7.08	2033	6.40	6.40
2022	7.65	7.65	2028	7.21	7.21	2034	6.33	6.33
2023	7.84	7.84	2029	7.10	7.10	2035	6.31	6.31

续表

年份	“全面二孩”生育意愿		年份	“全面二孩”生育意愿		年份	“全面二孩”生育意愿	
	0	20.5		0	20.5		0	20.5
2036	5.70	5.70	2055	4.57	4.50	2074	3.25	3.20
2037	5.76	5.73	2056	3.91	3.84	2075	3.09	3.05
2038	5.63	5.45	2057	3.86	3.79	2076	3.24	3.18
2039	5.82	5.64	2058	3.85	3.77	2077	3.22	3.16
2040	5.73	5.57	2059	4.33	4.24	2078	3.20	3.13
2041	5.26	5.15	2060	4.23	4.14	2079	3.17	3.10
2042	5.29	5.19	2061	3.62	3.56	2080	3.14	3.09
2043	5.35	5.25	2062	3.63	3.56	2081	3.11	3.14
2044	5.43	5.33	2063	3.66	3.59	2082	3.08	3.10
2045	5.41	5.32	2064	3.60	3.52	2083	3.03	3.06
2046	4.78	4.69	2065	3.55	3.46	2084	2.99	3.01
2047	4.85	4.76	2066	3.20	3.10	2085	2.95	2.96
2048	4.73	4.64	2067	3.19	3.08	2086	2.91	2.91
2049	5.12	5.03	2068	3.18	3.07	2087	2.87	2.87
2050	5.00	4.92	2069	3.27	3.15	2088	2.83	2.83
2051	4.47	4.41	2070	3.27	3.16	2089	2.80	2.80
2052	4.56	4.49	2071	3.28	3.24	2090	2.77	2.76
2053	4.55	4.48	2072	3.28	3.24	—	—	—
2054	4.57	4.50	2073	3.27	3.23	—	—	—

注：“全面二孩”生育意愿为0的情况是指没有任何政策干预的情况。

再看基金的运行状况，从表5－4可以看出，如果20.5%符合“全面二孩”规定夫妇生育二孩，湖北省城镇职工基本医疗保险基金仍在2024年和2034年开始出现当期赤字和累计赤字，也即与没有任何政策干预的情况相比，基金开始出现当期赤字和累计赤字的时点没有变化。然而，较没有任何政策干预时的情况，2039～2090年基金收入增加0.81%～22.61%，2039～2090年基金支出增加0.15%～9.81%，基金收入的增长速度高于基金支出的增长速度，进一步，2039～2090年的累计赤字有所减少，2090年的累计赤字减少2.79%。

表 5－4　　湖北省城镇职工基本医疗保险基金财务运行状况（“全面二孩”生育意愿为 20.5%）

年份	基金财务运行状况（亿元）				变化幅度（%）			
	收入	支出	当期结余	累计结余	收入	支出	当期结余	累计结余
2018	218.84	193.96	24.87	321.39	0	0	0	0
2019	236.63	214.64	21.99	351.96	0	0	0	0
2020	255.81	237.04	18.77	380.00	0	0	0	0
2021	275.34	259.75	15.59	405.48	0	0	0	0
2022	295.85	284.34	11.51	427.41	0	0	0	0
2023	316.00	311.62	4.38	442.59	0	0	0	0
2024	338.29	340.39	－2.10	451.50	0	0	0	0
2025	361.79	372.09	－10.30	452.23	0	0	0	0
2026	386.96	403.71	－16.75	446.37	0	0	0	0
2027	414.74	439.24	－24.49	432.42	0	0	0	0
2028	443.31	478.57	－35.26	407.09	0	0	0	0
2029	474.59	520.84	－46.25	369.87	0	0	0	0
2030	508.01	565.94	－57.93	319.74	0	0	0	0
2031	541.68	611.35	－69.68	256.31	0	0	0	0
2032	574.58	658.44	－83.86	176.76	0	0	0	0
2033	613.78	711.41	－97.63	81.11	0	0	0	0
2034	656.11	767.83	－111.72	－31.37	0	0	0	0
2035	702.04	828.19	－126.16	－161.47	0	0	0	0
2036	746.75	887.69	－140.94	－309.97	0	0	0	0
2037	793.59	951.29	－157.70	－479.36	0	0	0	0
2038	843.11	1 017.35	－174.24	－669.94	0	0	0	0
2039	901.42	1 090.51	－189.09	－880.51	0.81	0.15	－2.89	－0.65
2040	958.61	1 165.88	－207.27	－1 114.97	1.17	0.22	－3.91	－1.29
2041	1 013.89	1 239.98	－226.09	－1 374.59	1.50	0.34	－4.57	－1.86
2042	1 068.87	1 317.64	－248.76	－1 663.94	1.82	0.44	－5.09	－2.37
2043	1 127.30	1 399.35	－272.05	－1 984.39	2.13	0.54	－5.54	－2.83
2044	1 183.40	1 485.62	－302.22	－2 343.78	2.44	0.64	－5.82	－3.23

续表

年份	基金财务运行状况（亿元）				变化幅度（%）			
	收入	支出	当期结余	累计结余	收入	支出	当期结余	累计结余
2045	1 241. 66	1 575. 41	-333. 76	-2 744. 47	2. 73	0. 73	-6. 07	-3. 60
2046	1 297. 27	1 659. 12	-361. 85	-3 183. 98	3. 01	0. 82	-6. 33	-3. 92
2047	1 352. 79	1 747. 02	-394. 23	-3 667. 67	3. 29	0. 90	-6. 52	-4. 22
2048	1 409. 97	1 836. 31	-426. 35	-4 196. 37	3. 57	0. 99	-6. 71	-4. 48
2049	1 463. 64	1 936. 20	-472. 56	-4 785. 65	3. 86	1. 06	-6. 71	-4. 71
2050	1 518. 86	2 038. 38	-519. 53	-5 437. 81	4. 15	1. 15	-6. 72	-4. 91
2051	1 574. 45	2 134. 60	-560. 16	-6 147. 91	4. 42	1. 25	-6. 73	-5. 09
2052	1 632. 51	2 236. 19	-603. 68	-6 920. 39	4. 70	1. 35	-6. 72	-5. 23
2053	1 691. 88	2 341. 39	-649. 51	-7 759. 14	4. 97	1. 45	-6. 71	-5. 36
2054	1 742. 18	2 451. 12	-708. 94	-8 679. 78	5. 28	1. 54	-6. 60	-5. 47
2055	1 795. 10	2 565. 25	-770. 15	-9 686. 18	5. 59	1. 64	-6. 52	-5. 55
2056	1 843. 28	2 667. 07	-823. 79	-10 772. 72	5. 90	1. 73	-6. 50	-5. 63
2057	1 892. 51	2 770. 94	-878. 43	-11 942. 43	6. 22	1. 83	-6. 50	-5. 70
2058	1 941. 25	2 877. 58	-936. 33	-13 200. 73	6. 55	1. 92	-6. 50	-5. 75
2059	1 990. 80	3 001. 06	-1 010. 27	-14 566. 27	6. 91	2. 01	-6. 43	-5. 80
2060	2 040. 62	3 126. 29	-1 085. 67	-16 043. 25	7. 28	2. 11	-6. 37	-5. 84
2061	2 077. 69	3 237. 83	-1 160. 13	-17 633. 46	7. 70	2. 26	-6. 23	-5. 87
2062	2 114. 86	3 352. 62	-1 237. 76	-19 343. 01	8. 14	2. 40	-6. 11	-5. 88
2063	2 151. 89	3 470. 75	-1 318. 86	-21 178. 41	8. 61	2. 55	-6. 01	-5. 89
2064	2 184. 97	3 589. 02	-1 404. 06	-23 147. 03	9. 13	2. 70	-5. 92	-5. 89
2065	2 219. 11	3 708. 41	-1 489. 30	-25 252. 23	9. 65	2. 85	-5. 84	-5. 89
2066	2 236. 06	3 817. 17	-1 581. 11	-27 504. 17	10. 14	3. 01	-5. 64	-5. 88
2067	2 251. 25	3 927. 21	-1 675. 96	-29 909. 64	10. 66	3. 16	-5. 46	-5. 85
2068	2 264. 47	4 038. 64	-1 774. 17	-32 475. 90	11. 22	3. 31	-5. 29	-5. 82
2069	2 276. 54	4 154. 08	-1 877. 54	-35 212. 28	11. 81	3. 46	-5. 12	-5. 78
2070	2 293. 63	4 271. 66	-1 978. 03	-38 120. 07	12. 37	3. 63	-4. 94	-5. 74
2071	2 301. 41	4 394. 19	-2 092. 78	-41 218. 18	12. 91	3. 88	-4. 52	-5. 68
2072	2 308. 32	4 518. 44	-2 210. 12	-44 514. 00	13. 47	4. 12	-4. 13	-5. 60

续表

年份	基金财务运行状况（亿元）				变化幅度（%）			
	收入	支出	当期结余	累计结余	收入	支出	当期结余	累计结余
2073	2 314.73	4 643.87	-2 329.14	-48 014.22	14.06	4.36	-3.77	-5.51
2074	2 320.84	4 769.34	-2 448.50	-51 724.29	14.67	4.61	-3.43	-5.41
2075	2 326.01	4 888.68	-2 562.67	-55 644.14	15.26	4.85	-3.09	-5.30
2076	2 327.05	5 015.44	-2 688.39	-59 790.84	15.65	5.09	-2.61	-5.18
2077	2 328.49	5 142.06	-2 813.57	-64 169.53	16.06	5.33	-2.15	-5.05
2078	2 330.70	5 268.78	-2 938.09	-68 785.30	16.47	5.57	-1.73	-4.91
2079	2 334.12	5 394.47	-3 060.36	-73 641.80	16.90	5.81	-1.33	-4.76
2080	2 338.75	5 520.20	-3 181.45	-78 743.83	17.34	6.07	-0.93	-4.61
2081	2 344.52	5 649.93	-3 305.41	-84 100.47	17.79	6.42	-0.40	-4.45
2082	2 351.43	5 778.37	-3 426.94	-89 715.60	18.26	6.78	0.11	-4.28
2083	2 359.29	5 904.51	-3 545.22	-95 592.34	18.74	7.14	0.60	-4.10
2084	2 367.94	6 029.16	-3 661.23	-101 734.90	19.24	7.50	1.07	-3.92
2085	2 377.15	6 151.41	-3 774.26	-108 146.89	19.75	7.87	1.52	-3.73
2086	2 386.63	6 271.17	-3 884.54	-114 832.22	20.29	8.24	1.97	-3.55
2087	2 396.09	6 387.48	-3 991.39	-121 794.20	20.84	8.62	2.41	-3.36
2088	2 405.27	6 500.33	-4 095.06	-129 036.50	21.42	9.01	2.84	-3.17
2089	2 414.19	6 610.92	-4 196.73	-136 564.06	22.01	9.40	3.27	-2.98
2090	2 422.72	6 718.27	-4 295.55	-144 381.10	22.61	9.81	3.70	-2.79

注：①变化幅度均是与没有任何政策干预的情况相比；

②当期结余为负代表基金出现当期赤字，累计结余为负代表基金出现累计赤字。

随着“全面二孩”生育意愿的提高，基金财务运行状况得到进一步改善。从表5－5和表5－6可以看出，虽然湖北省城镇职工基本医疗保险基金开始出现当期赤字和累计赤字的时点没有变化①，但基金的累计赤字有所下降。当“全面二孩”生育意愿提高至46.7%，2090年累计赤字较没有任何政策干预时下降6.72%。当“全面二孩”生育意愿为60%，2090年基金累计赤字较没有任何政

① 当“全面二孩”生育意愿分别为46.7%、60%、80%和100%，基金开始出现累计赤字的时点均为2034年。

表 5－5　湖北省城镇职工基本医疗保险基金财务运行状况

（“全面二孩” 生育意愿为 46.7%～60%）

年份	“全面二孩” 生育意愿															
	46.7%								60%							
	基金财务运行状况（亿元）				变化幅度（%）				基金财务运行状况（亿元）				变化幅度（%）			
	收入	支出	当期结余	累计结余	收入	支出	当期结余	累计结余	收入	支出	当期结余	累计结余	收入	支出	当期结余	累计结余
2018	218.84	193.96	24.87	321.39	0	0	0	0	218.84	193.96	24.87	321.39	0	0	0	0
2019	236.63	214.64	21.99	351.96	0	0	0	0	236.63	214.64	21.99	351.96	0	0	0	0
2020	255.81	237.04	18.77	380.00	0	0	0	0	255.81	237.04	18.77	380.00	0	0	0	0
2021	275.34	259.75	15.59	405.48	0	0	0	0	275.34	259.75	15.59	405.48	0	0	0	0
2022	295.85	284.34	11.51	427.41	0	0	0	0	295.85	284.34	11.51	427.41	0	0	0	0
2023	316.00	311.62	4.38	442.59	0	0	0	0	316.00	311.62	4.38	442.59	0	0	0	0
2024	338.29	340.39	-2.10	451.50	0	0	0	0	338.29	340.39	-2.10	451.50	0	0	0	0
2025	361.79	372.09	-10.30	452.23	0	0	0	0	361.79	372.09	-10.30	452.23	0	0	0	0
2026	386.96	403.71	-16.75	446.37	0	0	0	0	386.96	403.71	-16.75	446.37	0	0	0	0
2027	414.74	439.24	-24.49	432.42	0	0	0	0	414.74	439.24	-24.49	432.42	0	0	0	0
2028	443.31	478.57	-35.26	407.09	0	0	0	0	443.31	478.57	-35.26	407.09	0	0	0	0
2029	474.59	520.84	-46.25	369.87	0	0	0	0	474.59	520.84	-46.25	369.87	0	0	0	0
2030	508.01	565.94	-57.93	319.74	0	0	0	0	508.01	565.94	-57.93	319.74	0	0	0	0

续表

年份	“全面二孩”生育意愿															
	46.7%								60%							
	基金财务运行状况（亿元）				变化幅度（%）				基金财务运行状况（亿元）				变化幅度（%）			
	收入	支出	当期结余	累计结余	收入	支出	当期结余	累计结余	收入	支出	当期结余	累计结余	收入	支出	当期结余	累计结余
2031	541.68	611.35	-69.68	256.31	0	0	0	0	541.68	611.35	-69.68	256.31	0	0	0	0
2032	574.58	658.44	-83.86	176.76	0	0	0	0	574.58	658.44	-83.86	176.76	0	0	0	0
2033	613.78	711.41	-97.63	81.11	0	0	0	0	613.78	711.41	-97.63	81.11	0	0	0	0
2034	656.11	767.83	-111.72	-31.37	0	0	0	0	656.11	767.83	-111.72	-31.37	0	0	0	0
2035	702.04	828.19	-126.16	-161.47	0	0	0	0	702.04	828.19	-126.16	-161.47	0	0	0	0
2036	746.75	887.69	-140.94	-309.97	0	0	0	0	746.75	887.69	-140.94	-309.97	0	0	0	0
2037	793.59	951.29	-157.70	-479.36	0	0	0	0	793.59	951.29	-157.70	-479.36	0	0	0	0
2038	843.11	1 017.35	-174.24	-669.94	0	0	0	0	843.11	1 017.35	-174.24	-669.94	0	0	0	0
2039	909.97	1 092.43	-182.46	-873.70	1.77	0.33	-6.30	-1.42	914.32	1 093.40	-179.08	-870.24	2.26	0.42	-8.04	-1.81
2040	971.94	1 168.88	-196.94	-1 097.41	2.57	0.48	-8.70	-2.84	978.71	1 170.40	-191.69	-1 088.48	3.29	0.61	-11.14	-3.64
2041	1 032.22	1 244.93	-212.71	-1 342.87	3.34	0.74	-10.22	-4.12	1 041.53	1 247.44	-205.91	-1 326.74	4.27	0.94	-13.09	-5.28
2042	1 092.48	1 324.68	-232.20	-1 614.44	4.07	0.98	-11.41	-5.27	1 104.47	1 328.24	-223.77	-1 589.28	5.21	1.25	-14.62	-6.75
2043	1 156.48	1 408.63	-252.16	-1 913.26	4.77	1.21	-12.45	-6.31	1 171.29	1 413.33	-242.04	-1 877.11	6.12	1.55	-15.96	-8.08
2044	1 218.43	1 497.28	-278.85	-2 246.91	5.47	1.43	-13.11	-7.23	1 236.21	1 503.18	-266.97	-2 197.68	7.01	1.83	-16.81	-9.27

续表

年份	“全面二孩”生育意愿															
	46.7%								60%							
	基金财务运行状况（亿元）				变化幅度（%）				基金财务运行状况（亿元）				变化幅度（%）			
	收入	支出	当期结余	累计结余	收入	支出	当期结余	累计结余	收入	支出	当期结余	累计结余	收入	支出	当期结余	累计结余
2045	1 282.85	1 589.60	-306.75	-2 617.51	6.14	1.64	-13.67	-8.06	1 303.76	1 596.78	-293.02	-2 552.97	7.87	2.10	-17.53	-10.32
2046	1 344.75	1 675.90	-331.15	-3 022.38	6.78	1.84	-14.27	-8.80	1 368.85	1 684.40	-315.55	-2 940.24	8.70	2.36	-18.31	-11.28
2047	1 406.87	1 766.55	-359.68	-3 466.61	7.42	2.03	-14.71	-9.47	1 434.32	1 776.44	-342.12	-3 364.41	9.52	2.60	-18.87	-12.14
2048	1 471.00	1 858.74	-387.74	-3 950.70	8.05	2.22	-15.16	-10.07	1 501.99	1 870.10	-368.11	-3 825.84	10.33	2.85	-19.45	-12.92
2049	1 532.04	1 961.72	-429.68	-4 489.89	8.71	2.40	-15.18	-10.60	1 566.76	1 974.65	-407.89	-4 339.57	11.18	3.07	-19.48	-13.59
2050	1 595.05	2 067.19	-472.14	-5 086.09	9.38	2.57	-15.23	-11.06	1 633.72	2 081.78	-448.06	-4 907.32	12.03	3.30	-19.56	-14.19
2051	1 658.49	2 167.51	-509.02	-5 734.98	10.00	2.81	-15.24	-11.46	1 701.16	2 184.18	-483.02	-5 525.10	12.83	3.60	-19.57	-14.70
2052	1 724.83	2 273.44	-548.61	-6 440.69	10.62	3.04	-15.23	-11.80	1 771.69	2 292.31	-520.62	-6 196.87	13.62	3.89	-19.55	-15.14
2053	1 792.94	2 383.25	-590.31	-7 206.77	11.24	3.26	-15.21	-12.10	1 844.23	2 404.46	-560.23	-6 926.02	14.42	4.18	-19.53	-15.52
2054	1 852.46	2 497.86	-645.40	-8 048.48	11.94	3.48	-14.97	-12.34	1 908.44	2 521.55	-613.10	-7 727.60	15.33	4.46	-19.23	-15.84
2055	1 915.15	2 617.17	-702.02	-8 969.26	12.65	3.69	-14.79	-12.54	1 976.09	2 643.48	-667.39	-8 604.86	16.24	4.74	-18.99	-16.10
2056	1 973.07	2 724.19	-751.11	-9 963.38	13.36	3.91	-14.75	-12.72	2 038.97	2 753.14	-714.17	-9 552.01	17.14	5.01	-18.94	-16.32
2057	2 032.64	2 833.56	-800.92	-11 033.41	14.08	4.13	-14.75	-12.87	2 103.80	2 865.30	-761.50	-10 571.34	18.08	5.29	-18.95	-16.52
2058	2 092.40	2 946.03	-853.63	-12 184.22	14.85	4.35	-14.76	-13.01	2 169.19	2 980.74	-811.55	-11 667.47	19.07	5.58	-18.96	-16.70

续表

年份	“全面二孩”生育意愿															
	46.7%								60%							
	基金财务运行状况（亿元）				变化幅度（%）				基金财务运行状况（亿元）				变化幅度（%）			
	收入	支出	当期结余	累计结余	收入	支出	当期结余	累计结余	收入	支出	当期结余	累计结余	收入	支出	当期结余	累计结余
2059	2 153.80	3 075.76	-921.97	-13 433.84	15.66	4.55	-14.61	-13.13	2 236.66	3 113.65	-876.99	-12 858.07	20.11	5.84	-18.77	-16.85
2060	2 216.43	3 207.68	-991.26	-14 785.72	16.53	4.77	-14.51	-13.22	2 305.90	3 248.99	-943.09	-14 146.19	21.23	6.12	-18.67	-16.98
2061	2 266.51	3 327.91	-1 061.40	-16 243.30	17.49	5.10	-14.21	-13.29	2 362.75	3 373.68	-1 010.92	-15 536.04	22.48	6.55	-18.29	-17.07
2062	2 317.74	3 451.98	-1 134.24	-17 811.98	18.52	5.44	-13.96	-13.33	2 421.34	3 502.51	-1 081.17	-17 032.64	23.81	6.98	-17.99	-17.13
2063	2 369.89	3 579.99	-1 210.10	-19 497.63	19.61	5.78	-13.76	-13.36	2 481.46	3 635.64	-1 154.18	-18 641.50	25.25	7.42	-17.75	-17.17
2064	2 419.15	3 708.79	-1 289.64	-21 306.95	20.82	6.13	-13.59	-13.38	2 539.29	3 769.89	-1 230.60	-20 368.90	26.82	7.88	-17.54	-17.19
2065	2 470.59	3 839.36	-1 368.77	-23 242.61	22.07	6.49	-13.46	-13.38	2 599.94	3 906.28	-1 306.34	-22 217.12	28.46	8.34	-17.41	-17.20
2066	2 502.13	3 959.28	-1 457.14	-25 317.25	23.25	6.84	-13.04	-13.36	2 639.39	4 032.05	-1 392.66	-24 200.03	30.01	8.80	-16.89	-17.18
2067	2 532.69	4 081.03	-1 548.34	-27 537.23	24.50	7.20	-12.66	-13.32	2 678.29	4 159.96	-1 481.66	-26 323.73	31.66	9.27	-16.42	-17.14
2068	2 561.96	4 204.72	-1 642.76	-29 909.50	25.83	7.56	-12.30	-13.26	2 716.32	4 290.10	-1 573.78	-28 594.95	33.42	9.74	-15.99	-17.08
2069	2 590.76	4 332.98	-1 742.22	-32 443.01	27.24	7.92	-11.96	-13.19	2 754.27	4 425.14	-1 670.87	-31 022.47	35.27	10.21	-15.57	-16.99
2070	2 625.21	4 463.94	-1 838.73	-35 138.78	28.61	8.30	-11.63	-13.11	2 798.22	4 563.18	-1 764.95	-33 607.10	37.09	10.70	-15.18	-16.90
2071	2 648.21	4 605.45	-1 957.23	-38 023.41	29.92	8.87	-10.70	-12.99	2 829.69	4 714.64	-1 884.95	-36 379.36	38.82	11.45	-14.00	-16.75
2072	2 670.85	4 749.40	-2 078.55	-41 104.51	31.29	9.44	-9.84	-12.83	2 861.08	4 868.94	-2 007.87	-39 346.91	40.64	12.20	-12.90	-16.56

续表

年份	“全面二孩”生育意愿															
	46.7%								60%							
	基金财务运行状况（亿元）				变化幅度（%）				基金财务运行状况（亿元）				变化幅度（%）			
	收入	支出	当期结余	累计结余	收入	支出	当期结余	累计结余	收入	支出	当期结余	累计结余	收入	支出	当期结余	累计结余
2073	2 693.50	4 895.22	-2 201.72	-44 388.89	32.72	10.01	-9.03	-12.64	2 892.78	5 025.51	-2 132.73	-42 516.63	42.54	12.94	-11.88	-16.33
2074	2 716.32	5 041.76	-2 325.44	-47 882.19	34.21	10.58	-8.28	-12.44	2 924.92	5 183.15	-2 258.23	-45 894.23	44.52	13.68	-10.93	-16.07
2075	2 738.66	5 182.82	-2 444.16	-51 584.51	35.70	11.16	-7.57	-12.21	2 956.85	5 335.67	-2 378.82	-49 479.88	46.52	14.44	-10.04	-15.79
2076	2 750.73	5 331.99	-2 581.26	-55 519.91	36.71	11.72	-6.49	-11.95	2 975.42	5 496.69	-2 521.27	-53 301.18	47.87	15.17	-8.66	-15.47
2077	2 763.55	5 481.69	-2 718.14	-59 694.00	37.74	12.29	-5.47	-11.67	2 994.97	5 658.61	-2 663.64	-57 363.94	49.27	15.91	-7.37	-15.12
2078	2 777.57	5 632.19	-2 854.62	-64 112.34	38.80	12.85	-4.52	-11.37	3 015.96	5 821.72	-2 805.75	-61 673.93	50.72	16.65	-6.16	-14.74
2079	2 793.32	5 782.41	-2 989.09	-68 778.96	39.90	13.42	-3.63	-11.05	3 038.99	5 984.96	-2 945.97	-66 235.40	52.20	17.39	-5.02	-14.34
2080	2 810.82	5 933.44	-3 122.62	-73 699.12	41.02	14.01	-2.76	-10.72	3 064.10	6 149.46	-3 085.35	-71 053.77	53.73	18.16	-3.92	-13.93
2081	2 830.05	6 096.67	-3 266.62	-78 889.89	42.18	14.84	-1.57	-10.37	3 091.29	6 330.35	-3 239.06	-76 150.15	55.31	19.24	-2.40	-13.48
2082	2 851.05	6 259.70	-3 408.65	-84 356.00	43.38	15.67	-0.43	-9.99	3 120.64	6 511.66	-3 391.01	-81 529.70	56.94	20.33	-0.94	-13.01
2083	2 873.67	6 421.54	-3 547.88	-90 101.48	44.63	16.52	0.67	-9.61	3 152.03	6 692.40	-3 540.37	-87 196.82	58.64	21.43	0.46	-12.52
2084	2 897.77	6 583.00	-3 685.23	-96 131.37	45.92	17.38	1.73	-9.21	3 185.34	6 873.39	-3 688.04	-93 156.99	60.40	22.55	1.81	-12.02
2085	2 923.15	6 743.18	-3 820.02	-102 450.18	47.26	18.25	2.76	-8.80	3 220.41	7 053.76	-3 833.35	-99 415.09	62.23	23.69	3.11	-11.51
2086	2 949.50	6 902.02	-3 952.52	-109 062.77	48.66	19.13	3.75	-8.39	3 256.90	7 233.46	-3 976.56	-105 976.44	64.15	24.85	4.39	-10.99

续表

年份	“全面二孩”生育意愿															
	46.7%								60%							
	基金财务运行状况（亿元）				变化幅度（%）				基金财务运行状况（亿元）				变化幅度（%）			
	收入	支出	当期结余	累计结余	收入	支出	当期结余	累计结余	收入	支出	当期结余	累计结余	收入	支出	当期结余	累计结余
2087	2 976.45	7 058.50	-4 082.05	-115 973.44	50.11	20.03	4.73	-7.98	3 294.44	7 411.44	-4 117.01	-112 845.79	66.15	26.04	5.63	-10.46
2088	3 003.70	7 212.68	-4 208.98	-123 186.98	51.62	20.96	5.70	-7.56	3 332.67	7 587.81	-4 255.15	-120 028.46	68.23	27.25	6.86	-9.93
2089	3 031.19	7 365.76	-4 334.57	-130 709.58	53.19	21.90	6.66	-7.14	3 371.52	7 763.80	-4 392.27	-127 531.24	70.39	28.48	8.08	-9.40
2090	3 058.76	7 516.78	-4 458.01	-138 546.79	54.81	22.86	7.62	-6.72	3 410.83	7 938.44	-4 527.61	-135 360.32	72.62	29.75	9.30	-8.86

注：①变化幅度均是与没有任何政策干预的情况相比；

②当期结余为负代表基金出现当期赤字，累计结余为负代表基金出现累计赤字。

表 5-6 湖北省城镇职工基本医疗保险基金财务运行状况（“全面二孩”生育意愿为 80%~100%）

年份	“全面二孩”生育意愿															
	80%								100%							
	基金财务运行状况（亿元）				变化幅度（%）				基金财务运行状况（亿元）				变化幅度（%）			
	收入	支出	当期结余	累计结余	收入	支出	当期结余	累计结余	收入	支出	当期结余	累计结余	收入	支出	当期结余	累计结余
2018	218.84	193.96	24.87	321.39	0	0	0	0	218.84	193.96	24.87	321.39	0	0	0	0
2019	236.63	214.64	21.99	351.96	0	0	0	0	236.63	214.64	21.99	351.96	0	0	0	0
2020	255.81	237.04	18.77	380.00	0	0	0	0	255.81	237.04	18.77	380.00	0	0	0	0
2021	275.34	259.75	15.59	405.48	0	0	0	0	275.34	259.75	15.59	405.48	0	0	0	0
2022	295.85	234.34	11.51	427.41	0	0	0	0	295.85	284.34	11.51	427.41	0	0	0	0
2023	316.00	311.62	4.38	442.59	0	0	0	0	316.00	311.62	4.38	442.59	0	0	0	0
2024	338.29	340.39	-2.10	451.50	0	0	0	0	338.29	340.39	-2.10	451.50	0	0	0	0
2025	361.79	372.09	-10.30	452.23	0	0	0	0	361.79	372.09	-10.30	452.23	0	0	0	0
2026	386.96	403.71	-16.75	446.37	0	0	0	0	386.96	403.71	-16.75	446.37	0	0	0	0
2027	414.74	439.24	-24.49	432.42	0	0	0	0	414.74	439.24	-24.49	432.42	0	0	0	0
2028	443.31	478.57	-35.26	407.09	0	0	0	0	443.31	478.57	-35.26	407.09	0	0	0	0
2029	474.59	520.84	-46.25	369.87	0	0	0	0	474.59	520.84	-46.25	369.87	0	0	0	0
2030	508.01	565.94	-57.93	319.74	0	0	0	0	508.01	565.94	-57.93	319.74	0	0	0	0
2031	541.68	611.35	-69.68	256.31	0	0	0	0	541.68	611.35	-69.68	256.31	0	0	0	0

续表

年份	“全面二孩”生育意愿															
	80%								100%							
	基金财务运行状况（亿元）				变化幅度（%）				基金财务运行状况（亿元）				变化幅度（%）			
	收入	支出	当期结余	累计结余	收入	支出	当期结余	累计结余	收入	支出	当期结余	累计结余	收入	支出	当期结余	累计结余
2032	574.58	658.44	-83.86	176.76	0	0	0	0	574.58	658.44	-83.86	176.76	0	0	0	0
2033	613.78	711.41	-97.63	81.11	0	0	0	0	613.78	711.41	-97.63	81.11	0	0	0	0
2034	656.11	767.83	-111.72	-31.37	0	0	0	0	656.11	767.83	-111.72	-31.37	0	0	0	0
2035	702.04	828.19	-126.16	-161.47	0	0	0	0	702.04	828.19	-126.16	-161.47	0	0	0	0
2036	746.75	887.69	-140.94	-309.97	0	0	0	0	746.75	887.69	-140.94	-309.97	0	0	0	0
2037	793.59	951.29	-157.70	-479.36	0	0	0	0	793.59	951.29	-157.70	-479.36	0	0	0	0
2038	843.11	1 017.35	-174.24	-669.94	0	0	0	0	843.11	1 017.35	-174.24	-669.94	0	0	0	0
2039	920.84	1 094.85	-174.00	-865.04	2.99	0.55	-10.64	-2.40	927.37	1 096.29	-168.92	-859.82	3.72	0.68	-13.26	-2.99
2040	988.89	1172.67	-183.78	-1075.04	4.36	0.81	-14.80	-4.83	999.07	1 174.93	-175.86	-1 061.58	5.43	1.00	-18.47	-6.02
2041	1 055.52	1 251.19	-195.67	-1 302.47	5.67	1.24	-17.42	-7.01	1 069.52	1 254.93	-185.41	-1 278.17	7.07	1.54	-21.74	-8.74
2042	1 122.49	1 333.59	-211.10	-1 551.41	6.93	1.66	-19.46	-8.97	1 140.51	1 338.92	-198.41	-1 513.49	8.65	2.06	-24.30	-11.20
2043	1 193.56	1 420.38	-226.82	-1 822.69	8.13	2.05	-21.25	-10.75	1215.83	1427.41	-211.58	-1 768.20	10.15	2.56	-26.54	-13.41
2044	1 262.95	1 512.04	-249.09	-2 123.57	9.32	2.43	-22.38	-12.33	1 289.69	1 520.88	-231.19	-2 049.37	11.64	3.03	-27.96	-15.39
2045	1 335.21	1 607.56	-272.36	-2 455.83	10.47	2.79	-23.35	-13.74	1 366.65	1 618.32	-251.67	-2 358.56	13.07	3.47	-29.17	-17.15

续表

年份	“全面二孩”生育意愿															
	80%								100%							
	基金财务运行状况（亿元）				变化幅度（%）				基金财务运行状况（亿元）				变化幅度（%）			
	收入	支出	当期结余	累计结余	收入	支出	当期结余	累计结余	收入	支出	当期结余	累计结余	收入	支出	当期结余	累计结余
2046	1 405.09	1 697.16	-292.07	-2 816.59	11.57	3.13	-24.39	-15.01	1 441.34	1 709.89	-268.56	-2 692.80	14.45	3.90	-30.48	-18.74
2047	1 475.60	1 791.29	-315.68	-3 210.58	12.67	3.46	-25.14	-16.15	1 516.89	1 806.10	-289.22	-3 056.57	15.82	4.32	-31.42	-20.18
2048	1 548.59	1 887.16	-338.57	-3 637.88	13.75	3.78	-25.92	-17.19	1 595.18	1 904.18	-309.00	-3 449.71	17.18	4.72	-32.39	-21.48
2049	1 618.97	1 994.05	-375.09	-4 113.30	14.88	4.08	-25.96	-18.10	1 671.18	2 013.42	-342.25	-3 886.75	18.59	5.10	-32.44	-22.61
2050	1 691.88	2 103.69	-411.81	-4 638.23	16.02	4.39	-26.06	-18.89	1 750.04	2 125.55	-375.51	-4 368.82	20.00	5.47	-32.58	-23.61
2051	1 765.31	2 209.21	-443.89	-5 209.18	17.08	4.79	-26.09	-19.58	1 829.47	2 234.19	-404.72	-4 892.88	21.34	5.97	-32.61	-24.46
2052	1 842.17	2 320.65	-478.49	-5 829.85	18.14	5.18	-26.06	-20.17	1 912.64	2 348.94	-436.30	-5 462.41	22.66	6.46	-32.58	-25.20
2053	1 921.37	2 436.31	-514.94	-6 503.41	19.21	5.56	-26.04	-20.68	1 998.51	2 468.10	-469.59	-6 080.30	23.99	6.94	-32.55	-25.84
2054	1 992.63	2 557.12	-564.49	-7 244.59	20.41	5.93	-25.63	-21.10	2 076.82	2 592.63	-515.81	-6 761.01	25.50	7.40	-32.05	-26.37
2055	2 067.74	2 682.99	-615.25	-8 056.34	21.63	6.30	-25.32	-21.45	2 159.39	2 722.43	-563.04	-7 507.16	27.02	7.86	-31.66	-26.80
2056	2 138.08	2 796.61	-658.54	-8 932.75	22.84	6.67	-25.26	-21.75	2 237.19	2 840.03	-602.84	-8 312.74	28.53	8.33	-31.58	-27.18
2057	2 210.83	2 912.97	-702.14	-9 875.76	24.08	7.05	-25.26	-22.02	2 317.90	2 960.59	-642.69	-9 179.32	30.09	8.80	-31.59	-27.51
2058	2 284.74	3 032.89	-748.15	-10 889.51	25.41	7.42	-25.29	-22.26	2 400.37	3 084.98	-684.61	-10 110.52	31.76	9.27	-31.64	-27.82
2059	2 361.42	3 170.60	-809.18	-11 991.15	26.81	7.78	-25.06	-22.46	2 486.36	3 227.50	-741.14	-11 122.95	33.52	9.71	-31.36	-28.07

续表

年份	“全面二孩”生育意愿															
	80%								100%							
	基金财务运行状况（亿元）				变化幅度（%）				基金财务运行状况（亿元）				变化幅度（%）			
	收入	支出	当期结余	累计结余	收入	支出	当期结余	累计结余	收入	支出	当期结余	累计结余	收入	支出	当期结余	累计结余
2060	2 440.73	3 311.10	-870.37	-13 183.06	28.32	8.15	-24.94	-22.63	2 575.91	3 373.22	-797.31	-12 218.27	35.43	10.18	-31.24	-28.29
2061	2 507.97	3 442.54	-934.57	-14 470.58	30.00	8.72	-24.46	-22.75	2 653.78	3 511.48	-857.70	-13 402.87	37.56	10.90	-30.67	-28.45
2062	2 577.91	3 578.64	-1 000.73	-15 858.09	31.82	9.31	-24.09	-22.84	2 735.42	3 654.93	-919.51	-14 680.44	39.87	11.64	-30.25	-28.57
2063	2 650.37	3 719.56	-1 069.18	-17 350.46	33.77	9.90	-23.80	-22.90	2 820.67	3 803.78	-983.11	-16 055.13	42.37	12.39	-29.94	-28.66
2064	2 721.56	3 862.16	-1 140.61	-18 953.34	35.93	10.52	-23.57	-22.94	2 905.74	3 954.91	-1 049.17	-17 531.91	45.13	13.17	-29.70	-28.72
2065	2 796.59	4 007.50	-1 210.91	-20 668.36	38.18	11.15	-23.44	-22.97	2 995.82	4 109.43	-1 113.60	-19 111.66	48.03	13.98	-29.59	-28.78
2066	2 848.56	4 142.28	-1 293.73	-22 511.14	40.31	11.78	-22.79	-22.96	3 061.05	4 253.49	-1 192.44	-20 811.70	50.78	14.78	-28.83	-28.78
2067	2 900.72	4 279.70	-1 378.99	-24 487.37	42.59	12.42	-22.21	-22.92	3 127.31	4 400.74	-1 273.43	-22 637.25	53.73	15.60	-28.16	-28.74
2068	2 952.67	4 419.86	-1 467.19	-26 603.43	45.02	13.06	-21.68	-22.85	3 194.12	4 551.27	-1 357.15	-24 594.26	56.88	16.42	-27.55	-28.68
2069	3 005.21	4 565.42	-1 560.22	-28 867.73	47.60	13.71	-21.16	-22.76	3 262.22	4 707.75	-1 445.53	-26 690.79	60.22	17.25	-26.95	-28.58
2070	3 064.34	4 714.47	-1 650.14	-31 280.81	50.13	14.37	-20.70	-22.65	3 337.59	4 868.26	-1 530.67	-28 927.00	63.51	18.10	-26.44	-28.47
2071	3 109.46	4 881.33	-1 771.87	-33 879.00	52.55	15.39	-19.16	-22.47	3 397.49	5 051.00	-1 653.51	-31 345.02	66.68	19.40	-24.56	-28.27
2072	3 154.99	5 051.65	-1 896.66	-36 670.05	55.09	16.41	-17.73	-22.23	3 458.33	5 237.87	-1 779.54	-33 952.68	70.00	20.70	-22.81	-28.00
2073	3 201.32	5 224.84	-2 023.52	-39 660.91	57.75	17.42	-16.39	-21.95	3 520.52	5 428.27	-1 907.74	-36 756.93	73.47	21.99	-21.18	-27.66

续表

年份	“全面二孩”生育意愿															
	80%								100%							
	基金财务运行状况（亿元）				变化幅度（%）				基金财务运行状况（亿元）				变化幅度（%）			
	收入	支出	当期结余	累计结余	收入	支出	当期结余	累计结余	收入	支出	当期结余	累计结余	收入	支出	当期结余	累计结余
2074	3 248.54	5 399.69	-2 151.15	-42 857.35	60.51	18.43	-15.16	-21.63	3 584.11	5 620.96	-2 036.85	-39 763.62	77.09	23.28	-19.66	-27.28
2075	3 296.00	5 570.01	-2 274.01	-46 259.65	63.32	19.47	-14.01	-21.27	3 648.43	5 809.76	-2 161.33	-42 973.08	80.78	24.61	-18.27	-26.87
2076	3 325.51	5 749.45	-2 423.94	-49 900.68	65.27	20.47	-12.19	-20.87	3 690.25	6 008.32	-2 318.07	-46 423.43	83.40	25.90	-16.02	-26.38
2077	3 356.36	5 930.38	-2 574.02	-53 786.57	67.29	21.48	-10.49	-20.41	3 733.84	6 209.03	-2 475.19	-50 121.08	86.10	27.18	-13.92	-25.84
2078	3 389.09	6 113.13	-2 724.04	-57 923.38	69.36	22.49	-8.89	-19.93	3 779.81	6 412.24	-2 632.43	-54 072.35	88.89	28.48	-11.95	-25.25
2079	3 424.36	6 296.68	-2 872.31	-62 315.58	71.50	23.50	-7.40	-19.41	3 828.89	6 616.96	-2 788.07	-58 281.93	91.76	29.79	-10.11	-24.63
2080	3 462.28	6 482.19	-3 019.91	-66 968.88	73.71	24.55	-5.96	-18.87	3 881.26	6 824.43	-2 943.17	-62 755.73	94.73	31.13	-8.35	-23.98
2081	3 502.88	6 690.50	-3 187.62	-71 910.42	75.99	26.02	-3.95	-18.30	3 937.01	7 061.17	-3 124.16	-67 526.88	97.80	33.00	-5.86	-23.28
2082	3 546.33	6 900.20	-3 353.87	-77 145.90	78.35	27.51	-2.03	-17.69	3 996.41	7 300.36	-3 303.95	-72 601.60	100.99	34.90	-3.48	-22.54
2083	3 592.54	7 110.36	-3 517.83	-82 680.32	80.81	29.02	-0.18	-17.05	4 059.45	7 541.14	-3 481.69	-77 985.38	104.30	36.83	-1.21	-21.76
2084	3 641.48	7 321.81	-3 680.33	-88 519.67	83.36	30.55	1.59	-16.40	4 126.17	7 784.36	-3 658.19	-83 684.66	107.77	38.80	0.98	-20.97
2085	3 693.01	7 533.73	-3 840.72	-94 669.40	86.04	32.11	3.31	-15.73	4 196.52	8 029.28	-3 832.76	-89 705.36	111.41	40.80	3.10	-20.15
2086	3 746.83	7 746.11	-3 999.28	-101 135.39	88.84	33.70	4.98	-15.05	4 270.20	8 275.93	-4 005.72	-96 053.86	115.22	42.85	5.15	-19.32
2087	3 802.51	7 957.87	-4 155.36	-107 923.03	91.77	35.33	6.61	-14.36	4 346.80	8 523.23	-4 176.43	-102 736.05	119.22	44.94	7.16	-18.48

续表

年份	“全面二孩”生育意愿															
	80%								100%							
	基金财务运行状况（亿元）				变化幅度（%）				基金财务运行状况（亿元）				变化幅度（%）			
	收入	支出	当期结余	累计结余	收入	支出	当期结余	累计结余	收入	支出	当期结余	累计结余	收入	支出	当期结余	累计结余
2088	3 859.66	8 169.19	-4 309.53	-115 038.37	94.83	37.00	8.23	-13.67	4 425.86	8 771.43	-4 345.58	-109 758.66	123.41	47.10	9.13	-17.63
2089	3 918.19	8 381.34	-4 463.16	-122 489.07	98.02	38.70	9.82	-12.98	4 507.26	9 021.87	-4 514.61	-117 130.11	127.79	49.30	11.09	-16.78
2090	3 977.89	8 593.40	-4 615.51	-130 282.19	101.32	40.45	11.42	-12.28	4 590.80	9 273.67	-4 682.87	-124 858.31	132.34	51.57	13.05	-15.93

注：①变化幅度均是与没有任何政策干预的情况相比；

②当期结余为负代表基金出现当期赤字，累计结余为负代表基金出现累计赤字。

策干预时下降8.82%。当“全面二孩”生育意愿为80%，2090年基金累计赤字较没有任何政策干预时下降12.28%。当“全面二孩”生育意愿为100%，2090年基金累计赤字较没有任何政策干预时下降15.93%。因此，“全面二孩”政策的实施能改善湖北省城镇职工基本医疗保险基金财务运行状况，降低湖北省城镇职工基本医疗保险基金的累计赤字，提高湖北省城镇职工基本医疗保险基金的可持续性。

从以上分析可以看出，“全面二孩”政策能降低湖北省城镇职工基本医疗保险基金的累计赤字，但是对基金开始出现累计赤字的时点影响较小，这是因为在没有任何政策干预的情况下，基金于2034年出现累计赤字，而“全面二孩”政策在2039年才产生效应，这使得“全面二孩”政策积累的效应不足。

第三节　“全面二孩”政策对湖北省城乡居民基本医疗保险基金可持续性的影响

一、“全面二孩”政策对湖北省城乡居民基本医疗保险参保人数的影响

由于城乡居民基本医疗保险的参保人员为0～100岁、未参加城镇职工基本医疗保险的城乡居民。因此，“全面二孩”政策实施以来的新生人口于2017年及以后成为城乡居民基本医疗保险参保人员。从表5－7可以看出，如果20.5%符合“全面二孩”规定夫妇生育二孩，与没有任何政策干预的情况相比，2018～2090年参保总人数增加18.78万～185.51万人，增加幅度为0.38%～13.87%；2018～2090年男性参保人数增加10.09万～99.01万人，增加幅度为0.4%～14.48%；2018～2090年女性参保人数增加8.68万～86.49万人，增加幅度为0.36%～13.24%。

表 5 - 7　　湖北省城乡居民基本医疗保险参保人数
（"全面二孩"生育意愿为 20.5%）　　单位：人

年份	绝对值			增加值		
	总计	男性	女性	总计	男性	女性
2018	49 188 694	25 278 632	23 910 062	187 823	100 993	86 829
2019	49 166 446	25 255 649	23 910 797	243 588	130 975	112 613
2020	49 092 448	25 203 478	23 888 970	297 470	159 942	137 528
2021	49 003 121	25 142 811	23 860 311	349 519	187 922	161 598
2022	48 853 223	25 048 541	23 804 682	399 686	214 888	184 799
2023	48 669 355	24 935 802	23 733 553	448 140	240 931	207 209
2024	48 461 905	24 810 459	23 651 446	495 135	266 188	228 947
2025	48 231 706	24 672 947	23 558 760	540 922	290 793	250 129
2026	47 934 716	24 499 488	23 435 228	585 766	314 890	270 876
2027	47 614 689	24 313 969	23 300 720	629 892	338 599	291 293
2028	47 261 602	24 110 900	23 150 702	673 519	362 038	311 481
2029	46 883 621	23 894 782	22 988 839	716 796	385 287	331 509
2030	46 480 157	23 664 064	22 816 092	759 793	408 383	351 410
2031	46 058 283	23 422 691	22 635 593	802 661	431 408	371 253
2032	45 678 632	23 207 841	22 470 790	845 546	454 440	391 106
2033	45 210 938	22 946 608	22 264 330	888 613	477 567	411 046
2034	44 725 571	22 676 935	22 048 635	932 142	500 940	431 202
2035	44 225 792	22 400 576	21 825 216	976 479	524 745	451 734
2036	43 713 945	22 118 864	21 595 081	1 022 089	549 231	472 858
2037	43 184 729	21 828 970	21 355 759	1 061 321	570 269	491 053
2038	42 609 846	21 515 543	21 094 303	1 063 944	571 546	492 397
2039	42 031 766	21 201 648	20 830 119	1 069 813	574 573	495 240
2040	41 455 035	20 889 660	20 565 375	1 079 259	579 527	499 733
2041	40 879 007	20 579 469	20 299 538	1 092 359	586 447	505 913
2042	40 303 959	20 271 208	20 032 751	1 108 832	595 183	513 649
2043	39 728 296	19 963 994	19 764 302	1 128 476	605 626	522 850
2044	39 151 711	19 657 723	19 493 988	1 150 998	617 618	533 380
2045	38 572 491	19 351 565	19 220 926	1 175 634	630 749	544 885
2046	37 988 745	19 044 471	18 944 274	1 201 736	644 670	557 066

续表

年份	绝对值			增加值		
	总计	男性	女性	总计	男性	女性
2047	37 398 372	18 735 292	18 663 080	1 228 821	659 121	569 701
2048	36 800 300	18 423 397	18 376 903	1 256 377	673 825	582 552
2049	36 193 449	18 108 200	18 085 248	1 283 986	688 559	595 427
2050	35 576 586	17 789 160	17 787 427	1 311 375	703 176	608 200
2051	34 952 750	17 467 790	17 484 960	1 338 443	717 616	620 827
2052	34 322 674	17 144 384	17 178 290	1 364 987	731 770	633 217
2053	33 684 038	16 818 031	16 866 007	1 390 891	745 579	645 313
2054	33 040 410	16 490 366	16 550 045	1 416 061	758 993	657 068
2055	32 391 957	16 161 707	16 230 250	1 440 467	771 997	668 469
2056	31 741 696	15 833 388	15 908 308	1 463 981	784 525	679 456
2057	31 091 469	15 506 239	15 585 229	1 486 489	796 513	689 975
2058	30 441 889	15 180 698	15 261 190	1 507 813	807 868	699 946
2059	29 797 945	14 859 056	14 938 889	1 527 776	818 492	709 284
2060	29 162 756	14 542 564	14 620 192	1 546 143	828 261	717 883
2061	28 532 106	14 229 677	14 302 429	1 562 729	837 076	725 653
2062	27 911 512	13 922 634	13 988 878	1 577 722	845 041	732 682
2063	27 291 451	13 617 480	13 673 971	1 591 426	852 317	739 109
2064	26 676 145	13 315 999	13 360 146	1 604 039	859 010	745 029
2065	26 075 594	13 022 007	13 053 586	1 615 602	865 141	750 460
2066	25 485 872	12 733 893	12 751 979	1 626 308	870 813	755 494
2067	24 907 322	12 452 108	12 455 214	1 636 621	876 276	760 345
2068	24 342 156	12 177 188	12 164 968	1 646 836	881 687	765 149
2069	23 782 307	11 906 071	11 876 236	1 657 078	887 112	769 965
2070	23 235 864	11 641 940	11 593 924	1 667 491	892 632	774 859
2071	22 697 755	11 382 796	11 314 959	1 678 146	898 283	779 863
2072	22 173 120	11 130 559	11 042 562	1 689 014	904 046	784 968
2073	21 660 296	10 884 730	10 775 566	1 700 035	909 887	790 148
2074	21 161 004	10 646 021	10 514 983	1 711 323	915 863	795 459
2075	20 676 116	10 414 885	10 261 231	1 722 794	921 929	800 865
2076	20 206 463	10 191 527	10 014 936	1 734 360	928 036	806 324

续表

年份	绝对值			增加值		
	总计	男性	女性	总计	男性	女性
2077	19 751 236	9 975 593	9 775 643	1 745 907	934 121	811 785
2078	19 312 887	9 768 011	9 544 875	1 757 340	940 136	817 204
2079	18 888 076	9 567 441	9 320 634	1 768 544	946 017	822 527
2080	18 478 404	9 374 300	9 104 104	1 779 405	951 702	827 703
2081	18 085 678	9 189 282	8 896 396	1 789 826	957 139	832 688
2082	17 708 624	9 011 649	8 696 975	1 799 728	962 285	837 443
2083	17 345 576	8 840 664	8 504 912	1 809 050	967 107	841 942
2084	17 001 993	8 678 310	8 323 683	1 817 707	971 560	846 147
2085	16 674 283	8 523 073	8 151 211	1 825 638	975 609	850 028
2086	16 361 602	8 374 388	7 987 214	1 832 833	979 250	853 584
2087	16 060 910	8 231 014	7 829 897	1 839 347	982 509	856 837
2088	15 771 257	8 092 351	7 678 907	1 845 226	985 416	859 811
2089	15 495 637	7 959 520	7 536 117	1 850 478	987 971	862 507
2090	15 229 635	7 830 758	7 398 877	1 855 128	990 190	864 938

注：①增加值是与没有任何政策干预的情况相比；
②总计人数 = 男性人数 + 女性人数。

如果“全面二孩”生育意愿进一步提高，情况会如何变化呢？从表 5 - 8 可以看出，如果 46.7% 符合“全面二孩”规定夫妇生育二孩，与没有任何政策干预的情况相比，2018 ~ 2090 年参保总人数增加 0.85% ~ 34.94%，2018 ~ 2090 年男性参保人数增加 0.89% ~ 36.48%，2018 ~ 2090 年女性参保人数增加 0.8% ~ 33.32%。如果 60% 符合“全面二孩”规定夫妇生育二孩，与没有任何政策干预的情况相比，2018 ~ 2090 年参保总人数增加 1.08% ~ 47.22%，2018 ~ 2090 年男性参保人数增加 1.13% ~ 49.32%，2018 ~ 2090 年女性参保人数增加 1.03% ~ 45.03%。如果 80% 符合“全面二孩”规定夫妇生育二孩，与没有任何政策干预的情况相比，2018 ~ 2090 年参保总人数增加 1.43% ~ 67.9%，2018 ~ 2090 年男性参保人数增加 1.5% ~ 70.94%，2018 ~ 2090 年女性参保人数增加 1.36% ~ 64.72%。如果所有符合“全面二孩”规定夫妇生育二孩，与没有任何政策干预的情况相比，2018 ~ 2090 年参保总人数增加 1.79% ~ 91.41%，2018 ~ 2090 年男性参保人数增加 1.87% ~ 95.53%，2018 ~ 2090 年女性参保人数增加 1.7% ~ 87.1%。

表 5-8　湖北省城乡居民基本医疗保险参保人数（“全面二孩”生育意愿为 46.7%~100%）

单位：人

年份	“全面二孩”生育意愿											
	46.7%			60%			80%			100%		
	总计	男性	女性	总计	男性	女性	总计	男性	女性	总计	男性	女性
2018	49 415 439	25 400 553	24 014 886	49 530 542	25 462 444	24 068 097	49 703 629	25 555 514	24 148 115	49 876 716	25 648 584	24 228 132
2019	49 464 464	25 415 890	24 048 574	49 615 749	25 497 234	24 118 515	49 843 244	25 619 556	24 223 688	50 070 739	25 741 877	24 328 862
2020	49 459 334	25 400 743	24 058 591	49 645 578	25 500 881	24 144 697	49 925 644	25 651 465	24 274 179	50 205 709	25 802 049	24 403 661
2021	49 436 533	25 375 837	24 060 695	49 656 547	25 494 129	24 162 418	49 987 395	25 672 012	24 315 383	50 318 243	25 849 895	24 468 349
2022	49 350 753	25 316 033	24 034 719	49 603 315	25 451 821	24 151 494	49 983 109	25 656 013	24 327 096	50 362 903	25 860 205	24 502 697
2023	49 228 814	25 236 580	23 992 234	49 512 814	25 389 265	24 123 549	49 939 882	25 618 867	24 321 015	50 366 950	25 848 468	24 518 482
2024	49 081 429	25 143 518	23 937 911	49 395 920	25 312 590	24 083 329	49 868 838	25 566 834	24 302 004	50 341 757	25 821 078	24 520 679
2025	48 909 750	25 037 455	23 872 296	49 253 948	25 222 492	24 031 457	49 771 540	25 500 742	24 270 797	50 289 131	25 778 993	24 510 138
2026	48 670 076	24 894 795	23 775 281	49 043 369	25 095 466	23 947 903	49 604 713	25 397 227	24 207 486	50 166 056	25 698 988	24 467 068
2027	48 406 446	24 739 579	23 666 867	48 808 368	24 955 632	23 852 736	49 412 763	25 280 525	24 132 238	50 017 157	25 605 417	24 411 740
2028	48 109 119	24 566 468	23 542 652	48 539 348	24 797 729	23 741 619	49 186 308	25 145 490	24 040 817	49 833 267	25 493 252	24 340 016
2029	47 786 451	24 380 064	23 406 387	48 244 758	24 626 410	23 618 348	48 933 941	24 996 854	23 937 087	49 623 124	25 367 299	24 255 825
2030	47 437 941	24 178 867	23 259 074	47 924 144	24 440 197	23 483 947	48 655 278	24 833 176	23 822 101	49 386 411	25 226 155	24 160 256
2031	47 070 851	23 966 918	23 103 933	47 584 866	24 243 187	23 341 679	48 357 822	24 658 630	23 699 192	49 130 779	25 074 073	24 056 706
2032	46 746 001	23 781 501	22 964 500	47 287 841	24 072 713	23 215 127	48 102 646	24 510 632	23 592 014	48 917 462	24 948 556	23 968 906

续表

年份	“全面二孩”生育意愿											
	46.7%			60%			80%			100%		
	总计	男性	女性	总计	男性	女性	总计	男性	女性	总计	男性	女性
2033	46 333 350	23 549 826	22 783 523	46 903 151	23 856 055	23 047 096	47 760 031	24 316 568	23 443 463	48 616 953	24 777 104	23 839 849
2034	45 903 625	23 310 031	22 593 594	46 501 726	23 631 456	22 870 271	47 401 228	24 114 855	23 286 373	48 300 852	24 598 320	23 702 532
2035	45 460 584	23 064 135	22 396 449	46 087 612	23 401 090	22 686 522	47 030 773	23 907 931	23 122 842	47 974 247	24 414 940	23 559 307
2036	45 007 332	22 813 881	22 193 451	45 664 375	23 166 950	22 497 425	46 653 014	23 698 207	22 954 807	47 642 378	24 229 853	23 412 525
2037	44 539 277	22 556 820	21 982 457	45 227 857	22 926 819	22 301 038	46 264 540	23 483 867	22 780 673	47 302 693	24 041 704	23 260 989
2038	43 969 034	22 245 717	21 723 317	44 660 764	22 617 323	22 043 440	45 703 190	23 177 328	22 525 862	46 748 297	23 738 773	23 009 525
2039	43 400 617	21 936 851	21 463 765	44 098 430	22 311 643	21 786 786	45 151 498	22 877 241	22 274 258	46 209 042	23 445 241	22 763 801
2040	42 839 047	21 632 852	21 206 195	43 546 132	22 012 545	21 533 586	44 615 138	22 586 584	22 028 554	45 691 017	23 164 313	22 526 704
2041	42 283 760	21 333 652	20 950 108	43 003 332	21 719 976	21 283 356	44 093 599	22 305 318	21 788 280	45 193 721	22 895 952	22 297 769
2042	41 734 607	21 039 156	20 695 451	42 469 649	21 433 715	21 035 935	43 586 129	22 033 025	21 553 105	44 716 006	22 639 527	22 076 479
2043	41 189 767	20 748 357	20 441 410	41 943 151	21 152 696	20 790 455	43 090 628	21 768 546	21 322 082	44 255 604	22 393 791	21 861 813
2044	40 648 593	20 460 971	20 187 622	41 422 994	20 876 528	20 546 465	42 605 929	21 511 317	21 094 612	43 810 993	22 157 986	21 653 007
2045	40 108 162	20 175 514	19 932 648	40 905 550	20 603 351	20 302 200	42 127 233	21 258 847	20 868 386	43 376 067	21 928 920	21 447 147
2046	39 565 565	19 890 393	19 675 172	40 387 331	20 331 256	20 056 075	41 650 096	21 008 716	20 641 380	42 945 326	21 703 604	21 241 722
2047	39 018 025	19 604 093	19 413 932	39 865 181	20 058 528	19 806 654	41 170 751	20 758 878	20 411 873	42 514 338	21 479 636	21 034 701

续表

年份	“全面二孩”生育意愿											
	46.7%			60%			80%			100%		
	总计	男性	女性	总计	男性	女性	总计	男性	女性	总计	男性	女性
2048	38 463 702	19 315 571	19 148 131	39 336 826	19 783 888	19 552 938	40 686 209	20 507 671	20 178 538	42 079 334	21 254 934	20 824 400
2049	37 900 871	19 023 893	18 876 978	38 800 173	19 506 206	19 293 968	40 193 780	20 253 642	19 940 138	41 636 965	21 027 691	20 609 274
2050	37 327 902	18 728 304	18 599 598	38 253 372	19 224 606	19 028 766	39 691 254	19 995 724	19 695 530	41 184 632	20 796 630	20 388 002
2051	36 747 664	18 430 222	18 317 442	37 699 190	18 940 452	18 758 737	39 181 231	19 735 184	19 446 046	40 724 743	20 562 912	20 161 831
2052	36 160 593	18 129 779	18 030 814	37 137 897	18 653 785	18 484 112	38 663 706	19 471 917	19 191 789	40 256 997	20 326 270	19 930 728
2053	35 564 200	17 825 977	17 738 223	36 566 908	18 363 556	18 203 352	38 135 942	19 204 794	18 931 148	39 778 493	20 085 491	19 693 002
2054	34 961 914	17 520 379	17 441 535	35 989 576	18 071 289	17 918 288	37 601 168	18 935 274	18 665 894	39 292 325	19 841 964	19 450 361
2055	34 353 855	17 213 280	17 140 576	35 405 996	17 777 265	17 628 731	37 059 436	18 663 617	18 395 819	38 798 500	19 595 924	19 202 576
2056	33 742 884	16 905 929	16 836 955	34 818 940	17 482 689	17 336 251	36 513 387	18 390 957	18 122 430	38 299 525	19 348 435	18 951 090
2057	33 130 683	16 599 072	16 531 611	34 229 998	17 188 255	17 041 743	35 964 453	18 117 904	17 846 550	37 796 663	19 100 016	18 696 647
2058	32 517 560	16 292 982	16 224 579	33 639 293	16 894 136	16 745 157	35 412 442	17 844 460	17 567 982	37 289 366	18 850 478	18 438 888
2059	31 908 197	15 989 783	15 918 414	33 051 315	16 602 355	16 448 960	34 861 530	17 572 482	17 289 048	36 781 460	18 601 488	18 179 972
2060	31 305 319	15 690 518	15 614 801	32 468 563	16 313 832	16 154 731	34 313 832	17 302 681	17 011 151	36 274 651	18 353 540	17 921 111
2061	30 704 331	15 393 439	15 310 892	31 886 224	16 026 705	15 859 519	33 764 194	17 033 017	16 731 177	35 763 419	18 104 399	17 659 020
2062	30 111 032	15 100 939	15 010 093	31 310 274	15 743 461	15 566 812	33 218 908	16 766 147	16 452 761	35 254 447	17 856 933	17 397 514

续表

年份	“全面二孩”生育意愿											
	46.7%			60%			80%			100%		
	总计	男性	女性	总计	男性	女性	总计	男性	女性	总计	男性	女性
2063	29 516 408	14 809 337	14 707 071	30 732 014	15 460 589	15 271 425	32 669 825	16 498 855	16 170 971	34 740 238	17 608 276	17 131 962
2064	28 925 065	14 520 618	14 404 446	30 156 291	15 180 204	14 976 087	32 122 219	16 233 482	15 888 737	34 226 577	17 361 044	16 865 534
2065	28 347 040	14 238 622	14 108 419	29 593 172	14 906 157	14 687 015	31 586 223	15 973 917	15 612 305	33 723 692	17 119 173	16 604 518
2066	27 778 634	13 961 853	13 816 781	29 039 097	14 637 032	14 402 065	31 058 526	15 718 875	15 339 651	33 228 575	16 881 543	16 347 033
2067	27 220 998	13 691 200	13 529 798	28 495 714	14 373 981	14 121 733	30 541 629	15 469 968	15 071 661	32 744 713	16 650 292	16 094 420
2068	26 676 873	13 427 482	13 249 391	27 966 082	14 117 995	13 848 087	30 039 136	15 228 477	14 810 660	32 276 332	16 427 038	15 849 294
2069	26 138 378	13 167 736	12 970 642	27 442 432	13 866 170	13 576 262	29 543 465	14 991 599	14 551 866	31 816 056	16 209 087	15 606 969
2070	25 613 845	12 915 276	12 698 569	26 933 235	13 621 897	13 311 338	29 063 316	14 762 849	14 300 467	31 372 839	16 000 090	15 372 749
2071	25 098 334	12 668 177	12 430 158	26 433 626	13 383 289	13 050 337	28 593 941	14 540 402	14 053 539	30 942 048	15 798 286	15 143 762
2072	24 596 929	12 428 319	12 168 610	25 948 647	13 152 202	12 796 444	28 140 295	14 326 065	13 814 230	30 528 521	15 605 414	14 923 108
2073	24 107 858	12 195 146	11 912 712	25 476 448	12 928 038	12 548 410	27 700 385	14 119 159	13 581 225	30 130 078	15 420 692	14 709 386
2074	23 632 958	11 969 426	11 663 532	25 018 911	12 711 584	12 307 327	27 276 128	13 920 487	13 355 641	29 748 635	15 244 918	14 503 717
2075	23 172 955	11 751 531	11 421 424	24 576 665	12 503 161	12 073 504	26 867 972	13 730 271	13 137 701	29 384 410	15 078 191	14 306 220
2076	22 728 524	11 541 583	11 186 941	24 150 279	12 302 832	11 847 447	26 476 295	13 548 472	12 927 823	29 037 540	14 920 339	14 117 201
2077	22 298 655	11 339 118	10 959 538	23 738 614	12 110 064	11 628 549	26 099 722	13 374 429	12 725 293	28 706 364	14 770 549	13 935 815

续表

年份	“全面二孩”生育意愿											
	46.7%			60%			80%			100%		
	总计	男性	女性	总计	男性	女性	总计	男性	女性	总计	男性	女性
2078	21 885 637	11 144 977	10 740 660	23 343 850	11 925 642	11 418 208	25 740 235	13 208 818	12 531 416	28 392 613	14 629 364	13 763 250
2079	21 485 925	10 957 709	10 528 216	22 962 311	11 748 040	11 214 270	25 393 916	13 049 988	12 343 928	28 092 080	14 494 973	13 597 107
2080	21 100 913	10 777 619	10 323 293	22 595 255	11 577 494	11 017 761	25 061 780	12 898 040	12 163 740	27 805 481	14 367 319	13 438 162
2081	20 732 234	10 605 308	10 126 926	22 244 203	11 414 540	10 829 662	24 745 142	12 753 401	11 991 742	27 533 882	14 246 693	13 287 189
2082	20 378 452	10 439 951	9 938 502	21 907 606	11 258 296	10 649 310	24 442 249	12 615 076	11 827 173	27 275 274	14 131 965	13 143 309
2083	20 037 777	10 280 743	9 757 034	21 583 587	11 107 909	10 475 679	24 151 057	12 482 127	11 668 931	27 027 411	14 022 086	13 005 324
2084	19 715 508	10 129 581	9 585 927	21 277 342	10 965 219	10 312 123	23 876 579	12 356 292	11 520 287	26 795 086	13 918 678	12 876 408
2085	19 407 921	9 984 879	9 423 043	20 985 060	10 828 595	10 156 465	23 614 851	12 235 858	11 378 992	26 574 160	13 819 931	12 754 229
2086	19 114 130	9 846 049	9 268 081	20 705 827	10 697 433	10 008 394	23 364 911	12 120 196	11 244 715	26 363 621	13 725 189	12 638 432
2087	18 831 180	9 711 894	9 119 286	20 436 741	10 570 563	9 866 178	23 123 957	12 008 187	11 115 770	26 160 790	13 633 400	12 527 390
2088	18 558 213	9 581 867	8 976 346	20 177 004	10 447 472	9 729 532	22 891 297	11 899 378	10 991 920	25 965 120	13 544 188	12 420 932
2089	18 298 238	9 457 095	8 841 142	19 929 645	10 329 297	9 600 348	22 670 011	11 794 931	10 875 080	25 779 769	13 458 759	12 321 010
2090	18 046 906	9 335 851	8 711 055	19 690 364	10 214 338	9 476 026	22 455 906	11 693 205	10 762 701	25 600 700	13 375 552	12 225 147

注：总计人数 = 男性人数 + 女性人数。

二、"全面二孩"政策对湖北省城乡居民基本医疗保险基金财务运行状况的影响

从表5-9可以看出，当20.5%符合"全面二孩"规定夫妇生育二孩，人口结构的改善使得湖北省城乡居民基本医疗保险人均统筹基金支出增长率有所降低，进而导致湖北省城乡居民基本医疗保险基金支出减少。

表5-9　湖北省城乡居民基本医疗保险人均基金支出增长率（"全面二孩"生育意愿为20.5%）

单位：%

年份	"全面二孩"生育意愿		年份	"全面二孩"生育意愿		年份	"全面二孩"生育意愿	
	0	20.5		0	20.5		0	20.5
2018	9.25	9.24	2035	7.44	7.33	2052	4.47	4.34
2019	8.96	8.94	2036	6.74	6.63	2053	4.41	4.27
2020	8.93	8.90	2037	6.77	6.67	2054	4.45	4.32
2021	8.35	8.27	2038	6.62	6.57	2055	4.52	4.38
2022	8.28	8.20	2039	6.43	6.38	2056	3.72	3.58
2023	8.39	8.31	2040	6.34	6.29	2057	3.67	3.53
2024	8.11	8.03	2041	5.86	5.81	2058	3.67	3.52
2025	8.24	8.16	2042	5.82	5.76	2059	3.28	3.14
2026	7.52	7.44	2043	5.80	5.73	2060	3.29	3.14
2027	7.92	7.84	2044	5.83	5.75	2061	2.72	2.58
2028	8.13	8.04	2045	5.83	5.74	2062	2.66	2.53
2029	7.87	7.78	2046	5.10	5.01	2063	2.62	2.48
2030	7.84	7.75	2047	5.17	5.06	2064	2.50	2.37
2031	7.36	7.27	2048	5.04	4.93	2065	2.44	2.31
2032	7.10	7.01	2049	4.76	4.65	2066	1.92	1.79
2033	7.44	7.35	2050	4.78	4.66	2067	1.85	1.72
2034	7.37	7.27	2051	4.36	4.24	2068	1.82	1.68

续表

年份	“全面二孩”生育意愿		年份	“全面二孩”生育意愿		年份	“全面二孩”生育意愿	
	0	20.5		0	20.5		0	20.5
2069	1.81	1.67	2077	1.61	1.47	2085	1.72	1.66
2070	1.77	1.64	2078	1.61	1.48	2086	1.75	1.70
2071	1.75	1.63	2079	1.60	1.46	2087	1.76	1.71
2072	1.72	1.60	2080	1.60	1.47	2088	1.77	1.73
2073	1.71	1.59	2081	1.61	1.53	2089	1.82	1.78
2074	1.69	1.56	2082	1.63	1.55	2090	1.83	1.80
2075	1.60	1.47	2083	1.63	1.56	—	—	—
2076	1.62	1.49	2084	1.69	1.62	—	—	—

注：“全面二孩”生育意愿为0的情况是指没有任何政策干预的情况。

再看基金的运行状况，从表5－10可以看出，如果20.5%符合“全面二孩”规定夫妇生育二孩，湖北省城乡居民基本医疗保险基金仍在2027年开始出现累计赤字，与没有任何政策干预的情况相比，基金开始出现累计赤字的时点没有变化。然而，较没有任何政策干预时的情况，2018～2090年基金收入增加0.38%～13.87%，2018～2090年基金支出增加0.37%～6.24%，基金收入的增长速度高于基金支出的增长速度，进一步，2018～2090年的累计赤字有所减少，2090年的累计赤字减少4.59%。

表5－10　　城乡居民基本医疗保险基金财务运行状况（“全面二孩”生育意愿为20.5%）

年份	基金财务运行状况（亿元）				变化幅度（%）			
	收入	支出	当期结余	累计结余	收入	支出	当期结余	累计结余
2018	338.65	326.81	11.85	117.51	0.38	0.37	0.81	0.08
2019	362.20	355.85	6.35	126.96	0.50	0.46	2.39	0.20
2020	386.97	386.92	0.05	130.18	0.61	0.55	－123.42	0.39
2021	411.37	418.15	－6.79	126.48	0.72	0.58	－6.97	0.83
2022	436.77	451.06	－14.29	114.99	0.82	0.62	－5.36	1.67

续表

年份	基金财务运行状况（亿元）				变化幅度（%）			
	收入	支出	当期结余	累计结余	收入	支出	当期结余	累计结余
2023	463.41	486.72	-23.32	93.97	0.93	0.65	-4.66	3.42
2024	491.42	523.59	-32.16	63.35	1.03	0.68	-4.47	8.06
2025	520.88	563.63	-42.75	21.12	1.13	0.70	-4.26	47.43
2026	548.73	601.84	-53.11	-32.79	1.24	0.73	-4.21	-22.20
2027	577.77	644.70	-66.93	-102.21	1.34	0.76	-4.01	-10.86
2028	607.90	691.40	-83.51	-190.36	1.45	0.78	-3.79	-7.81
2029	639.22	739.26	-100.04	-297.66	1.55	0.81	-3.70	-6.44
2030	671.74	789.71	-117.97	-426.02	1.66	0.84	-3.63	-5.66
2031	702.26	839.45	-137.20	-577.30	1.77	0.86	-3.56	-5.15
2032	734.77	890.91	-156.14	-751.77	1.89	0.89	-3.54	-4.81
2033	767.25	946.58	-179.33	-954.38	2.00	0.92	-3.48	-4.56
2034	800.76	1 004.48	-203.72	-1 187.05	2.13	0.95	-3.44	-4.37
2035	835.36	1 066.10	-230.74	-1 453.24	2.26	0.98	-3.41	-4.21
2036	866.98	1 123.61	-256.64	-1 752.62	2.39	1.01	-3.42	-4.09
2037	899.30	1 184.06	-284.75	-2 088.31	2.52	1.03	-3.39	-4.00
2038	931.70	1 245.10	-313.40	-2 461.75	2.56	1.03	-3.26	-3.90
2039	965.01	1 306.57	-341.56	-2 873.39	2.61	1.04	-3.16	-3.81
2040	999.36	1 369.69	-370.33	-3 324.82	2.67	1.05	-3.09	-3.73
2041	1 029.82	1 429.14	-399.32	-3 817.24	2.75	1.07	-3.01	-3.65
2042	1 061.02	1 490.22	-429.20	-4 352.60	2.83	1.09	-2.96	-3.58
2043	1 092.93	1 553.09	-460.16	-4 933.07	2.92	1.12	-2.93	-3.52
2044	1 125.54	1 618.62	-493.09	-5 561.81	3.03	1.15	-2.91	-3.46
2045	1 158.79	1 686.23	-527.45	-6 241.49	3.14	1.17	-2.90	-3.42
2046	1 186.90	1 743.86	-556.96	-6 968.42	3.27	1.20	-2.93	-3.38
2047	1 215.19	1 803.68	-588.49	-7 745.83	3.40	1.23	-2.97	-3.34
2048	1 243.59	1 862.35	-618.76	-8 573.71	3.53	1.26	-3.02	-3.32
2049	1 272.01	1 916.78	-644.77	-9 448.94	3.68	1.29	-3.11	-3.31
2050	1 300.34	1 971.95	-671.61	-10 373.57	3.83	1.32	-3.20	-3.30

续表

年份	基金财务运行状况（亿元）				变化幅度（%）			
	收入	支出	当期结余	累计结余	收入	支出	当期结余	累计结余
2051	1 322.25	2 019.50	-697.25	-11 347.59	3.98	1.36	-3.28	-3.30
2052	1 343.86	2 069.21	-725.35	-12 374.77	4.14	1.39	-3.35	-3.30
2053	1 365.02	2 117.48	-752.47	-13 455.42	4.31	1.42	-3.43	-3.31
2054	1 385.80	2 166.66	-780.86	-14 592.18	4.48	1.45	-3.51	-3.32
2055	1 406.15	2 217.13	-810.98	-15 788.25	4.65	1.48	-3.58	-3.33
2056	1 419.26	2 250.42	-831.16	-17 034.89	4.84	1.52	-3.68	-3.35
2057	1 431.89	2 282.02	-850.13	-18 332.15	5.02	1.56	-3.79	-3.37
2058	1 444.03	2 312.94	-868.90	-19 681.07	5.21	1.59	-3.90	-3.40
2059	1 455.89	2 335.00	-879.10	-21 074.18	5.40	1.63	-4.05	-3.42
2060	1 467.60	2 357.06	-889.46	-22 512.73	5.60	1.68	-4.19	-3.46
2061	1 471.76	2 365.59	-893.83	-23 991.72	5.79	1.73	-4.32	-3.49
2062	1 475.74	2 372.57	-896.83	-25 510.76	5.99	1.79	-4.44	-3.52
2063	1 479.04	2 377.47	-898.43	-27 069.42	6.19	1.85	-4.57	-3.56
2064	1 481.83	2 378.84	-897.01	-28 665.59	6.40	1.91	-4.72	-3.60
2065	1 484.68	2 378.90	-894.22	-30 298.81	6.61	1.98	-4.87	-3.64
2066	1 480.13	2 366.67	-886.54	-31 964.98	6.82	2.05	-5.02	-3.68
2067	1 475.46	2 352.72	-877.27	-33 663.31	7.03	2.12	-5.19	-3.72
2068	1 470.82	2 338.02	-867.20	-35 393.77	7.26	2.20	-5.36	-3.76
2069	1 465.73	2 322.32	-856.59	-37 156.62	7.49	2.28	-5.54	-3.80
2070	1 460.69	2 306.06	-845.37	-38 952.04	7.73	2.38	-5.72	-3.85
2071	1 455.40	2 289.42	-834.02	-40 780.71	7.98	2.49	-5.86	-3.89
2072	1 450.20	2 272.23	-822.03	-42 642.81	8.25	2.62	-6.00	-3.93
2073	1 444.99	2 254.93	-809.93	-44 539.06	8.52	2.75	-6.15	-3.97
2074	1 439.92	2 237.37	-797.45	-46 469.93	8.80	2.88	-6.31	-4.02
2075	1 435.06	2 218.15	-783.09	-48 431.34	9.09	3.03	-6.50	-4.06
2076	1 430.51	2 200.08	-769.56	-50 434.00	9.39	3.17	-6.68	-4.10
2077	1 426.25	2 182.23	-755.98	-52 469.73	9.70	3.33	-6.87	-4.14
2078	1 422.49	2 165.30	-742.81	-54 542.86	10.01	3.49	-7.07	-4.18

续表

年份	基金财务运行状况（亿元）				变化幅度（%）			
	收入	支出	当期结余	累计结余	收入	支出	当期结余	累计结余
2079	1 419.02	2 148.64	-729.62	-56 654.29	10.33	3.65	-7.27	-4.23
2080	1 416.01	2 132.96	-716.95	-58 805.52	10.66	3.83	-7.45	-4.27
2081	1 413.63	2 119.51	-705.87	-60 999.18	10.98	4.05	-7.52	-4.31
2082	1 411.85	2 107.42	-695.57	-63 237.12	11.31	4.27	-7.59	-4.35
2083	1 410.56	2 096.37	-685.81	-65 521.00	11.64	4.51	-7.64	-4.38
2084	1 410.27	2 088.08	-677.81	-67 853.78	11.97	4.74	-7.66	-4.42
2085	1 410.75	2 081.77	-671.02	-70 237.92	12.29	4.98	-7.66	-4.45
2086	1 411.98	2 077.37	-665.39	-72 675.90	12.62	5.23	-7.63	-4.48
2087	1 413.75	2 074.16	-660.41	-75 169.71	12.93	5.47	-7.59	-4.51
2088	1 416.02	2 072.03	-656.01	-77 721.36	13.25	5.73	-7.53	-4.54
2089	1 419.10	2 072.08	-652.98	-80 333.70	13.56	5.98	-7.45	-4.56
2090	1 422.63	2 073.18	-650.54	-83 008.85	13.87	6.24	-7.34	-4.59

注：①变化幅度是与没有任何政策干预的情况相比；

②当期结余为负代表基金出现当期赤字，累计结余为负代表基金出现累计赤字。

随着“全面二孩”生育意愿的提高，基金财务运行状况得到进一步改善。从表5-11和表5-12可以看出，虽然湖北省城乡居民基本医疗保险基金开始出现累计赤字的时点没有变化①，但基金的累计赤字有所下降。当“全面二孩”生育意愿提高至46.7%，2090年累计赤字较没有任何政策干预时下降10.89%。当“全面二孩”生育意愿为60%，2090年基金累计赤字较没有任何政策干预时下降14.24%。当“全面二孩”生育意愿为80%，2090年基金累计赤字较没有任何政策干预时下降约两成（19.4%）。当“全面二孩”生育意愿为100%，2090年基金累计赤字较没有任何政策干预时下降24.61%。因此，虽然“全面二孩”政策的实施对基金出现累计赤字的时点没有影响，但是能改善湖北省城乡居民基本医疗保险基金财务运行状况，降低湖北省城乡居民基本医疗保险基金的累计赤字，湖北省城乡居民基本医疗保险基金的可持续性得到提高。

① 当“全面二孩”生育意愿分别为46.7%、60%、80%和100%，湖北省城乡居民基本医疗保险基金开始出现累计赤字的时点均为2026年。

表 5－11　湖北省城乡居民基本医疗保险基金财务运行状况（“全面二孩”生育意愿为 46.7%～60%）

年份	“全面二孩”生育意愿															
	46.7%								60%							
	基金财务运行状况（亿元）				变化幅度（%）				基金财务运行状况（亿元）				变化幅度（%）			
	收入	支出	当期结余	累计结余	收入	支出	当期结余	累计结余	收入	支出	当期结余	累计结余	收入	支出	当期结余	累计结余
2018	340.21	328.25	11.96	117.63	0.85	0.81	1.78	0.18	341.01	328.99	12.02	117.69	1.08	1.04	2.25	0.23
2019	364.39	357.87	6.52	127.26	1.11	1.03	5.23	0.44	365.51	358.90	6.61	127.40	1.42	1.33	6.62	0.55
2020	389.86	389.57	0.29	130.73	1.36	1.24	-248.95	0.82	391.33	390.92	0.40	131.00	1.74	1.59	-309.37	1.03
2021	415.01	421.21	-6.21	127.64	1.61	1.32	-14.91	1.75	416.85	422.78	-5.92	128.21	2.06	1.70	-18.80	2.21
2022	441.22	454.55	-13.34	117.16	1.85	1.40	-11.68	3.59	443.47	456.34	-12.87	118.23	2.37	1.79	-14.80	4.53
2023	468.73	490.68	-21.95	97.59	2.09	1.47	-10.24	7.41	471.44	492.71	-21.28	99.38	2.68	1.89	-13.01	9.37
2024	497.71	528.05	-30.34	68.93	2.32	1.53	-9.86	17.57	500.90	530.34	-29.44	71.68	2.98	1.98	-12.54	22.27
2025	528.20	568.64	-40.44	29.20	2.56	1.60	-9.43	103.84	531.92	571.22	-39.30	33.19	3.28	2.06	-11.99	131.72
2026	557.15	607.42	-50.27	-21.59	2.79	1.67	-9.33	-48.76	561.43	610.28	-48.86	-16.06	3.58	2.15	-11.87	-61.90
2027	587.38	650.90	-63.52	-87.24	3.03	1.73	-8.90	-23.91	592.26	654.08	-61.82	-79.83	3.88	2.22	-11.33	-30.38
2028	618.80	698.28	-79.47	-170.88	3.26	1.78	-8.44	-17.25	624.34	701.81	-77.48	-161.23	4.19	2.30	-10.74	-21.92
2029	651.53	746.86	-95.33	-272.87	3.51	1.85	-8.23	-14.23	657.78	750.78	-93.00	-260.59	4.50	2.38	-10.48	-18.09
2030	685.58	798.11	-112.53	-395.03	3.76	1.91	-8.08	-12.52	692.61	802.44	-109.83	-379.68	4.82	2.46	-10.28	-15.92
2031	717.70	848.69	-130.99	-539.17	4.01	1.97	-7.92	-11.42	725.53	853.45	-127.92	-520.29	5.15	2.54	-10.08	-14.52

续表

年份	“全面二孩”生育意愿															
	46.7%								60%							
	基金财务运行状况（亿元）				变化幅度（%）				基金财务运行状况（亿元）				变化幅度（%）			
	收入	支出	当期结余	累计结余	收入	支出	当期结余	累计结余	收入	支出	当期结余	累计结余	收入	支出	当期结余	累计结余
2032	751.94	901.06	-149.11	-705.49	4.27	2.04	-7.88	-10.67	760.66	906.30	-145.64	-682.57	5.48	2.63	-10.03	-13.58
2033	786.30	957.70	-171.40	-898.82	4.54	2.10	-7.75	-10.12	795.97	963.45	-167.48	-871.31	5.82	2.72	-9.86	-12.87
2034	821.85	1 016.66	-194.81	-1 120.97	4.82	2.17	-7.67	-9.69	832.56	1 022.97	-190.41	-1 088.26	6.18	2.80	-9.75	-12.32
2035	858.68	1 079.44	-220.75	-1 375.26	5.11	2.24	-7.59	-9.35	870.53	1 086.35	-215.83	-1 336.69	6.56	2.89	-9.65	-11.89
2036	892.63	1 138.15	-245.52	-1 661.30	5.42	2.31	-7.60	-9.09	905.66	1 145.70	-240.04	-1 616.14	6.96	2.99	-9.66	-11.56
2037	927.51	1 199.91	-272.40	-1 982.04	5.74	2.39	-7.58	-8.88	941.85	1 208.16	-266.31	-1 929.52	7.37	3.09	-9.65	-11.30
2038	961.42	1 261.78	-300.36	-2 339.46	5.83	2.39	-7.28	-8.67	976.54	1 270.49	-293.95	-2 279.05	7.50	3.09	-9.26	-11.03
2039	996.44	1 324.21	-327.77	-2 733.91	5.95	2.40	-7.07	-8.48	1 012.46	1 333.44	-320.98	-2 665.03	7.66	3.11	-9.00	-10.79
2040	1 032.72	1 388.44	-355.71	-3 166.86	6.10	2.43	-6.92	-8.30	1 049.77	1 398.28	-348.51	-3 088.88	7.85	3.16	-8.80	-10.56
2041	1 065.21	1 449.16	-383.95	-3 639.58	6.28	2.48	-6.75	-8.14	1 083.33	1 459.71	-376.38	-3 551.89	8.08	3.23	-8.58	-10.35
2042	1 098.68	1 511.66	-412.98	-4 153.87	6.48	2.55	-6.63	-7.99	1 118.04	1 523.01	-404.98	-4 055.79	8.35	3.32	-8.44	-10.16
2043	1 133.14	1 576.08	-442.95	-4 711.74	6.71	2.62	-6.56	-7.85	1 153.86	1 588.32	-434.45	-4 602.50	8.66	3.41	-8.35	-9.99
2044	1 168.57	1 643.30	-474.73	-5 316.13	6.97	2.69	-6.52	-7.73	1 190.83	1 656.49	-465.66	-5 194.87	9.01	3.51	-8.31	-9.83
2045	1 204.92	1 712.71	-507.79	-5 969.52	7.25	2.76	-6.52	-7.63	1 228.88	1 726.92	-498.05	-5 835.23	9.38	3.61	-8.31	-9.70

续表

年份	“全面二孩”生育意愿															
	46.7%								60%							
	基金财务运行状况（亿元）				变化幅度（%）				基金财务运行状况（亿元）				变化幅度（%）			
	收入	支出	当期结余	累计结余	收入	支出	当期结余	累计结余	收入	支出	当期结余	累计结余	收入	支出	当期结余	累计结余
2046	1 236.16	1 772.07	-535.91	-6 668.06	7.55	2.84	-6.60	-7.54	1 261.84	1 787.29	-525.45	-6 519.70	9.79	3.72	-8.42	-9.60
2047	1 267.82	1 833.69	-565.87	-7 414.78	7.88	2.92	-6.69	-7.48	1 295.35	1 849.95	-554.60	-7 251.16	10.22	3.83	-8.55	-9.52
2048	1 299.80	1 894.22	-594.42	-8 209.43	8.21	2.99	-6.84	-7.43	1 329.31	1 911.55	-582.25	-8 029.24	10.67	3.94	-8.74	-9.46
2049	1 332.01	1 950.52	-618.51	-9 048.64	8.57	3.07	-7.06	-7.40	1 363.62	1 968.94	-605.32	-8 850.43	11.15	4.05	-9.04	-9.43
2050	1 364.35	2 007.63	-643.28	-9 934.22	8.94	3.15	-7.28	-7.39	1 398.18	2 027.17	-628.99	-9 716.40	11.64	4.16	-9.34	-9.43
2051	1 390.15	2 057.09	-666.93	-10 866.18	9.32	3.24	-7.48	-7.40	1 426.15	2 077.74	-651.59	-10 627.19	12.15	4.28	-9.61	-9.44
2052	1 415.82	2 108.76	-692.94	-11 848.10	9.72	3.32	-7.67	-7.42	1 454.09	2 130.56	-676.47	-11 586.25	12.68	4.39	-9.86	-9.46
2053	1 441.21	2 159.04	-717.83	-12 880.07	10.13	3.41	-7.88	-7.44	1 481.84	2 182.00	-700.16	-12 593.57	13.23	4.51	-10.14	-9.50
2054	1 466.39	2 210.28	-743.89	-13 964.56	10.55	3.49	-8.08	-7.48	1 509.49	2 234.45	-724.95	-13 651.49	13.80	4.63	-10.42	-9.55
2055	1 491.32	2 262.88	-771.56	-15 104.53	10.99	3.58	-8.27	-7.52	1 536.99	2 288.30	-751.31	-14 762.87	14.39	4.74	-10.67	-9.61
2056	1 508.74	2 298.07	-789.34	-16 291.21	11.44	3.67	-8.53	-7.57	1 556.85	2 324.62	-767.77	-15 918.91	15.00	4.87	-11.03	-9.68
2057	1 525.80	2 331.63	-805.83	-17 524.47	11.91	3.76	-8.81	-7.63	1 576.43	2 359.34	-782.90	-17 119.35	15.62	5.00	-11.40	-9.76
2058	1 542.49	2 364.55	-822.05	-18 805.18	12.39	3.86	-9.08	-7.70	1 595.70	2 393.44	-797.73	-18 365.01	16.26	5.13	-11.77	-9.86
2059	1 559.00	2 388.61	-829.61	-20 125.66	12.87	3.97	-9.45	-7.77	1 614.85	2 418.70	-803.85	-19 648.09	16.91	5.28	-12.26	-9.96

续表

年份	“全面二孩”生育意愿															
	46.7%								60%							
	基金财务运行状况（亿元）				变化幅度（%）				基金财务运行状况（亿元）				变化幅度（%）			
	收入	支出	当期结余	累计结余	收入	支出	当期结余	累计结余	收入	支出	当期结余	累计结余	收入	支出	当期结余	累计结余
2060	1 575.43	2 412.74	-837.31	-21 487.05	13.36	4.08	-9.81	-7.85	1 633.97	2 444.06	-810.09	-20 969.64	17.57	5.43	-12.74	-10.07
2061	1 583.81	2 423.37	-839.55	-22 884.77	13.85	4.22	-10.13	-7.94	1 644.78	2 455.93	-811.15	-22 325.31	18.23	5.62	-13.17	-10.19
2062	1 592.04	2 432.50	-840.46	-24 318.37	14.34	4.36	-10.45	-8.03	1 655.45	2 466.35	-810.90	-23 714.61	18.90	5.81	-13.60	-10.32
2063	1 599.61	2 439.61	-840.00	-25 787.33	14.85	4.51	-10.78	-8.13	1 665.49	2 474.77	-809.28	-25 136.99	19.58	6.02	-14.04	-10.44
2064	1 606.76	2 443.26	-836.51	-27 289.43	15.37	4.67	-11.15	-8.23	1 675.15	2 479.78	-804.63	-26 590.16	20.28	6.24	-14.53	-10.58
2065	1 614.01	2 445.69	-831.67	-28 824.13	15.89	4.84	-11.52	-8.33	1 684.97	2 483.61	-798.65	-28 073.53	20.99	6.47	-15.04	-10.71
2066	1 613.28	2 435.54	-822.26	-30 387.55	16.43	5.02	-11.91	-8.43	1 686.49	2 474.72	-788.24	-29 583.31	21.71	6.71	-15.55	-10.85
2067	1 612.52	2 423.74	-811.23	-31 978.74	16.98	5.21	-12.32	-8.54	1 688.03	2 464.23	-776.20	-31 118.50	22.45	6.97	-16.11	-11.00
2068	1 611.89	2 411.27	-799.38	-33 597.58	17.54	5.40	-12.76	-8.64	1 689.79	2 453.12	-763.33	-32 678.88	23.22	7.23	-16.70	-11.14
2069	1 610.94	2 397.87	-786.94	-35 244.13	18.14	5.61	-13.22	-8.75	1 691.31	2 441.12	-749.81	-34 264.41	24.03	7.52	-17.32	-11.29
2070	1 610.18	2 384.01	-773.82	-36 918.40	18.76	5.84	-13.70	-8.87	1 693.12	2 428.72	-735.59	-35 875.00	24.87	7.82	-17.96	-11.44
2071	1 609.33	2 370.62	-761.29	-38 621.69	19.40	6.13	-14.07	-8.98	1 694.95	2 417.25	-722.30	-37 512.24	25.76	8.22	-18.47	-11.59
2072	1 608.72	2 356.80	-748.07	-40 354.00	20.08	6.44	-14.46	-9.09	1 697.13	2 405.41	-708.28	-39 176.02	26.68	8.63	-19.01	-11.74
2073	1 608.27	2 342.95	-734.68	-42 115.90	20.78	6.76	-14.87	-9.20	1 699.57	2 393.61	-694.03	-40 866.81	27.64	9.07	-19.58	-11.89

续表

年份	“全面二孩”生育意愿															
	46.7%								60%							
	基金财务运行状况（亿元）				变化幅度（%）				基金财务运行状况（亿元）				变化幅度（%）			
	收入	支出	当期结余	累计结余	收入	支出	当期结余	累计结余	收入	支出	当期结余	累计结余	收入	支出	当期结余	累计结余
2074	1 608. 12	2 328. 96	-720. 84	-43 907. 66	21. 51	7. 10	-15. 31	-9. 31	1 702. 43	2 381. 72	-679. 29	-42 584. 75	28. 63	9. 52	-20. 20	-12. 04
2075	1 608. 36	2 313. 40	-705. 04	-45 728. 02	22. 26	7. 45	-15. 82	-9. 42	1 705. 78	2 368. 32	-662. 54	-44 328. 47	29. 67	10. 00	-20. 89	-12. 19
2076	1 609. 06	2 299. 09	-690. 03	-47 578. 51	23. 04	7. 82	-16. 33	-9. 53	1 709. 71	2 356. 24	-646. 53	-46 099. 37	30. 74	10. 50	-21. 60	-12. 34
2077	1 610. 20	2 285. 11	-674. 91	-49 459. 75	23. 84	8. 20	-16. 86	-9. 64	1 714. 18	2 344. 55	-630. 37	-47 897. 99	31. 84	11. 01	-22. 35	-12. 49
2078	1 611. 98	2 272. 17	-660. 18	-51 372. 93	24. 67	8. 59	-17. 41	-9. 75	1 719. 39	2 333. 96	-614. 57	-49 725. 38	32. 97	11. 55	-23. 11	-12. 65
2079	1 614. 19	2 259. 59	-645. 39	-53 318. 79	25. 51	9. 00	-17. 97	-9. 86	1 725. 11	2 323. 81	-598. 69	-51 582. 17	34. 13	12. 10	-23. 91	-12. 80
2080	1 616. 97	2 248. 12	-631. 14	-55 298. 68	26. 36	9. 44	-18. 52	-9. 98	1 731. 49	2 314. 83	-583. 34	-53 469. 65	35. 31	12. 68	-24. 70	-12. 95
2081	1 620. 50	2 240. 14	-619. 65	-57 316. 28	27. 22	9. 97	-18. 82	-10. 09	1 738. 68	2 310. 00	-571. 32	-55 392. 00	36. 50	13. 40	-25. 15	-13. 10
2082	1 624. 70	2 233. 69	-608. 99	-59 373. 40	28. 09	10. 52	-19. 09	-10. 19	1 746. 62	2 306. 79	-560. 17	-57 350. 98	37. 71	14. 14	-25. 58	-13. 25
2083	1 629. 49	2 228. 43	-598. 94	-61 471. 65	28. 97	11. 09	-19. 34	-10. 29	1 755. 20	2 304. 87	-549. 67	-59 348. 16	38. 92	14. 90	-25. 97	-13. 39
2084	1 635. 35	2 226. 12	-590. 77	-63 613. 97	29. 84	11. 67	-19. 52	-10. 39	1 764. 90	2 305. 99	-541. 09	-61 386. 48	40. 13	15. 67	-26. 29	-13. 53
2085	1 642. 03	2 225. 95	-583. 92	-65 802. 84	30. 71	12. 25	-19. 65	-10. 48	1 775. 47	2 309. 36	-533. 89	-63 468. 38	41. 33	16. 46	-26. 53	-13. 66
2086	1 649. 52	2 227. 87	-578. 35	-68 040. 72	31. 56	12. 85	-19. 72	-10. 57	1 786. 88	2 314. 92	-528. 04	-65 596. 33	42. 52	17. 26	-26. 70	-13. 79
2087	1 657. 60	2 231. 13	-573. 53	-70 329. 60	32. 41	13. 46	-19. 75	-10. 66	1 798. 93	2 321. 91	-522. 98	-67 772. 30	43. 70	18. 07	-26. 82	-13. 91

续表

年份	“全面二孩”生育意愿															
	46.7%								60%							
	基金财务运行状况（亿元）				变化幅度（%）				基金财务运行状况（亿元）				变化幅度（%）			
	收入	支出	当期结余	累计结余	收入	支出	当期结余	累计结余	收入	支出	当期结余	累计结余	收入	支出	当期结余	累计结余
2088	1 666.25	2 235.64	-569.40	-72 671.47	33.26	14.08	-19.74	-10.74	1 811.59	2 330.26	-518.67	-69 998.24	44.89	18.90	-26.89	-14.02
2089	1 675.76	2 242.52	-566.76	-75 069.19	34.10	14.70	-19.67	-10.82	1 825.17	2 341.09	-515.92	-72 277.02	46.06	19.74	-26.87	-14.13
2090	1 685.80	2 250.63	-564.83	-77 524.86	34.94	15.33	-19.55	-10.89	1 839.32	2 353.26	-513.94	-74 610.73	47.22	20.59	-26.80	-14.24

注：①变化幅度是与没有任何政策干预的情况相比；

②当期结余为负代表基金出现当期赤字，累计结余为负代表基金出现累计赤字。

表5-12 湖北省城乡居民基本医疗保险基金财务运行状况（“全面二孩”生育意愿为80%～100%）

年份	“全面二孩”生育意愿															
	80%								100%							
	基金财务运行状况（亿元）				变化幅度（%）				基金财务运行状况（亿元）				变化幅度（%）			
	收入	支出	当期结余	累计结余	收入	支出	当期结余	累计结余	收入	支出	当期结余	累计结余	收入	支出	当期结余	累计结余
2018	342.20	330.10	12.10	117.78	1.43	1.38	2.97	0.30	343.39	331.21	12.18	117.86	1.79	1.72	3.66	0.38
2019	367.18	360.45	6.73	127.62	1.88	1.76	8.65	0.72	368.86	362.00	6.85	127.83	2.35	2.20	10.58	0.89
2020	393.53	392.96	0.57	131.40	2.32	2.12	-395.55	1.33	395.74	395.01	0.73	131.77	2.89	2.65	-476.81	1.62
2021	419.63	425.14	-5.51	129.04	2.74	2.26	-24.50	2.87	422.41	427.52	-5.11	129.83	3.42	2.84	-29.99	3.50
2022	446.87	459.04	-12.18	119.78	3.16	2.40	-19.37	5.91	450.26	461.77	-11.50	121.29	3.94	3.01	-23.82	7.24
2023	475.50	495.79	-20.28	101.99	3.56	2.52	-17.07	12.25	479.57	498.88	-19.31	104.52	4.45	3.16	-21.03	15.04
2024	505.69	533.81	-28.12	75.72	3.97	2.64	-16.48	29.16	510.49	537.31	-26.82	79.64	4.95	3.32	-20.32	35.85
2025	537.51	575.12	-37.61	39.06	4.36	2.76	-15.77	172.71	543.10	579.06	-35.96	44.77	5.45	3.46	-19.46	212.57
2026	567.85	614.63	-46.78	-7.91	4.76	2.87	-15.62	-81.24	574.28	619.03	-44.75	0.02	5.95	3.61	-19.27	-100.05
2027	599.59	658.92	-59.33	-68.92	5.17	2.98	-14.90	-39.89	606.93	663.82	-56.89	-58.29	6.45	3.75	-18.40	-49.16
2028	632.66	707.19	-74.53	-147.03	5.58	3.08	-14.13	-28.79	640.98	712.63	-71.66	-133.20	6.97	3.88	-17.45	-35.50
2029	667.17	756.74	-89.56	-242.51	5.99	3.19	-13.78	-23.77	676.57	762.78	-86.21	-224.89	7.49	4.02	-17.01	-29.31
2030	703.18	809.03	-105.85	-357.08	6.42	3.30	-13.53	-20.92	713.74	815.73	-101.98	-335.05	8.02	4.16	-16.69	-25.80
2031	737.32	860.71	-123.39	-492.48	6.85	3.42	-13.26	-19.09	749.10	868.09	-118.99	-465.39	8.56	4.30	-16.36	-23.54

续表

年份	“全面二孩”生育意愿															
	80%								100%							
	基金财务运行状况（亿元）				变化幅度（%）				基金财务运行状况（亿元）				变化幅度（%）			
	收入	支出	当期结余	累计结余	收入	支出	当期结余	累计结余	收入	支出	当期结余	累计结余	收入	支出	当期结余	累计结余
2032	773.77	914.29	-140.53	-648.84	7.29	3.54	-13.18	-17.85	786.87	922.43	-135.56	-615.97	9.11	4.46	-16.26	-22.01
2033	810.51	972.23	-161.72	-830.82	7.76	3.65	-12.95	-16.92	825.05	981.18	-156.13	-791.40	9.69	4.61	-15.97	-20.86
2034	848.66	1 032.61	-183.95	-1 040.14	8.24	3.77	-12.82	-16.20	864.77	1 042.44	-177.67	-993.30	10.29	4.76	-15.79	-19.98
2035	888.34	1 096.94	-208.60	-1 279.96	8.74	3.90	-12.68	-15.63	906.16	1 107.75	-201.59	-1 224.77	10.92	4.92	-15.61	-19.27
2036	925.27	1 157.27	-232.01	-1 549.77	9.28	4.03	-12.69	-15.19	944.89	1 169.12	-224.23	-1 485.22	11.60	5.10	-15.61	-18.73
2037	963.44	1 220.85	-257.41	-1 852.35	9.83	4.17	-12.67	-14.84	985.06	1 233.85	-248.79	-1 777.36	12.30	5.28	-15.59	-18.29
2038	999.34	1 283.89	-284.55	-2 190.33	10.01	4.18	-12.16	-14.50	1 022.19	1 297.67	-275.48	-2 104.16	12.52	5.30	-14.96	-17.86
2039	1 036.64	1 347.69	-311.05	-2 563.91	10.23	4.22	-11.81	-14.17	1 060.92	1 362.37	-301.45	-2 465.76	12.81	5.35	-14.53	-17.46
2040	1 075.54	1 413.52	-337.98	-2 974.43	10.50	4.28	-11.56	-13.87	1 101.48	1 429.28	-327.80	-2 863.40	13.16	5.44	-14.22	-17.09
2041	1 110.80	1 476.11	-365.31	-3 423.23	10.83	4.39	-11.27	-13.60	1 138.51	1 493.14	-354.62	-3 298.47	13.59	5.59	-13.87	-16.75
2042	1 147.43	1 540.71	-393.28	-3 911.93	11.20	4.52	-11.08	-13.34	1 177.17	1 559.17	-382.00	-3 772.48	14.09	5.77	-13.63	-16.43
2043	1 185.43	1 607.45	-422.02	-4 442.30	11.63	4.66	-10.97	-13.12	1 217.48	1 627.51	-410.03	-4 287.08	14.65	5.96	-13.50	-16.15
2044	1 224.84	1 677.21	-452.37	-5 017.04	12.12	4.81	-10.92	-12.92	1 259.48	1 699.03	-439.54	-4 844.79	15.29	6.17	-13.45	-15.91
2045	1 265.58	1 749.33	-483.76	-5 638.31	12.65	4.96	-10.94	-12.75	1 303.09	1 773.05	-469.95	-5 447.61	15.99	6.38	-13.49	-15.70

续表

年份	“全面二孩”生育意愿															
	80%								100%							
	基金财务运行状况（亿元）				变化幅度（%）				基金财务运行状况（亿元）				变化幅度（%）			
	收入	支出	当期结余	累计结余	收入	支出	当期结余	累计结余	收入	支出	当期结余	累计结余	收入	支出	当期结余	累计结余
2046	1 301.29	1 811.36	-510.07	-6 302.09	13.22	5.12	-11.10	-12.62	1 341.76	1 836.95	-495.19	-6 091.37	16.74	6.61	-13.70	-15.54
2047	1 337.77	1 875.77	-538.00	-7 011.09	13.83	5.28	-11.29	-12.51	1 381.43	1 903.33	-521.90	-6 778.60	17.54	6.82	-13.95	-15.41
2048	1 374.91	1 939.17	-564.26	-7 764.74	14.47	5.44	-11.56	-12.44	1 421.98	1 968.76	-546.78	-7 508.52	18.39	7.05	-14.30	-15.33
2049	1 412.60	1 998.39	-585.79	-8 559.30	15.14	5.60	-11.97	-12.41	1 463.32	2 030.06	-566.75	-8 277.14	19.27	7.28	-14.83	-15.30
2050	1 450.73	2 058.50	-607.77	-9 396.24	15.84	5.77	-12.40	-12.41	1 505.32	2 092.32	-587.00	-9 085.75	20.19	7.51	-15.40	-15.30
2051	1 482.21	2 110.94	-628.73	-10 275.59	16.56	5.94	-12.78	-12.43	1 540.60	2 146.90	-606.30	-9 934.35	21.15	7.75	-15.90	-15.34
2052	1 513.83	2 165.69	-651.86	-11 200.63	17.31	6.11	-13.14	-12.48	1 576.21	2 203.85	-627.64	-10 826.04	22.15	7.98	-16.37	-15.40
2053	1 545.42	2 219.11	-673.68	-12 171.18	18.09	6.29	-13.54	-12.54	1 611.99	2 259.54	-647.55	-11 760.43	23.18	8.22	-16.89	-15.49
2054	1 577.08	2 273.59	-696.51	-13 189.38	18.90	6.46	-13.93	-12.61	1 648.02	2 316.37	-668.35	-12 739.50	24.25	8.46	-17.41	-15.59
2055	1 608.77	2 329.55	-720.79	-14 257.92	19.73	6.63	-14.30	-12.70	1 684.26	2 374.76	-690.50	-13 765.75	25.35	8.70	-17.90	-15.72
2056	1 632.61	2 367.81	-735.20	-15 367.95	20.59	6.82	-14.80	-12.81	1 712.48	2 415.27	-702.80	-14 830.26	26.49	8.96	-18.56	-15.86
2057	1 656.31	2 404.51	-748.20	-16 519.05	21.48	7.01	-15.33	-12.93	1 740.69	2 454.29	-713.60	-15 932.45	27.67	9.22	-19.24	-16.02
2058	1 679.82	2 440.65	-760.84	-17 711.89	22.39	7.20	-15.85	-13.06	1 768.85	2 492.82	-723.97	-17 072.83	28.88	9.49	-19.93	-16.20
2059	1 703.29	2 467.99	-764.69	-18 938.50	23.32	7.42	-16.54	-13.21	1 797.10	2 522.59	-725.49	-18 243.28	30.11	9.80	-20.82	-16.40

续表

年份	"全面二孩"生育意愿															
	80%								100%							
	基金财务运行状况（亿元）				变化幅度（%）				基金财务运行状况（亿元）				变化幅度（%）			
	收入	支出	当期结余	累计结余	收入	支出	当期结余	累计结余	收入	支出	当期结余	累计结余	收入	支出	当期结余	累计结余
2060	1 726.83	2 495.48	-768.65	-20 199.82	24.25	7.65	-17.20	-13.37	1 825.51	2 552.60	-727.09	-19 444.63	31.35	10.11	-21.68	-16.61
2061	1 741.65	2 509.49	-767.84	-21 491.85	25.19	7.92	-17.80	-13.54	1 844.77	2 569.12	-724.35	-20 673.20	32.61	10.49	-22.46	-16.84
2062	1 756.36	2 522.10	-765.74	-22 814.04	26.15	8.21	-18.41	-13.72	1 863.98	2 584.33	-720.35	-21 928.39	33.88	10.87	-23.25	-17.07
2063	1 770.51	2 532.80	-762.29	-24 165.74	27.12	8.50	-19.04	-13.90	1 882.72	2 597.72	-715.01	-23 209.48	35.18	11.29	-24.06	-17.31
2064	1 784.35	2 540.16	-755.81	-25 544.58	28.12	8.83	-19.72	-14.09	1 901.25	2 607.89	-706.64	-24 514.02	36.51	11.73	-24.94	-17.56
2065	1 798.45	2 546.45	-748.00	-26 949.90	29.13	9.16	-20.42	-14.29	1 920.15	2 617.10	-696.96	-25 841.25	37.87	12.19	-25.86	-17.81
2066	1 803.77	2 539.78	-736.01	-28 378.06	30.17	9.52	-21.15	-14.48	1 929.80	2 613.12	-683.32	-27 187.68	39.27	12.68	-26.79	-18.07
2067	1 809.22	2 531.59	-722.36	-29 827.93	31.24	9.89	-21.93	-14.69	1 939.73	2 607.73	-668.00	-28 552.08	40.71	13.19	-27.80	-18.34
2068	1 815.05	2 522.88	-707.83	-31 299.16	32.36	10.28	-22.75	-14.89	1 950.22	2 601.96	-651.74	-29 933.91	42.22	13.74	-28.87	-18.61
2069	1 820.80	2 513.38	-692.58	-32 791.53	33.53	10.70	-23.63	-15.10	1 960.86	2 595.53	-634.67	-31 332.80	43.80	14.32	-30.01	-18.88
2070	1 827.03	2 503.58	-676.55	-34 304.78	34.75	11.14	-24.55	-15.32	1 972.21	2 588.95	-616.73	-32 748.27	45.46	14.93	-31.22	-19.16
2071	1 833.47	2 495.43	-661.95	-35 840.90	36.03	11.72	-25.28	-15.53	1 984.04	2 584.76	-600.73	-34 182.72	47.21	15.72	-32.19	-19.44
2072	1 840.47	2 487.02	-646.54	-37 399.63	37.38	12.32	-26.07	-15.74	1 996.67	2 580.47	-583.80	-35 635.69	49.04	16.54	-33.24	-19.72
2073	1 847.94	2 478.76	-630.83	-38 981.22	38.78	12.95	-26.91	-15.96	2 010.02	2 576.49	-566.46	-37 107.20	50.95	17.40	-34.36	-20.00

续表

年份	“全面二孩”生育意愿															
	80%								100%							
	基金财务运行状况（亿元）				变化幅度（%）				基金财务运行状况（亿元）				变化幅度（%）			
	收入	支出	当期结余	累计结余	收入	支出	当期结余	累计结余	收入	支出	当期结余	累计结余	收入	支出	当期结余	累计结余
2074	1 856.02	2 470.54	-614.51	-40 585.63	40.24	13.61	-27.81	-16.17	2 024.27	2 572.68	-548.41	-38 597.00	52.95	18.30	-35.57	-20.28
2075	1 864.82	2 460.91	-596.09	-42 211.26	41.76	14.30	-28.83	-16.38	2 039.47	2 567.61	-528.13	-40 103.26	55.04	19.26	-36.94	-20.56
2076	1 874.38	2 452.72	-578.33	-43 859.33	43.33	15.02	-29.87	-16.60	2 055.71	2 564.12	-508.42	-41 626.97	57.20	20.25	-38.35	-20.85
2077	1 884.68	2 445.02	-560.34	-45 530.17	44.96	15.77	-30.97	-16.82	2 072.91	2 561.28	-488.37	-43 168.22	59.43	21.28	-39.84	-21.14
2078	1 895.89	2 438.54	-542.65	-47 224.64	46.62	16.55	-32.11	-17.04	2 091.26	2 559.80	-468.54	-44 727.68	61.73	22.34	-41.38	-21.43
2079	1 907.79	2 432.62	-524.83	-48 943.20	48.33	17.35	-33.30	-17.26	2 110.50	2 559.02	-448.51	-46 305.60	64.09	23.45	-42.99	-21.72
2080	1 920.50	2 427.99	-507.50	-50 686.96	50.08	18.19	-34.49	-17.48	2 130.75	2 559.69	-428.94	-47 902.90	66.51	24.60	-44.63	-22.02
2081	1 934.16	2 428.54	-494.38	-52 460.88	51.85	19.22	-35.23	-17.70	2 152.14	2 566.59	-414.45	-49 525.29	68.96	26.00	-45.70	-22.31
2082	1 948.69	2 430.85	-482.16	-54 266.62	53.64	20.28	-35.94	-17.92	2 174.56	2 575.44	-400.88	-51 174.33	71.45	27.43	-46.74	-22.59
2083	1 963.99	2 434.62	-470.63	-56 105.68	55.45	21.37	-36.62	-18.12	2 197.90	2 585.94	-388.05	-52 851.43	73.96	28.91	-47.74	-22.87
2084	1 980.50	2 441.60	-461.10	-57 980.95	57.25	22.48	-37.18	-18.32	2 222.58	2 599.88	-377.30	-54 559.45	76.47	30.42	-48.60	-23.14
2085	1 997.97	2 451.01	-453.04	-59 894.84	59.04	23.60	-37.66	-18.52	2 248.34	2 616.45	-368.11	-56 300.74	78.97	31.95	-49.34	-23.41
2086	2 016.36	2 462.78	-446.42	-61 849.79	60.82	24.75	-38.03	-18.71	2 275.14	2 635.60	-360.46	-58 077.73	81.46	33.50	-49.96	-23.67
2087	2 035.47	2 476.16	-440.69	-63 847.74	62.60	25.92	-38.34	-18.89	2 302.79	2 656.58	-353.79	-59 892.31	83.95	35.09	-50.50	-23.92

续表

年份	“全面二孩”生育意愿															
	80%								100%							
	基金财务运行状况（亿元）				变化幅度（%）				基金财务运行状况（亿元）				变化幅度（%）			
	收入	支出	当期结余	累计结余	收入	支出	当期结余	累计结余	收入	支出	当期结余	累计结余	收入	支出	当期结余	累计结余
2088	2 055. 29	2 491. 08	-435. 79	-65 890. 61	64. 38	27. 11	-38. 57	-19. 07	2 331. 28	2 679. 34	-348. 06	-61 746. 38	86. 45	36. 72	-50. 94	-24. 16
2089	2 076. 13	2 508. 68	-432. 54	-67 981. 24	66. 14	28. 31	-38. 69	-19. 24	2 360. 93	2 705. 03	-344. 11	-63 642. 75	88. 93	38. 35	-51. 23	-24. 39
2090	2 097. 66	2 527. 82	-430. 16	-70 121. 68	67. 90	29. 54	-38. 73	-19. 40	2 391. 42	2 732. 53	-341. 11	-65 583. 45	91. 41	40. 03	-51. 42	-24. 61

注：①变化幅度是与没有任何政策干预的情况相比；

②当期结余为负代表基金出现当期赤字，累计结余为负代表基金出现累计赤字。

第四节　小　　结

如果没有任何政策干预，湖北省社会医疗保险基金不具备可持续性，那么“全面二孩”政策能改善湖北省社会医疗保险基金的财务运行状况吗？模拟研究发现：第一，当20.5%符合“全面二孩”规定夫妇生育二孩，与没有任何政策干预的情况相比，虽然湖北省城镇职工基本医疗保险基金开始出现当期赤字和累计赤字的时点未发生变化，2090年基金累计赤字降至144 381.1亿元，降幅为2.79%；如果生育意愿提高至100%，基金开始出现累计赤字的时点仍未发生变化，2090年基金累计赤字降至124 858.31亿元，降幅达15.93%（见表5－13）。第二，当20.5%符合“全面二孩”规定夫妇生育二孩，与没有任何政策干预的

表5－13　“全面二孩”政策对湖北省社会医疗保险基金财务运行状况

险种	模拟情形	当期赤字时点（年）	累计赤字时点（年）	2090年累计赤字（亿元）	变化幅度（%）
城镇职工基本医疗保险	没有任何政策干预	2024～2090	2034～2090	148 520.14	—
	20.5%符合“全面二孩”规定夫妇生育二孩	2024～2090	2034～2090	144 381.10	2.79
	46.7%符合“全面二孩”规定夫妇生育二孩	2024～2090	2034～2090	138 546.79	6.72
	60%符合“全面二孩”规定夫妇生育二孩	2024～2090	2034～2090	135 360.32	8.86
	80%符合“全面二孩”规定夫妇生育二孩	2024～2090	2034～2090	130 282.19	12.28
	100%符合“全面二孩”规定夫妇生育二孩	2024～2090	2034～2090	124 858.31	15.93

续表

险种	模拟情形	当期赤字时点（年）	累计赤字时点（年）	2090 年累计赤字（亿元）	变化幅度（%）
城乡居民基本医疗保险	没有任何政策干预	2020～2090	2026～2090	86 997.83	—
	20.5%符合“全面二孩”规定夫妇生育二孩	2021～2090	2026～2090	83 008.85	4.59
	46.7%符合“全面二孩”规定夫妇生育二孩	2021～2090	2026～2090	77 524.86	10.89
	60%符合“全面二孩”规定夫妇生育二孩	2021～2090	2026～2090	74 610.73	14.24
	80%符合“全面二孩”规定夫妇生育二孩	2021～2090	2026～2090	70 121.68	19.40
	100%符合“全面二孩”规定夫妇生育二孩	2021～2090	2026～2090	65 583.45	24.61

情况相比，虽然湖北省城乡居民基本医疗保险基金开始出现当期赤字和累计赤字的时点未发生变化，2090 年基金累计赤字降至 83 008.85 亿元，降幅为 4.59%；如果生育意愿提高至 100%，基金开始出现累计赤字的时点仍未发生变化，2090 年基金累计赤字降至 65 583.45 亿元，降幅达 24.61%。可见，虽然“全面二孩”政策对湖北省社会医疗保险基金开始出现累计赤字的时点没有影响，但是能改善湖北省社会医疗保险基金的财务运行状况，降低基金累计赤字，湖北省社会医疗保险基金的可持续性得到提高。

第六章
“全面二孩”政策与延迟退休年龄政策的组合对湖北省社会医疗保险基金可持续性的影响

上文分析“全面二孩”政策对湖北省社会医疗保险基金可持续性的影响，本研究发现，虽然“全面二孩”政策能改善湖北省社会医疗保险基金的财务运行状况，但无法改变社会医疗保险基金出现累计赤字的趋势，那么如何进一步提高湖北省社会医疗保险基金的可持续性？下面本研究分析“全面二孩”政策与延迟退休年龄政策的组合对湖北省社会医疗保险基金的影响。由于城镇职工基本医疗保险的缴费人口为参保在职职工，而城乡居民基本医疗保险的缴费人口为全部参保人员，因此“全面二孩”政策与延迟退休年龄政策的组合只对城镇职工基本医疗保险基金的可持续性产生影响。下文仅分析政策组合对湖北省城镇职工基本医疗保险基金可持续性的影响，不再对湖北省城乡居民基本医疗保险基金进行探讨。在本章的分析中，社会医疗保险均指城镇职工基本医疗保险。

第一节 延迟退休年龄政策对社会医疗保险基金可持续性的影响机制

延迟退休年龄使得城镇职工基本医疗保险参保在职职工人数（缴费人数）增加，但是享受医疗保险待遇（参保总人数）不变，城镇职工基本医疗保险基金收入增加且基金支出不变，城镇职工基本医疗保险基金的财务运行状况得以改善。延迟退休年龄使得城镇职工基本医疗保险基金出现累计赤字的时点向后推迟，从而有助于“全面二孩”政策发挥作用。

参照发达国家经验（如美国、德国、日本等）及相关学者的研究（于洪和曾益，2015[①]），本研究对延迟退休年龄方案做以下设定：我国于2022年开始延迟退休年龄，首先，延迟女工人的退休年龄，每年延迟6个月，至2031年女工人的退休年龄达到55岁；其次，2032年开始延迟女性（含女干部和女工人）的退休年龄，每年延迟6个月，至2041年女性的退休年龄达到60岁；最后，2042

① 于洪、曾益：《退休年龄、生育政策与中国基本养老保险基金的可持续性》，载《财经研究》2015年第6期。

年开始延迟男女的退休年龄，每年延迟 6 个月，至 2051 年男女的退休年龄均达到 65 岁。

第二节 “全面二孩”政策与延迟退休年龄政策的组合对湖北省社会医疗保险参保人数的影响

表 6 - 1 列示了“全面二孩”政策与延迟退休年龄政策的组合对湖北省城镇职工基本医疗保险参保人数的影响。可以看出，“全面二孩”政策叠加延迟退休年龄政策后，与没有任何政策干预的情况相比，未来湖北省各年城镇职工基本医疗保险的参保总人数有所增加。当 20.5% 符合“全面二孩”规定夫妇生育二孩，与没有任何政策干预的情况相比，“全面二孩”政策叠加延迟退休年龄政策使得参保在职职工人数增加 0.72% ~61.14%，参保退休职工人数减少 1.62% ~36.09%，参保总人数增加 0.04% ~13.64%。

表 6 - 1 湖北省城镇职工基本医疗保险参保人数
（“全面二孩”生育意愿为 20.5%与延迟退休年龄）

年份	绝对值				增加值			
	参保在职职工（人）	参保退休职工（人）	参保城镇职工（人）	退职比	参保在职职工（人）	参保退休职工（人）	参保城镇职工（人）	退职比
2018	6 811 452	3 601 345	10 412 797	0. 5287	0	0	0	0
2019	6 883 257	3 727 927	10 611 184	0. 5416	0	0	0	0
2020	6 954 383	3 865 939	10 820 322	0. 5559	0	0	0	0
2021	7 028 636	3 976 164	11 004 800	0. 5657	0	0	0	0
2022	7 145 621	4 067 119	11 212 740	0. 5692	54 430	-54 430	0	-0. 0120
2023	7 165 576	4 267 317	11 432 893	0. 5955	53 676	-53 676	0	-0. 0120
2024	7 254 185	4 381 588	11 635 773	0. 6040	105 272	-105 272	0	-0. 0236

续表

年份	绝对值				增加值			
	参保在职职工（人）	参保退休职工（人）	参保城镇职工（人）	退职比	参保在职职工（人）	参保退休职工（人）	参保城镇职工（人）	退职比
2025	7 279 287	4 552 749	11 832 036	0.6254	100 421	-100 421	0	-0.0227
2026	7 392 043	4 657 442	12 049 486	0.6301	148 382	-148 382	0	-0.0334
2027	7 464 175	4 792 936	12 257 111	0.6421	139 869	-139 869	0	-0.0314
2028	7 571 928	4 907 403	12 479 332	0.6481	186 188	-186 188	0	-0.0415
2029	7 644 336	5 054 051	12 698 387	0.6611	185 124	-185 124	0	-0.0412
2030	7 762 419	5 158 437	12 920 856	0.6645	229 814	-229 814	0	-0.0508
2031	7 841 891	5 294 612	13 136 503	0.6752	228 873	-228 873	0	-0.0504
2032	7 980 188	5 329 653	13 309 841	0.6679	325 667	-325 667	0	-0.0710
2033	8 083 504	5 440 552	13 524 056	0.6730	333 029	-333 029	0	-0.0719
2034	8 279 333	5 454 118	13 733 451	0.6588	426 291	-426 291	0	-0.0900
2035	8 389 599	5 545 813	13 935 412	0.6610	424 930	-424 930	0	-0.0886
2036	8 592 302	5 541 068	14 133 371	0.6449	523 795	-523 795	0	-0.1068
2037	8 708 715	5 615 732	14 324 447	0.6448	542 402	-542 402	0	-0.1092
2038	8 908 272	5 596 072	14 504 344	0.6282	645 531	-645 531	0	-0.1272
2039	9 084 091	5 664 269	14 748 360	0.6235	738 450	-665 629	72 822	-0.1349
2040	9 304 883	5 632 979	14 937 862	0.6054	881 748	-776 577	105 170	-0.1556
2041	9 418 665	5 689 405	15 108 070	0.6041	921 572	-785 084	136 488	-0.1579
2042	9 704 519	5 564 254	15 268 772	0.5734	1 159 599	-992 800	166 799	-0.1940
2043	9 769 804	5 638 210	15 408 014	0.5771	1 171 856	-975 729	196 127	-0.1921
2044	10 034 348	5 508 739	15 543 087	0.5490	1 422 852	-1 198 415	224 437	-0.2299
2045	10 108 813	5 552 417	15 661 230	0.5493	1 487 253	-1 235 434	251 819	-0.2380
2046	10 352 469	5 408 420	15 760 889	0.5224	1 714 956	-1 436 545	278 411	-0.2700
2047	10 412 822	5 439 659	15 852 481	0.5224	1 775 674	-1 471 321	304 353	-0.2777
2048	10 642 684	5 290 790	15 933 474	0.4971	2 009 902	-1 680 111	329 791	-0.3104
2049	10 694 202	5 323 869	16 018 071	0.4978	2 101 467	-1 746 617	354 849	-0.3250

续表

年份	绝对值				增加值			
	参保在职职工（人）	参保退休职工（人）	参保城镇职工（人）	退职比	参保在职职工（人）	参保退休职工（人）	参保城镇职工（人）	退职比
2050	10 916 503	5 178 147	16 094 650	0.4743	2 366 499	-1 986 845	379 654	-0.3637
2051	10 934 278	5 214 462	16 148 740	0.4769	2 393 510	-1 989 272	404 237	-0.3666
2052	10 921 772	5 271 915	16 193 687	0.4827	2 387 667	-1 959 021	428 647	-0.3646
2053	10 914 328	5 317 796	16 232 124	0.4872	2 391 131	-1 938 163	452 968	-0.3641
2054	10 887 347	5 399 740	16 287 087	0.4960	2 432 467	-1 955 182	477 285	-0.3739
2055	10 848 137	5 485 138	16 333 275	0.5056	2 455 863	-1 954 189	501 674	-0.3808
2056	10 866 129	5 504 182	16 370 311	0.5065	2 524 068	-1 997 782	526 287	-0.3927
2057	10 889 944	5 513 702	16 403 646	0.5063	2 599 494	-2 048 203	551 290	-0.4058
2058	10 910 483	5 524 179	16 434 662	0.5063	2 680 323	-2 103 410	576 913	-0.4205
2059	10 824 141	5 637 665	16 461 806	0.5208	2 656 859	-2 053 478	603 381	-0.4209
2060	10 764 040	5 722 990	16 487 030	0.5317	2 664 730	-2 033 771	630 959	-0.4260
2061	10 737 682	5 775 239	16 512 921	0.5378	2 723 321	-2 063 456	659 865	-0.4402
2062	10 711 801	5 824 207	16 536 007	0.5437	2 785 589	-2 095 532	690 057	-0.4555
2063	10 672 649	5 878 081	16 550 731	0.5508	2 838 387	-2 116 990	721 397	-0.4698
2064	10 644 292	5 918 898	16 563 190	0.5561	2 920 253	-2 166 497	753 755	-0.4907
2065	10 595 590	5 974 113	16 569 703	0.5638	2 978 541	-2 191 486	787 055	-0.5082
2066	10 543 908	6 032 979	16 576 887	0.5722	3 052 838	-2 231 731	821 107	-0.5311
2067	10 492 763	6 086 865	16 579 628	0.5801	3 133 695	-2 278 146	855 550	-0.5566
2068	10 440 838	6 137 454	16 578 292	0.5878	3 220 106	-2 329 976	890 130	-0.5848
2069	10 357 282	6 210 221	16 567 503	0.5996	3 277 782	-2 353 086	924 696	-0.6100
2070	10 267 412	6 274 703	16 542 115	0.6111	3 309 399	-2 350 328	959 072	-0.6285
2071	10 166 844	6 350 805	16 517 649	0.6247	3 354 787	-2 361 658	993 129	-0.6543
2072	10 058 029	6 428 878	16 486 907	0.6392	3 392 764	-2 365 959	1 026 805	-0.6803
2073	9 940 101	6 508 490	16 448 591	0.6548	3 421 170	-2 361 104	1 060 066	-0.7058
2074	9 817 234	6 584 633	16 401 867	0.6707	3 443 360	-2 350 608	1 092 752	-0.7311

续表

年份	绝对值				增加值			
	参保在职职工（人）	参保退休职工（人）	参保城镇职工（人）	退职比	参保在职职工（人）	参保退休职工（人）	参保城镇职工（人）	退职比
2075	9 726 942	6 619 729	16 346 671	0.6806	3 496 082	-2 371 226	1 124 856	-0.7624
2076	9 585 664	6 697 528	16 283 192	0.6987	3 495 029	-2 338 659	1 156 370	-0.7849
2077	9 438 677	6 772 244	16 210 921	0.7175	3 484 626	-2 297 311	1 187 315	-0.8058
2078	9 287 671	6 843 317	16 130 989	0.7368	3 465 749	-2 248 019	1 217 729	-0.8248
2079	9 134 806	6 906 561	16 041 367	0.7561	3 439 569	-2 191 919	1 247 650	-0.8415
2080	8 976 811	6 966 569	15 943 380	0.7761	3 403 114	-2 125 994	1 277 121	-0.8553
2081	8 795 843	7 042 643	15 838 487	0.8007	3 338 958	-2 032 757	1 306 201	-0.8624
2082	8 619 408	7 106 813	15 726 220	0.8245	3 274 882	-1 939 945	1 334 937	-0.8682
2083	8 449 886	7 156 016	15 605 901	0.8469	3 213 953	-1 850 572	1 363 382	-0.8733
2084	8 289 294	7 191 642	15 480 936	0.8676	3 158 725	-1 767 162	1 391 563	-0.8786
2085	8 137 479	7 212 599	15 350 077	0.8863	3 109 711	-1 690 188	1 419 523	-0.8844
2086	7 994 170	7 219 599	15 213 769	0.9031	3 067 369	-1 620 140	1 447 228	-0.8911
2087	7 859 472	7 211 459	15 070 930	0.9176	3 032 403	-1 557 813	1 474 590	-0.8991
2088	7 732 380	7 189 640	14 922 021	0.9298	3 004 272	-1 502 714	1 501 558	-0.9086
2089	7 611 492	7 157 405	14 768 898	0.9403	2 981 425	-1 453 350	1 528 075	-0.9194
2090	7 495 444	7 114 568	14 610 013	0.9492	2 962 698	-1 408 619	1 554 078	-0.9312

注：①增加值是与没有任何政策干预的情况相比；

②参保城镇职工人数（参保总人数）= 参保在职职工人数 + 参保退休职工人数，退职比 = 参保退休职工人数/参保在职职工人数。

与没有任何政策干预的情况相比，“全面二孩”政策和延迟退休年龄政策的组合同样使得湖北省参保在职职工人数增加且参保退休职工人数减少，进而湖北省城镇职工基本医疗保险系统内抚养比（退职比）有所下降。从表 6 - 1 可以看出，与没有任何政策干预的情况相比，自 2022 年起退职比下降。在没有任何政策干预的情况下，2090 年的退职比为 1.8804，即 1 位参保在职职工需要抚养 1.8804 位参保退休职工；延迟退休年龄后，如果 20.5% 符合“全面二孩”规定的夫妇生育二孩，2090年的退职比降至0.9492，即1.05位在职职工抚养1位退休职工。如果“全面二孩”生育意愿进一步提高，情况会如何变化呢？从表6-2可以看出，如果46.7%符合“全面二孩”规定的夫妇生育二孩，与没有任何政策干预的情况相比，“全面二孩”政策叠加延迟退休年龄政策使得参保在职职工人数增加0.71%~98.7%，参保退休职工人数减少1.62%~36.09%。如果60%符合“全面二孩”规定的夫妇生育二孩，与没有任何政策干预的情况相比，“全面二孩”政策叠加延迟退休年龄政策使得参保在职职工人数增加0.71%~119.26%，参保退休职工人数减少1.62%~36.09%。如果80%符合“全面二孩”规定的夫妇生育二孩，与没有任何政策干预的情况相比，“全面二孩”政策叠加延迟退休年龄政策使得参保在职职工人数增加0.71%~150.2%，参保退休职工人数减少1.62%~36.09%。如果所有符合“全面二孩”规定的夫妇生育二孩，与没有任何政策干预的情况相比，“全面二孩”政策叠加延迟退休年龄政策使得参保在职职工人数增加0.71%~187.27%，参保退休职工人数减少1.62%~36.09%。

再看退职比的变化，如果46.7%符合“全面二孩”规定夫妇生育二孩，“全面二孩”政策叠加延迟退休年龄政策使得2090年的退职比降至0.8485，即1.18位参保在职职工抚养1位参保退休职工。如果60%符合“全面二孩”规定夫妇生育二孩，“全面二孩”政策叠加延迟退休年龄政策使得2090年的退职比降至0.8206，即1.22位参保在职职工抚养1位参保退休职工。如果80%符合“全面二孩”规定夫妇生育二孩，“全面二孩”政策叠加延迟退休年龄政策使得2090年的退职比降至0.7802，即1.28位参保在职职工抚养1位参保退休职工。如果所有符合“全面二孩”规定夫妇生育二孩，2090年的退职比降至0.742，即1.35位在职职工抚养1位退休职工。可见，“全面二孩”政策与延迟退休年龄政策的组合能进一步减轻湖北省参保在职职工的抚养压力。

表 6－2　湖北省城镇职工基本医疗保险参保人数（“全面二孩”生育意愿为 46.7%～100%与延迟退休年龄）

年份	“全面二孩”生育意愿											
	46.7%			60%			80%			100%		
	参保在职职工（人）	参保退休职工（人）	退职比	参保在职职工（人）	参保退休职工（人）	退职比	参保在职职工（人）	参保退休职工（人）	退职比	参保在职职工（人）	参保退休职工（人）	退职比
2018	6 811 452	3 601 345	0.5287	6 811 452	3 601 345	0.5287	6 811 452	3 601 345	0.5287	6 811 452	3 601 345	0.5287
2019	6 883 257	3 727 927	0.5416	6 883 257	3 727 927	0.5416	6 883 257	3 727 927	0.5416	6 883 257	3 727 927	0.5416
2020	6 954 383	3 865 939	0.5559	6 954 383	3 865 939	0.5559	6 954 383	3 865 939	0.5559	6 954 383	3 865 939	0.5559
2021	7 028 636	3 976 164	0.5657	7 028 636	3 976 164	0.5657	7 028 636	3 976 164	0.5657	7 028 636	3 976 164	0.5657
2022	7 145 621	4 067 119	0.5692	7 145 621	4 067 119	0.5692	7 145 621	4 067 119	0.5692	7 145 621	4 067 119	0.5692
2023	7 165 576	4 267 317	0.5955	7 165 576	4 267 317	0.5955	7 165 576	4 267 317	0.5955	7 165 576	4 267 317	0.5955
2024	7 254 185	4 381 588	0.6040	7 254 185	4 381 588	0.6040	7 254 185	4 381 588	0.6040	7 254 185	4 381 588	0.6040
2025	7 279 287	4 552 749	0.6254	7 279 287	4 552 749	0.6254	7 279 287	4 552 749	0.6254	7 279 287	4 552 749	0.6254
2026	7 392 043	4 657 442	0.6301	7 392 043	4 657 442	0.6301	7 392 043	4 657 442	0.6301	7 392 043	4 657 442	0.6301
2027	7 464 175	4 792 936	0.6421	7 464 175	4 792 936	0.6421	7 464 175	4 792 936	0.6421	7 464 175	4 792 936	0.6421
2028	7 571 928	4 907 403	0.6481	7 571 928	4 907 403	0.6481	7 571 928	4 907 403	0.6481	7 571 928	4 907 403	0.6481
2029	7 644 336	5 054 051	0.6611	7 644 336	5 054 051	0.6611	7 644 336	5 054 051	0.6611	7 644 336	5 054 051	0.6611
2030	7 762 419	5 158 437	0.6645	7 762 419	5 158 437	0.6645	7 762 419	5 158 437	0.6645	7 762 419	5 158 437	0.6645
2031	7 841 891	5 294 612	0.6752	7 841 891	5 294 612	0.6752	7 841 891	5 294 612	0.6752	7 841 891	5 294 612	0.6752

续表

年份	“全面二孩”生育意愿											
	46.7%			60%			80%			100%		
	参保在职职工（人）	参保退休职工（人）	退职比	参保在职职工（人）	参保退休职工（人）	退职比	参保在职职工（人）	参保退休职工（人）	退职比	参保在职职工（人）	参保退休职工（人）	退职比
2032	7 980 188	5 329 653	0.6679	7 980 188	5 329 653	0.6679	7 980 188	5 329 653	0.6679	7 980 188	5 329 653	0.6679
2033	8 083 504	5 440 552	0.6730	8 083 504	5 440 552	0.6730	8 083 504	5 440 552	0.6730	8 083 504	5 440 552	0.6730
2034	8 279 333	5 454 118	0.6588	8 279 333	5 454 118	0.6588	8 279 333	5 454 118	0.6588	8 279 333	5 454 118	0.6588
2035	8 389 599	5 545 813	0.6610	8 389 599	5 545 813	0.6610	8 389 599	5 545 813	0.6610	8 389 599	5 545 813	0.6610
2036	8 592 302	5 541 068	0.6449	8 592 302	5 541 068	0.6449	8 592 302	5 541 068	0.6449	8 592 302	5 541 068	0.6449
2037	8 714 763	5 615 732	0.6444	8 714 763	5 615 732	0.6444	8 714 763	5 615 732	0.6444	8 714 763	5 615 732	0.6444
2038	8 947 951	5 596 072	0.6254	8 947 951	5 596 072	0.6254	8 947 951	5 596 072	0.6254	8 947 951	5 596 072	0.6254
2039	9 231 806	5 664 269	0.6136	9 272 331	5 664 269	0.6109	9 333 271	5 664 269	0.6069	9 394 211	5 664 269	0.6030
2040	9 521 534	5 632 979	0.5916	9 581 692	5 632 979	0.5879	9 672 155	5 632 979	0.5824	9 762 618	5 632 979	0.5770
2041	9 702 054	5 689 405	0.5864	9 781 219	5 689 405	0.5817	9 900 264	5 689 405	0.5747	10 019 310	5 689 405	0.5678
2042	10 052 500	5 564 254	0.5535	10 150 061	5 564 254	0.5482	10 296 770	5 564 254	0.5404	10 443 479	5 564 254	0.5328
2043	10 180 285	5 638 210	0.5538	10 295 647	5 638 210	0.5476	10 469 123	5 638 210	0.5386	10 642 599	5 638 210	0.5298
2044	10 505 150	5 508 739	0.5244	10 637 704	5 508 739	0.5179	10 837 019	5 508 739	0.5083	11 036 334	5 508 739	0.4991
2045	10 637 977	5 552 417	0.5219	10 787 140	5 552 417	0.5147	11 011 446	5 552 417	0.5042	11 235 752	5 552 417	0.4942

续表

年份	“全面二孩”生育意愿											
	46.7%			60%			80%			100%		
	参保在职职工（人）	参保退休职工（人）	退职比	参保在职职工（人）	参保退休职工（人）	退职比	参保在职职工（人）	参保退休职工（人）	退职比	参保在职职工（人）	参保退休职工（人）	退职比
2046	10 938 304	5 408 420	0.4944	11 103 608	5 408 420	0.4871	11 352 185	5 408 420	0.4764	11 600 762	5 408 420	0.4662
2047	11 053 944	5 439 659	0.4921	11 234 994	5 439 659	0.4842	11 507 249	5 439 659	0.4727	11 779 504	5 439 659	0.4618
2048	11 338 018	5 290 790	0.4666	11 534 508	5 290 790	0.4587	11 829 981	5 290 790	0.4472	12 125 455	5 290 790	0.4363
2049	11 442 942	5 323 869	0.4653	11 654 642	5 323 869	0.4568	11 972 989	5 323 869	0.4447	12 291 335	5 323 869	0.4331
2050	11 718 108	5 178 147	0.4419	11 944 865	5 178 147	0.4335	12 285 853	5 178 147	0.4215	12 626 841	5 178 147	0.4101
2051	11 788 279	5 214 462	0.4423	12 029 958	5 214 462	0.4335	12 393 387	5 214 462	0.4207	12 756 815	5 214 462	0.4088
2052	11 827 798	5 271 915	0.4457	12 084 296	5 271 915	0.4363	12 470 006	5 271 915	0.4228	12 855 717	5 271 915	0.4101
2053	11 872 191	5 317 796	0.4479	12 143 453	5 317 796	0.4379	12 551 366	5 317 796	0.4237	12 959 279	5 317 796	0.4103
2054	11 897 037	5 399 740	0.4539	12 183 062	5 399 740	0.4432	12 613 180	5 399 740	0.4281	13 043 304	5 399 740	0.4140
2055	11 909 816	5 485 138	0.4606	12 210 660	5 485 138	0.4492	12 663 076	5 485 138	0.4332	13 115 515	5 485 138	0.4182
2056	11 980 284	5 504 182	0.4594	12 296 106	5 504 182	0.4476	12 771 081	5 504 182	0.4310	13 246 123	5 504 182	0.4155
2057	12 057 449	5 513 702	0.4573	12 388 546	5 513 702	0.4451	12 886 579	5 513 702	0.4279	13 384 782	5 513 702	0.4119
2058	12 132 792	5 524 179	0.4553	12 479 687	5 524 179	0.4427	13 001 663	5 524 179	0.4249	13 524 036	5 524 179	0.4085
2059	12 103 272	5 637 665	0.4658	12 466 710	5 637 665	0.4522	13 013 902	5 637 665	0.4332	13 561 899	5 637 665	0.4157

续表

年份	"全面二孩"生育意愿											
	46.7%			60%			80%			100%		
	参保在职职工（人）	参保退休职工（人）	退职比	参保在职职工（人）	参保退休职工（人）	退职比	参保在职职工（人）	参保退休职工（人）	退职比	参保在职职工（人）	参保退休职工（人）	退职比
2060	12 102 696	5 722 990	0. 4729	12 483 689	5 722 990	0. 4584	13 057 836	5 722 990	0. 4383	13 633 454	5 722 990	0. 4198
2061	12 139 180	5 775 239	0. 4758	12 538 995	5 775 239	0. 4606	13 142 271	5 775 239	0. 4394	13 748 011	5 775 239	0. 4201
2062	12 179 397	5 824 207	0. 4782	12 599 297	5 824 207	0. 4623	13 233 883	5 824 207	0. 4401	13 872 260	5 824 207	0. 4198
2063	12 209 298	5 878 081	0. 4814	12 650 453	5 878 081	0. 4647	13 318 379	5 878 081	0. 4414	13 991 752	5 878 081	0. 4201
2064	12 252 636	5 918 898	0. 4831	12 716 109	5 918 898	0. 4655	13 419 234	5 918 898	0. 4411	14 129 775	5 918 898	0. 4189
2065	12 276 898	5 974 113	0. 4866	12 763 718	5 974 113	0. 4681	13 503 852	5 974 113	0. 4424	14 253 687	5 974 113	0. 4191
2066	12 285 269	6 032 979	0. 4911	12 791 715	6 032 979	0. 4716	13 563 513	6 032 979	0. 4448	14 347 591	6 032 979	0. 4205
2067	12 295 642	6 133 463	0. 4988	12 822 362	6 146 248	0. 4793	13 626 978	6 165 474	0. 4524	14 446 675	6 184 699	0. 4281
2068	12 306 210	6 205 752	0. 5043	12 853 651	6 224 718	0. 4843	13 691 894	6 253 238	0. 4567	14 548 183	6 281 758	0. 4318
2069	12 285 878	6 299 491	0. 5127	12 854 388	6 324 431	0. 4920	13 726 897	6 361 934	0. 4635	14 620 552	6 399 438	0. 4377
2070	12 258 299	6 385 926	0. 5209	12 848 064	6 416 637	0. 4994	13 755 195	6 462 818	0. 4698	14 686 669	6 508 999	0. 4432
2071	12 205 085	6 503 979	0. 5329	12 811 570	6 546 640	0. 5110	13 746 557	6 610 792	0. 4809	14 709 148	6 674 944	0. 4538
2072	12 143 691	6 622 902	0. 5454	12 766 965	6 677 199	0. 5230	13 729 952	6 758 849	0. 4923	14 723 848	6 840 498	0. 4646
2073	12 073 265	6 742 109	0. 5584	12 713 389	6 807 685	0. 5355	13 704 495	6 906 297	0. 5039	14 729 851	7 004 908	0. 4756

续表

年份	“全面二孩”生育意愿											
	46.7%			60%			80%			100%		
	参保在职职工（人）	参保退休职工（人）	退职比	参保在职职工（人）	参保退休职工（人）	退职比	参保在职职工（人）	参保退休职工（人）	退职比	参保在职职工（人）	参保退休职工（人）	退职比
2074	11 997 673	6 856 517	0.5715	12 654 603	6 932 995	0.5479	13 673 777	7 047 999	0.5154	14 730 560	7 163 003	0.4863
2075	11 951 632	6 932 397	0.5800	12 625 287	7 019 426	0.5560	13 672 417	7 150 298	0.5230	14 760 528	7 281 169	0.4933
2076	11 821 325	7 095 569	0.6002	12 501 464	7 206 926	0.5765	13 561 155	7 374 380	0.5438	14 665 207	7 541 833	0.5143
2077	11 685 720	7 253 424	0.6207	12 372 470	7 388 472	0.5972	13 444 927	7 591 553	0.5646	14 565 138	7 794 633	0.5352
2078	11 546 820	7 405 094	0.6413	12 240 404	7 563 112	0.6179	13 325 979	7 800 733	0.5854	14 462 727	8 038 354	0.5558
2079	11 407 102	7 546 082	0.6615	12 107 849	7 726 258	0.6381	13 207 069	7 997 199	0.6055	14 360 923	8 268 141	0.5757
2080	11 263 370	7 681 092	0.6820	11 971 650	7 882 648	0.6584	13 085 127	8 185 740	0.6256	14 256 770	8 488 833	0.5954
2081	11 097 808	7 829 523	0.7055	11 814 023	8 051 707	0.6815	12 942 436	8 385 820	0.6479	14 132 654	8 719 932	0.6170
2082	10 938 049	7 963 457	0.7281	11 662 668	8 205 533	0.7036	12 806 833	8 569 558	0.6691	14 016 586	8 933 585	0.6374
2083	10 786 458	8 080 094	0.7491	11 519 977	8 341 404	0.7241	12 680 781	8 734 357	0.6888	13 911 150	9 127 317	0.6561
2084	10 645 015	8 181 011	0.7685	11 387 953	8 460 953	0.7430	12 566 356	8 881 935	0.7068	13 818 536	9 302 938	0.6732
2085	10 513 504	8 265 419	0.7862	11 266 396	8 563 487	0.7601	12 463 407	9 011 755	0.7231	13 738 686	9 460 077	0.6886
2086	10 391 405	8 334 344	0.8020	11 154 727	8 650 143	0.7755	12 371 287	9 125 134	0.7376	13 670 907	9 600 250	0.7022
2087	10 278 452	8 386 852	0.8160	11 052 571	8 720 074	0.7890	12 289 454	9 221 375	0.7503	13 614 494	9 722 932	0.7142

续表

年份	“全面二孩”生育意愿											
	46.7%			60%			80%			100%		
	参保在职职工（人）	参保退休职工（人）	退职比	参保在职职工（人）	参保退休职工（人）	退职比	参保在职职工（人）	参保退休职工（人）	退职比	参保在职职工（人）	参保退休职工（人）	退职比
2088	10 173 264	8 424 799	0. 8281	10 958 427	8 775 278	0. 8008	12 216 219	9 302 709	0. 7615	13 567 565	9 830 614	0. 7246
2089	10 074 173	8 451 653	0. 8389	10 870 538	8 819 307	0. 8113	12 149 686	9 372 837	0. 7714	13 528 077	9 927 169	0. 7338
2090	9 979 636	8 467 300	0. 8485	10 787 298	8 852 082	0. 8206	12 088 143	9 431 748	0. 7802	13 494 200	10 012 668	0. 7420

注：参保城镇职工人数（参保总人数）= 参保在职职工人数 + 参保退休职工人数，退职比 = 参保退休职工人数/参保在职职工人数。

第三节　“全面二孩”政策与延迟退休年龄政策的组合对湖北省社会医疗保险基金财务运行状况的影响

与没有任何政策干预的情况相比，同时实施“全面二孩”政策与延迟退休年龄政策使得湖北省参保在职职工人数增加且参保退休职工人数减少，进而湖北省城镇职工基本医疗保险基金收入增加且基金支出减少。从表6-3可以看出，与没有任何政策干预的情况相比，当“全面二孩”生育意愿为20.5%，“全面二孩”政策叠加延迟退休年龄政策后，2022~2090年湖北省城镇职工基本医疗保险基金收入增加0.71%~61.14%，2036~2090年基金支出增加0.15%~9.81%，可见基金支出的增加幅度仍小于基金收入的增加幅度，这导致基金开始出现累计赤字的时点推迟，湖北省城镇职工基本医疗保险基金在2036年开始出现累计赤字，较没有任何政策干预的情况，基金开始出现累计赤字的时点向后推迟了2年（=2036-2034）。不仅如此，2090年基金累计赤字为97 425.24亿元，较继续实行“一胎”政策的情况下降34.4%。

表6-3　城镇职工基本医疗保险基金财务运行状况（“全面二孩”生育意愿为20.5%与延迟退休年龄）

年份	基金财务运行状况（亿元）				变化幅度（%）			
	收入	支出	当期结余	累计结余	收入	支出	当期结余	累计结余
2018	218.84	193.96	24.87	321.39	0	0	0	0
2019	236.63	214.64	21.99	351.96	0	0	0	0
2020	255.81	237.04	18.77	380.00	0	0	0	0
2021	275.34	259.75	15.59	405.48	0	0	0	0
2022	297.97	284.34	13.64	429.59	0.72	0	18.45	0.51
2023	318.23	311.62	6.61	447.11	0.71	0	50.94	1.02

续表

年份	基金财务运行状况（亿元）				变化幅度（%）			
	收入	支出	当期结余	累计结余	收入	支出	当期结余	累计结余
2024	342.95	340.39	2.56	460.91	1.38	0	-222.20	2.08
2025	366.52	372.09	-5.57	466.73	1.31	0	-45.95	3.21
2026	394.37	403.71	-9.33	468.83	1.92	0	-44.27	5.03
2027	422.15	439.24	-17.09	463.03	1.79	0	-30.25	7.08
2028	453.77	478.57	-24.80	449.18	2.36	0	-29.65	10.34
2029	485.61	520.84	-35.23	424.30	2.32	0	-23.82	14.72
2030	522.51	565.94	-43.43	390.39	2.85	0	-25.03	22.10
2031	556.91	611.35	-54.45	344.35	2.81	0	-21.86	34.35
2032	597.45	658.44	-60.99	290.44	3.98	0	-27.27	64.31
2033	638.45	711.41	-72.96	222.92	4.02	0	-25.27	174.83
2034	689.43	767.83	-78.41	148.12	5.08	0	-29.82	-572.15
2035	737.07	828.19	-91.12	58.43	4.99	0	-27.77	-136.19
2036	792.09	887.69	-95.59	-38.09	6.07	0	-32.17	-87.71
2037	843.44	951.43	-107.99	-149.73	6.28	0	-31.52	-68.76
2038	908.51	1 018.21	-109.71	-265.93	7.76	0	-37.04	-60.31
2039	968.15	1 090.54	-122.39	-398.02	8.28	0.15	-37.15	-55.09
2040	1 040.36	1 165.91	-125.55	-536.66	9.79	0.23	-41.79	-52.49
2041	1 100.25	1 240.01	-139.76	-693.34	10.14	0.34	-41.01	-50.50
2042	1 182.98	1 317.67	-134.68	-848.72	12.69	0.44	-48.62	-50.20
2043	1 244.50	1 399.38	-154.89	-1 028.70	12.75	0.55	-46.22	-49.63
2044	1 333.81	1 485.67	-151.85	-1 210.07	15.46	0.64	-52.68	-50.04
2045	1 403.69	1 575.46	-171.77	-1 416.38	16.14	0.73	-51.66	-50.25
2046	1 493.22	1 659.17	-165.95	-1 621.89	18.57	0.82	-57.04	-51.06
2047	1 561.50	1 747.07	-185.57	-1 852.65	19.23	0.91	-56.00	-51.62
2048	1 657.83	1 836.37	-178.54	-2 081.97	21.78	0.99	-60.93	-52.61
2049	1 731.62	1 936.25	-204.64	-2 343.77	22.88	1.07	-59.60	-53.33
2050	1 835.88	2 038.44	-202.56	-2 609.99	25.89	1.15	-63.63	-54.36
2051	1 902.96	2 134.66	-231.70	-2 912.73	26.21	1.25	-61.42	-55.03
2052	1 967.35	2 236.25	-268.90	-3 261.16	26.17	1.35	-58.45	-55.34
2053	2 034.76	2 341.45	-306.69	-3 657.05	26.24	1.45	-55.95	-55.40

续表

年份	基金财务运行状况（亿元）				变化幅度（%）			
	收入	支出	当期结余	累计结余	收入	支出	当期结余	累计结余
2054	2 100.17	2 451.18	-351.01	-4 108.26	26.91	1.54	-53.76	-55.26
2055	2 165.43	2 565.31	-399.88	-4 620.85	27.37	1.64	-51.46	-54.94
2056	2 233.23	2 667.13	-433.90	-5 181.12	28.30	1.73	-50.75	-54.61
2057	2 304.29	2 771.00	-466.71	-5 789.02	29.33	1.83	-50.32	-54.29
2058	2 376.81	2 877.65	-500.83	-6 447.10	30.46	1.93	-49.99	-53.97
2059	2 428.78	3 001.13	-572.35	-7 194.94	30.43	2.01	-46.99	-53.47
2060	2 487.41	3 126.35	-638.95	-8 029.73	30.77	2.12	-44.90	-52.87
2061	2 542.34	3 237.89	-695.55	-8 943.41	31.78	2.26	-43.78	-52.26
2062	2 598.52	3 352.68	-754.16	-9 940.01	32.87	2.40	-42.79	-51.64
2063	2 652.71	3 470.80	-818.09	-11 027.05	33.89	2.55	-41.70	-51.00
2064	2 710.31	3 589.08	-878.76	-12 203.46	35.36	2.70	-41.12	-50.39
2065	2 764.13	3 708.46	-944.33	-13 476.49	36.58	2.86	-40.29	-49.78
2066	2 804.10	3 817.21	-1 013.11	-14 851.84	38.12	3.01	-39.54	-49.17
2067	2 844.60	3 927.25	-1 082.65	-16 332.85	39.83	3.16	-38.93	-48.59
2068	2 885.28	4 038.68	-1 153.40	-17 923.41	41.71	3.31	-38.43	-48.02
2069	2 917.88	4 154.11	-1 236.23	-19 638.63	43.31	3.46	-37.53	-47.45
2070	2 949.28	4 271.69	-1 322.42	-21 485.07	44.49	3.63	-36.45	-46.87
2071	2 977.29	4 394.22	-1 416.93	-23 474.55	46.07	3.88	-35.36	-46.28
2072	3 002.88	4 518.46	-1 515.58	-25 614.89	47.61	4.12	-34.26	-45.68
2073	3 025.65	4 643.88	-1 618.23	-27 913.95	49.09	4.36	-33.14	-45.07
2074	3 046.69	4 769.36	-1 722.67	-30 377.53	50.53	4.61	-32.06	-44.45
2075	3 077.28	4 888.70	-1 811.42	-32 993.67	52.48	4.85	-31.50	-43.85
2076	3 092.17	5 015.46	-1 923.28	-35 789.88	53.68	5.09	-30.32	-43.24
2077	3 104.71	5 142.07	-2 037.36	-38 772.92	54.74	5.33	-29.15	-42.63
2078	3 115.32	5 268.79	-2 153.47	-41 949.54	55.68	5.57	-27.97	-42.01
2079	3 124.63	5 394.48	-2 269.85	-45 324.88	56.49	5.81	-26.82	-41.38
2080	3 131.47	5 520.20	-2 388.73	-48 906.45	57.11	6.07	-25.61	-40.75
2081	3 129.60	5 649.93	-2 520.33	-52 712.45	57.23	6.42	-24.06	-40.11
2082	3 128.09	5 778.37	-2 650.28	-56 746.79	57.32	6.78	-22.58	-39.45
2083	3 127.81	5 904.51	-2 776.69	-61 011.57	57.42	7.14	-21.21	-38.79

续表

年份	基金财务运行状况（亿元）				变化幅度（%）			
	收入	支出	当期结余	累计结余	收入	支出	当期结余	累计结余
2084	3 129. 59	6 029. 16	-2 899. 57	-65 508. 92	57. 59	7. 50	-19. 96	-38. 13
2085	3 133. 49	6 151. 41	-3 017. 91	-70 240. 01	57. 85	7. 87	-18. 82	-37. 48
2086	3 139. 55	6 271. 17	-3 131. 62	-75 205. 92	58. 24	8. 24	-17. 79	-36. 83
2087	3 147. 94	6 387. 47	-3 239. 53	-80 406. 58	58. 76	8. 62	-16. 88	-36. 20
2088	3 158. 41	6 500. 33	-3 341. 92	-85 842. 21	59. 43	9. 01	-16. 07	-35. 58
2089	3 170. 55	6 610. 92	-3 440. 37	-91 514. 65	60. 23	9. 40	-15. 34	-34. 98
2090	3 183. 90	6 718. 27	-3 534. 36	-97 425. 24	61. 14	9. 81	-14. 68	-34. 40

注：①变化幅度均是与没有任何政策干预的情况相比；
②当期结余为负代表基金出现当期赤字，累计结余为负代表基金出现累计赤字。

如果“全面二孩”的生育意愿进一步提高，情况会如何呢？从表 6-4 和表 6-5 可以看出，与没有任何政策干预的情况相比，若“全面二孩”生育意愿为 46. 7%，“全面二孩”政策叠加延迟退休年龄政策使得 2090 年基金累计赤字下降 39. 68%，基金在 2036 年开始出现累计赤字，较没有任何政策干预的情况，基金开始出现累计赤字的时点向后推迟 2 年（=2036-2034）。若“全面二孩”生育意愿为 60%，“全面二孩”政策叠加延迟退休年龄政策使得 2090 年基金累计赤字下降 42. 51%，基金在 2036 年开始出现累计赤字，较没有任何政策干预的情况，基金开始出现累计赤字的时点向后推迟 2 年（=2036-2034）。若“全面二孩”生育意愿为 80%，“全面二孩”政策叠加延迟退休年龄政策使得 2090 年基金累计赤字下降 46. 95%，基金在 2036 年开始出现累计赤字，较没有任何政策干预的情况，基金开始出现累计赤字的时点向后推迟 2 年（=2036-2034）。若“全面二孩”生育意愿上升至 100%，“全面二孩”政策叠加延迟退休年龄政策使得 2090 年基金累计赤字下降 51. 63%，基金在 2036 年开始出现累计赤字，较没有任何政策干预的情况，基金开始出现累计赤字的时点向后推迟 2 年（=2036-2034）。可见，同时实施“全面二孩”政策与延迟退休年龄政策产生的效果要强于单独实施“全面二孩”政策产生的效果，“全面二孩”政策与延迟退休年龄政策的组合能进一步提高湖北省城镇职工基本医疗保险基金的可持续性。

表 6－4　湖北省城镇职工基本医疗保险基金财务运行状况（“全面二孩”生育意愿为 46.7%～60%与延迟退休年龄）

年份	“全面二孩”生育意愿															
	46.7%								60%							
	基金财务运行状况（亿元）				变化幅度（%）				基金财务运行状况（亿元）				变化幅度（%）			
	收入	支出	当期结余	累计结余	收入	支出	当期结余	累计结余	收入	支出	当期结余	累计结余	收入	支出	当期结余	累计结余
2018	218.84	193.96	24.87	321.39	0	0	0	0	218.84	193.96	24.87	321.39	0	0	0	0
2019	236.63	214.64	21.99	351.96	0	0	0	0	236.63	214.64	21.99	351.96	0	0	0	0
2020	255.81	237.04	18.77	380.00	0	0	0	0	255.81	237.04	18.77	380.00	0	0	0	0
2021	275.34	259.75	15.59	405.48	0	0	0	0	275.34	259.75	15.59	405.48	0	0	0	0
2022	297.97	284.34	13.64	429.59	0.72	0	18.45	0.51	297.97	284.34	13.64	429.59	0.72	0	18.45	0.51
2023	318.23	311.62	6.61	447.11	0.71	0	50.94	1.02	318.23	311.62	6.61	447.11	0.71	0	50.94	1.02
2024	342.95	340.39	2.56	460.91	1.38	0	-222.20	2.08	342.95	340.39	2.56	460.91	1.38	0	-222.20	2.08
2025	366.52	372.09	-5.57	466.73	1.31	0	-45.95	3.21	366.52	372.09	-5.57	466.73	1.31	0	-45.95	3.21
2026	394.37	403.71	-9.33	468.83	1.92	0	-44.27	5.03	394.37	403.71	-9.33	468.83	1.92	0	-44.27	5.03
2027	422.15	439.24	-17.09	463.03	1.79	0	-30.25	7.08	422.15	439.24	-17.09	463.03	1.79	0	-30.25	7.08
2028	453.77	478.57	-24.80	449.18	2.36	0	-29.65	10.34	453.77	478.57	-24.80	449.18	2.36	0	-29.65	10.34
2029	485.61	520.84	-35.23	424.30	2.32	0	-23.82	14.72	485.61	520.84	-35.23	424.30	2.32	0	-23.82	14.72
2030	522.51	565.94	-43.43	390.39	2.85	0	-25.03	22.10	522.51	565.94	-43.43	390.39	2.85	0	-25.03	22.10
2031	556.91	611.35	-54.45	344.35	2.81	0	-21.86	34.35	556.91	611.35	-54.45	344.35	2.81	0	-21.86	34.35

续表

年份	“全面二孩”生育意愿															
	46.7%								60%							
	基金财务运行状况（亿元）				变化幅度（%）				基金财务运行状况（亿元）				变化幅度（%）			
	收入	支出	当期结余	累计结余	收入	支出	当期结余	累计结余	收入	支出	当期结余	累计结余	收入	支出	当期结余	累计结余
2032	597.45	658.44	-60.99	290.44	3.98	0	-27.27	64.31	597.45	658.44	-60.99	290.44	3.98	0	-27.27	64.31
2033	638.45	711.41	-72.96	222.92	4.02	0	-25.27	174.83	638.45	711.41	-72.96	222.92	4.02	0	-25.27	174.83
2034	689.43	767.83	-78.41	148.12	5.08	0	-29.82	-572.15	689.43	767.83	-78.41	148.12	5.08	0	-29.82	-572.15
2035	737.07	828.19	-91.12	58.43	4.99	0	-27.77	-136.19	737.07	828.19	-91.12	58.43	4.99	0	-27.77	-136.19
2036	792.09	887.69	-95.59	-38.09	6.07	0	-32.17	-87.71	792.09	887.69	-95.59	-38.09	6.07	0	-32.17	-87.71
2037	843.44	951.29	-107.85	-149.59	6.28	0	-31.61	-68.79	843.44	951.29	-107.85	-149.59	6.28	0	-31.61	-68.79
2038	912.61	1 017.35	-104.74	-260.68	8.24	0	-39.89	-61.09	914.69	1 017.35	-102.65	-258.55	8.49	0	-41.08	-61.41
2039	976.71	1 092.45	-115.75	-385.84	9.23	0.33	-40.56	-56.46	981.05	1 093.42	-112.38	-380.20	9.72	0.42	-42.29	-57.10
2040	1 053.69	1 168.91	-115.22	-513.59	11.20	0.48	-46.58	-54.53	1 060.46	1 170.43	-109.97	-502.42	11.91	0.61	-49.02	-55.52
2041	1 118.58	1 244.96	-126.38	-655.97	11.98	0.74	-46.66	-53.17	1 127.89	1 247.46	-119.58	-637.55	12.91	0.94	-49.53	-54.48
2042	1 206.59	1 324.71	-118.11	-793.44	14.94	0.98	-54.94	-53.45	1 218.58	1 328.27	-109.69	-765.92	16.08	1.25	-58.15	-55.06
2043	1 273.67	1 408.66	-134.99	-951.64	15.39	1.21	-53.13	-53.40	1 288.48	1 413.36	-124.88	-913.07	16.73	1.55	-56.64	-55.29
2044	1 368.84	1 497.33	-128.48	-1 107.12	18.49	1.43	-59.96	-54.29	1 386.62	1 503.23	-116.60	-1 055.42	20.03	1.83	-63.67	-56.43
2045	1 444.89	1 589.65	-144.76	-1 283.18	19.54	1.64	-59.26	-54.93	1 465.80	1 596.83	-131.03	-1 216.11	21.27	2.10	-63.12	-57.28

续表

年份	"全面二孩"生育意愿															
	46.7%								60%							
	基金财务运行状况（亿元）				变化幅度（%）				基金财务运行状况（亿元）				变化幅度（%）			
	收入	支出	当期结余	累计结余	收入	支出	当期结余	累计结余	收入	支出	当期结余	累计结余	收入	支出	当期结余	累计结余
2046	1 540.70	1 675.95	-135.26	-1 453.90	22.34	1.84	-64.99	-56.13	1 564.80	1 684.45	-119.66	-1 369.16	24.26	2.36	-69.02	-58.69
2047	1 615.58	1 766.60	-151.02	-1 645.04	23.36	2.04	-64.19	-57.04	1 643.04	1 776.49	-133.45	-1 540.18	25.46	2.61	-68.35	-59.78
2048	1 718.87	1 858.79	-139.93	-1 829.59	26.26	2.22	-69.38	-58.35	1 749.85	1 870.16	-120.30	-1 702.00	28.54	2.85	-73.68	-61.26
2049	1 800.01	1 961.77	-161.76	-2 041.14	27.73	2.40	-68.07	-59.36	1 834.73	1 974.70	-139.97	-1 888.01	30.19	3.07	-72.37	-62.41
2050	1 912.07	2 067.25	-155.18	-2 251.22	31.11	2.58	-72.14	-60.63	1 950.75	2 081.84	-131.09	-2 069.59	33.77	3.30	-76.46	-63.81
2051	1 987.01	2 167.57	-180.56	-2 492.57	31.79	2.81	-69.94	-61.52	2 029.67	2 184.24	-154.56	-2 279.75	34.62	3.60	-74.26	-64.80
2052	2 059.67	2 273.50	-213.83	-2 774.06	32.09	3.04	-66.96	-62.01	2 106.54	2 292.37	-185.83	-2 527.22	35.10	3.89	-71.28	-65.39
2053	2 135.81	2 383.31	-247.50	-3 097.09	32.51	3.26	-64.45	-62.23	2 187.11	2 404.52	-217.41	-2 813.25	35.69	4.18	-68.77	-65.69
2054	2 210.45	2 497.92	-287.47	-3 469.18	33.58	3.48	-62.13	-62.22	2 266.43	2 521.61	-255.18	-3 145.14	36.96	4.46	-66.38	-65.75
2055	2 285.48	2 617.23	-331.75	-3 895.95	34.43	3.70	-59.73	-62.01	2 346.42	2 643.54	-297.12	-3 528.31	38.02	4.74	-63.94	-65.60
2056	2 363.02	2 724.25	-361.23	-4 363.61	35.76	3.91	-59.00	-61.77	2 428.92	2 753.20	-324.28	-3 948.90	39.54	5.02	-63.19	-65.41
2057	2 444.42	2 833.62	-389.20	-4 871.63	37.19	4.13	-58.57	-61.53	2 515.58	2 865.36	-349.78	-4 406.15	41.19	5.30	-62.77	-65.21
2058	2 527.97	2 946.10	-418.13	-5 422.00	38.76	4.35	-58.25	-61.29	2 604.76	2 980.80	-376.05	-4 901.75	42.97	5.58	-62.45	-65.00
2059	2 591.78	3 075.82	-484.05	-6 053.70	39.18	4.55	-55.17	-60.85	2 674.64	3 113.71	-439.07	-5 474.35	43.63	5.84	-59.33	-64.60

续表

年份	“全面二孩”生育意愿															
	46.7%								60%							
	基金财务运行状况（亿元）				变化幅度（%）				基金财务运行状况（亿元）				变化幅度（%）			
	收入	支出	当期结余	累计结余	收入	支出	当期结余	累计结余	收入	支出	当期结余	累计结余	收入	支出	当期结余	累计结余
2060	2 663.21	3 207.74	-544.53	-6 763.18	40.02	4.77	-53.04	-60.31	2 752.69	3 249.05	-496.36	-6 119.98	44.72	6.12	-57.19	-64.08
2061	2 731.16	3 327.97	-596.81	-7 544.00	41.57	5.10	-51.76	-59.73	2 827.40	3 373.73	-546.34	-6 832.97	46.56	6.55	-55.84	-63.52
2062	2 801.39	3 452.03	-650.64	-8 399.50	43.25	5.44	-50.65	-59.13	2 905.00	3 502.57	-597.57	-7 616.31	48.54	6.98	-54.67	-62.94
2063	2 870.71	3 580.05	-709.34	-9 336.56	44.89	5.78	-49.45	-58.51	2 982.28	3 635.69	-653.41	-8 476.47	50.52	7.42	-53.43	-62.33
2064	2 944.49	3 708.84	-764.35	-10 353.43	47.06	6.13	-48.78	-57.91	3 064.64	3 769.94	-705.30	-9 411.32	53.06	7.88	-52.74	-61.74
2065	3 015.60	3 839.40	-823.80	-11 456.66	49.00	6.49	-47.91	-57.30	3 144.95	3 906.33	-761.38	-10 427.01	55.39	8.34	-51.86	-61.14
2066	3 072.65	3 959.32	-886.67	-12 651.92	51.35	6.84	-47.08	-56.70	3 211.16	4 032.09	-820.93	-11 529.14	58.17	8.81	-51.01	-60.55
2067	3 131.04	4 081.08	-950.03	-13 942.00	53.91	7.20	-46.41	-56.11	3 279.19	4 160.00	-880.81	-12 720.21	61.19	9.27	-50.31	-59.96
2068	3 190.34	4 204.76	-1 014.42	-15 330.32	56.70	7.56	-45.85	-55.54	3 348.54	4 290.14	-941.60	-14 003.35	64.47	9.74	-49.73	-59.39
2069	3 242.26	4 333.02	-1 090.75	-16 831.61	59.24	7.92	-44.88	-54.96	3 410.92	4 425.17	-1 014.25	-15 393.04	67.52	10.21	-48.75	-58.81
2070	3 293.61	4 463.97	-1 170.36	-18 452.01	61.36	8.30	-43.75	-54.37	3 473.10	4 563.21	-1 090.11	-16 895.22	70.15	10.70	-47.61	-58.22
2071	3 342.17	4 605.47	-1 263.30	-20 208.20	63.97	8.87	-42.36	-53.76	3 532.82	4 714.67	-1 181.85	-18 529.00	73.32	11.45	-46.08	-57.60
2072	3 388.87	4 749.42	-1 360.55	-22 107.97	66.59	9.44	-40.98	-53.12	3 591.01	4 868.97	-1 277.96	-20 302.13	76.52	12.20	-44.56	-56.94
2073	3 433.32	4 895.24	-1 461.92	-24 159.14	69.18	10.01	-39.60	-52.46	3 647.27	5 025.53	-1 378.25	-22 222.40	79.72	12.94	-43.05	-56.27

续表

年份	“全面二孩”生育意愿															
	46.7%								60%							
	基金财务运行状况（亿元）				变化幅度（%）				基金财务运行状况（亿元）				变化幅度（%）			
	收入	支出	当期结余	累计结余	收入	支出	当期结余	累计结余	收入	支出	当期结余	累计结余	收入	支出	当期结余	累计结余
2074	3 476.55	5 041.78	-1 565.22	-26 367.47	71.77	10.58	-38.27	-51.78	3 702.60	5 183.16	-1 480.56	-24 295.53	82.94	13.68	-41.61	-55.57
2075	3 529.83	5 182.83	-1 653.00	-28 720.98	74.91	11.16	-37.49	-51.12	3 768.28	5 335.68	-1 567.40	-26 509.51	86.72	14.44	-40.73	-54.89
2076	3 567.93	5 332.00	-1 764.07	-31 247.18	77.32	11.72	-36.09	-50.45	3 819.07	5 496.70	-1 677.64	-28 891.82	89.80	15.17	-39.22	-54.18
2077	3 604.20	5 481.70	-1 877.50	-33 952.79	79.64	12.29	-34.71	-49.76	3 868.32	5 658.62	-1 790.30	-31 449.17	92.80	15.91	-37.74	-53.47
2078	3 639.09	5 632.20	-1 993.11	-36 844.54	81.86	12.85	-33.34	-49.07	3 916.52	5 821.73	-1 905.21	-34 188.24	95.72	16.65	-36.28	-52.74
2079	3 673.26	5 782.41	-2 109.15	-39 927.54	83.97	13.42	-32.00	-48.36	3 964.33	5 984.96	-2 020.63	-37 114.09	98.55	17.39	-34.85	-52.00
2080	3 705.58	5 933.44	-2 227.86	-43 209.28	85.92	14.01	-30.62	-47.66	4 010.66	6 149.45	-2 138.79	-40 234.21	101.22	18.16	-33.40	-51.26
2081	3 716.64	6 096.67	-2 380.03	-46 729.05	86.73	14.84	-28.28	-46.91	4 029.42	6 330.35	-2 300.94	-43 598.52	102.44	19.24	-30.67	-50.46
2082	3 728.59	6 259.70	-2 531.11	-50 491.66	87.52	15.67	-26.06	-46.13	4 049.39	6 511.66	-2 462.26	-47 212.31	103.65	20.33	-28.07	-49.63
2083	3 742.49	6 421.54	-2 679.05	-54 499.98	88.35	16.52	-23.98	-45.32	4 071.76	6 692.40	-2 620.64	-51 078.77	104.92	21.43	-25.64	-48.76
2084	3 759.34	6 583.00	-2 823.65	-58 756.72	89.30	17.38	-22.05	-44.51	4 097.64	6 873.39	-2 775.75	-55 200.87	106.33	22.55	-23.38	-47.87
2085	3 779.31	6 743.18	-2 963.87	-63 263.61	90.39	18.25	-20.27	-43.69	4 127.24	7 053.76	-2 926.52	-59 580.58	107.92	23.69	-21.28	-46.96
2086	3 802.47	6 902.02	-3 099.55	-68 022.23	91.65	19.13	-18.64	-42.86	4 160.69	7 233.46	-3 072.77	-64 219.68	109.70	24.85	-19.34	-46.06
2087	3 829.07	7 058.50	-3 229.43	-73 032.95	93.11	20.03	-17.14	-42.05	4 198.25	7 411.44	-3 213.19	-69 118.69	111.73	26.04	-17.56	-45.16

续表

年份	"全面二孩"生育意愿															
	46.7%								60%							
	基金财务运行状况（亿元）				变化幅度（%）				基金财务运行状况（亿元）				变化幅度（%）			
	收入	支出	当期结余	累计结余	收入	支出	当期结余	累计结余	收入	支出	当期结余	累计结余	收入	支出	当期结余	累计结余
2088	3 858.84	7 212.67	-3 353.84	-78 296.46	94.79	20.96	-15.77	-41.24	4 239.68	7 587.81	-3 348.13	-74 278.50	114.02	27.25	-15.92	-44.26
2089	3 891.34	7 365.75	-3 474.41	-83 815.14	96.66	21.90	-14.51	-40.45	4 284.53	7 763.79	-3 479.26	-79 701.70	116.53	28.48	-14.39	-43.38
2090	3 926.11	7 516.78	-3 590.67	-89 590.96	98.70	22.86	-13.32	-39.68	4 332.33	7 938.44	-3 606.11	-85 390.51	119.26	29.75	-12.95	-42.51

注：①变化幅度均是与没有任何政策干预的情况相比；

②当期结余为负代表基金出现当期赤字，累计结余为负代表基金出现累计赤字。

表6－5　湖北省城镇职工基本医疗保险基金财务运行状况（“全面二孩”生育意愿为80%～100%与延迟退休年龄）

年份	“全面二孩”生育意愿															
	80%								100%							
	基金财务运行状况（亿元）				变化幅度（%）				基金财务运行状况（亿元）				变化幅度（%）			
	收入	支出	当期结余	累计结余	收入	支出	当期结余	累计结余	收入	支出	当期结余	累计结余	收入	支出	当期结余	累计结余
2018	218.84	193.96	24.87	321.39	0	0	0	0	218.84	193.96	24.87	321.39	0	0	0	0
2019	236.63	214.64	21.99	351.96	0	0	0	0	236.63	214.64	21.99	351.96	0	0	0	0
2020	255.81	237.04	18.77	380.00	0	0	0	0	255.81	237.04	18.77	380.00	0	0	0	0
2021	275.34	259.75	15.59	405.48	0	0	0	0	275.34	259.75	15.59	405.48	0	0	0	0
2022	297.97	284.34	13.64	429.59	0.72	0	18.45	0.51	297.97	284.34	13.64	429.59	0.72	0	18.45	0.51
2023	318.23	311.62	6.61	447.11	0.71	0	50.94	1.02	318.23	311.62	6.61	447.11	0.71	0	50.94	1.02
2024	342.95	340.39	2.56	460.91	1.38	0	−222.20	2.08	342.95	340.39	2.56	460.91	1.38	0	−222.20	2.08
2025	366.52	372.09	−5.57	466.73	1.31	0	−45.95	3.21	366.52	372.09	−5.57	466.73	1.31	0	−45.95	3.21
2026	394.37	403.71	−9.33	468.83	1.92	0	−44.27	5.03	394.37	403.71	−9.33	468.83	1.92	0	−44.27	5.03
2027	422.15	439.24	−17.09	463.03	1.79	0	−30.25	7.08	422.15	439.24	−17.09	463.03	1.79	0	−30.25	7.08
2028	453.77	478.57	−24.80	449.18	2.36	0	−29.65	10.34	453.77	478.57	−24.80	449.18	2.36	0	−29.65	10.34
2029	485.61	520.84	−35.23	424.30	2.32	0	−23.82	14.72	485.61	520.84	−35.23	424.30	2.32	0	−23.82	14.72
2030	522.51	565.94	−43.43	390.39	2.85	0	−25.03	22.10	522.51	565.94	−43.43	390.39	2.85	0	−25.03	22.10
2031	556.91	611.35	−54.45	344.35	2.81	0	−21.86	34.35	556.91	611.35	−54.45	344.35	2.81	0	−21.86	34.35

续表

年份	“全面二孩”生育意愿															
	80%								100%							
	基金财务运行状况（亿元）				变化幅度（%）				基金财务运行状况（亿元）				变化幅度（%）			
	收入	支出	当期结余	累计结余	收入	支出	当期结余	累计结余	收入	支出	当期结余	累计结余	收入	支出	当期结余	累计结余
2032	597. 45	658. 44	-60. 99	290. 44	3. 98	0	-27. 27	64. 31	597. 45	658. 44	-60. 99	290. 44	3. 98	0	-27. 27	64. 31
2033	638. 45	711. 41	-72. 96	222. 92	4. 02	0	-25. 27	174. 83	638. 45	711. 41	-72. 96	222. 92	4. 02	0	-25. 27	174. 83
2034	689. 43	767. 83	-78. 41	148. 12	5. 08	0	-29. 82	-572. 15	689. 43	767. 83	-78. 41	148. 12	5. 08	0	-29. 82	-572. 15
2035	737. 07	828. 19	-91. 12	58. 43	4. 99	0	-27. 77	-136. 19	737. 07	828. 19	-91. 12	58. 43	4. 99	0	-27. 77	-136. 19
2036	792. 09	887. 69	-95. 59	-38. 09	6. 07	0	-32. 17	-87. 71	792. 09	887. 69	-95. 59	-38. 09	6. 07	0	-32. 17	-87. 71
2037	843. 44	951. 29	-107. 85	-149. 59	6. 28	0	-31. 61	-68. 79	843. 44	951. 29	-107. 85	-149. 59	6. 28	0	-31. 61	-68. 79
2038	917. 83	1 017. 35	-99. 52	-255. 34	8. 86	0	-42. 88	-61. 89	920. 96	1 017. 35	-96. 39	-252. 13	9. 23	0	-44. 68	-62. 37
2039	987. 58	1 094. 87	-107. 30	-371. 70	10. 45	0. 55	-44. 90	-58. 06	994. 11	1 096. 31	-102. 21	-363. 20	11. 18	0. 68	-47. 51	-59. 02
2040	1 070. 63	1 172. 70	-102. 06	-485. 61	12. 99	0. 81	-52. 68	-57. 01	1 080. 81	1 174. 96	-94. 15	-468. 78	14. 06	1. 00	-56. 35	-58. 50
2041	1 141. 88	1 251. 22	-109. 34	-609. 82	14. 31	1. 24	-53. 85	-56. 46	1 155. 88	1 254. 96	-99. 08	-582. 06	15. 71	1. 55	-58. 18	-58. 44
2042	1 236. 60	1 333. 62	-97. 02	-724. 51	17. 80	1. 66	-62. 99	-57. 49	1 254. 63	1 338. 95	-84. 32	-683. 04	19. 52	2. 07	-67. 83	-59. 92
2043	1 310. 75	1 420. 41	-109. 66	-855. 02	18. 75	2. 06	-61. 93	-58. 13	1 333. 02	1 427. 44	-94. 42	-796. 89	20. 77	2. 56	-67. 22	-60. 98
2044	1 413. 36	1 512. 09	-98. 72	-977. 58	22. 34	2. 43	-69. 24	-59. 64	1 440. 10	1 520. 92	-80. 82	-899. 66	24. 66	3. 03	-74. 82	-62. 86
2045	1 497. 24	1 607. 61	-110. 37	-1 115. 15	23. 88	2. 79	-68. 94	-60. 83	1 528. 69	1 618. 37	-89. 68	-1 014. 07	26. 48	3. 48	-74. 76	-64. 38

续表

年份	"全面二孩"生育意愿															
	80%								100%							
	基金财务运行状况（亿元）				变化幅度（%）				基金财务运行状况（亿元）				变化幅度（%）			
	收入	支出	当期结余	累计结余	收入	支出	当期结余	累计结余	收入	支出	当期结余	累计结余	收入	支出	当期结余	累计结余
2046	1 601.04	1 697.21	-96.17	-1 241.61	27.13	3.13	-75.10	-62.53	1 637.28	1 709.94	-72.66	-1 113.90	30.01	3.91	-81.19	-66.39
2047	1 684.32	1 791.34	-107.02	-1 382.34	28.61	3.46	-74.62	-63.90	1 725.60	1 806.16	-80.55	-1 224.32	31.76	4.32	-80.90	-68.03
2048	1 796.45	1 887.21	-90.77	-1 509.93	31.96	3.79	-80.14	-65.63	1 843.04	1 904.23	-61.19	-1 317.65	35.38	4.72	-86.61	-70.01
2049	1 886.94	1 994.11	-107.17	-1 657.53	33.90	4.09	-78.84	-67.00	1 939.15	2 013.48	-74.33	-1 426.77	37.60	5.10	-85.33	-71.59
2050	2 008.91	2 103.74	-94.84	-1 796.18	37.75	4.39	-82.97	-68.59	2 067.07	2 125.61	-58.54	-1 522.45	41.74	5.47	-89.49	-73.38
2051	2 093.83	2 209.26	-115.43	-1 959.40	38.87	4.79	-80.78	-69.75	2 157.99	2 234.25	-76.26	-1 638.67	43.13	5.97	-87.30	-74.70
2052	2 177.01	2 320.71	-143.70	-2 155.67	39.62	5.18	-77.80	-70.48	2 247.49	2 349.00	-101.52	-1 783.69	44.14	6.46	-84.31	-75.57
2053	2 264.25	2 436.37	-172.12	-2 385.99	40.48	5.56	-75.28	-70.90	2 341.39	2 468.16	-126.78	-1 958.23	45.27	6.94	-81.79	-76.12
2054	2 350.62	2 557.18	-206.56	-2 657.36	42.05	5.94	-72.79	-71.06	2 434.81	2 592.69	-157.88	-2 169.02	47.13	7.41	-79.20	-76.38
2055	2 438.07	2 683.05	-244.98	-2 974.90	43.41	6.30	-70.27	-70.99	2 529.72	2 722.50	-192.77	-2 420.83	48.80	7.87	-76.60	-76.40
2056	2 528.02	2 796.68	-268.65	-3 324.64	45.24	6.68	-69.51	-70.88	2 627.14	2 840.09	-212.95	-2 699.63	50.93	8.33	-75.83	-76.35
2057	2 622.61	2 913.04	-290.42	-3 705.44	47.19	7.05	-69.09	-70.74	2 729.68	2 960.65	-230.97	-3 003.86	53.20	8.80	-75.42	-76.28
2058	2 720.30	3 032.95	-312.65	-4 118.54	49.32	7.43	-68.78	-70.60	2 835.93	3 085.04	-249.10	-3 334.29	55.66	9.27	-75.13	-76.20
2059	2 799.40	3 170.66	-371.26	-4 602.04	50.33	7.78	-65.61	-70.24	2 924.34	3 227.56	-303.22	-3 728.45	57.04	9.71	-71.92	-75.89

续表

年份	“全面二孩”生育意愿															
	80%								100%							
	基金财务运行状况（亿元）				变化幅度（%）				基金财务运行状况（亿元）				变化幅度（%）			
	收入	支出	当期结余	累计结余	收入	支出	当期结余	累计结余	收入	支出	当期结余	累计结余	收入	支出	当期结余	累计结余
2060	2 887.52	3 311.16	-423.64	-5 151.32	51.81	8.15	-63.46	-69.77	3 022.70	3 373.28	-350.58	-4 181.00	58.92	10.18	-69.77	-75.46
2061	2 972.61	3 442.60	-469.99	-5 761.85	54.09	8.72	-62.01	-69.24	3 118.42	3 511.54	-393.12	-4 688.47	61.65	10.90	-68.23	-74.97
2062	3 061.57	3 578.70	-517.13	-6 435.95	56.55	9.31	-60.77	-68.69	3 219.07	3 654.99	-435.91	-5 252.49	64.60	11.64	-66.93	-74.44
2063	3 151.20	3 719.61	-568.42	-7 179.48	59.05	9.90	-59.49	-68.10	3 321.49	3 803.83	-482.34	-5 878.20	67.64	12.39	-65.63	-73.88
2064	3 246.90	3 862.21	-615.31	-7 989.66	62.16	10.52	-58.77	-67.52	3 431.09	3 954.97	-523.88	-6 562.14	71.36	13.17	-64.90	-73.32
2065	3 341.60	4 007.55	-665.95	-8 872.00	65.11	11.15	-57.90	-66.94	3 540.84	4 109.48	-568.64	-7 309.04	74.95	13.98	-64.05	-72.76
2066	3 422.22	4 142.33	-720.11	-9 831.91	68.57	11.78	-57.02	-66.35	3 636.60	4 253.54	-616.94	-8 124.13	79.13	14.78	-63.18	-72.20
2067	3 505.43	4 279.75	-774.32	-10 871.38	72.32	12.42	-56.32	-65.78	3 735.84	4 400.78	-664.94	-9 008.80	83.64	15.60	-62.49	-71.64
2068	3 590.68	4 419.90	-829.22	-11 993.12	76.36	13.06	-55.73	-65.22	3 837.90	4 551.31	-713.40	-9 965.26	88.50	16.43	-61.92	-71.10
2069	3 669.61	4 565.46	-895.84	-13 211.19	80.23	13.71	-54.73	-64.65	3 934.38	4 707.79	-773.41	-11 007.13	93.23	17.25	-60.92	-70.55
2070	3 748.95	4 714.50	-965.56	-14 531.16	83.67	14.37	-53.60	-64.07	4 031.93	4 868.29	-836.36	-12 139.57	97.53	18.11	-59.81	-69.98
2071	3 826.38	4 881.35	-1 054.97	-15 975.78	87.72	15.39	-51.87	-63.44	4 128.21	5 051.03	-922.82	-13 388.95	102.53	19.40	-57.90	-69.36
2072	3 902.83	5 051.67	-1 148.84	-17 552.74	91.85	16.41	-50.17	-62.78	4 224.08	5 237.89	-1 013.81	-14 762.83	107.64	20.70	-56.02	-68.69
2073	3 977.88	5 224.86	-1 246.98	-19 269.71	96.01	17.42	-48.48	-62.08	4 319.14	5 428.29	-1 109.14	-16 268.77	112.83	21.99	-54.17	-67.98

续表

年份	“全面二孩”生育意愿															
	80%								100%							
	基金财务运行状况（亿元）				变化幅度（%）				基金财务运行状况（亿元）				变化幅度（%）			
	收入	支出	当期结余	累计结余	收入	支出	当期结余	累计结余	收入	支出	当期结余	累计结余	收入	支出	当期结余	累计结余
2074	4 052.48	5 399.71	-1 347.23	-21 132.37	100.23	18.43	-46.86	-61.35	4 414.29	5 620.98	-1 206.69	-17 912.35	118.10	23.28	-52.41	-67.24
2075	4 137.90	5 570.03	-1 432.13	-23 128.61	105.04	19.47	-45.84	-60.64	4 520.79	5 809.77	-1 288.98	-19 681.36	124.01	24.61	-51.26	-66.51
2076	4 208.91	5 749.46	-1 540.55	-25 285.89	109.18	20.47	-44.19	-59.90	4 613.41	6 008.34	-1 394.93	-21 603.19	129.28	25.90	-49.47	-65.74
2077	4 278.89	5 930.39	-1 651.49	-27 610.82	113.27	21.48	-42.57	-59.14	4 705.56	6 209.04	-1 503.48	-23 684.34	134.53	27.19	-47.71	-64.95
2078	4 348.34	6 113.14	-1 764.79	-30 110.01	117.30	22.49	-40.97	-58.38	4 797.76	6 412.24	-1 614.49	-25 931.30	139.76	28.48	-46.00	-64.15
2079	4 417.97	6 296.68	-1 878.71	-32 788.44	121.27	23.50	-39.43	-57.60	4 890.76	6 616.97	-1 726.21	-28 348.95	144.94	29.79	-44.35	-63.34
2080	4 486.73	6 482.19	-1 995.46	-35 653.49	125.11	24.55	-37.86	-56.81	4 983.61	6 824.43	-1 840.82	-30 944.51	150.04	31.13	-42.68	-62.51
2081	4 518.50	6 690.50	-2 172.00	-38 771.13	127.01	26.02	-34.55	-55.95	5 030.13	7 061.17	-2 031.04	-33 799.94	152.72	33.00	-38.80	-61.60
2082	4 552.08	6 900.20	-2 348.12	-42 147.23	128.93	27.51	-31.41	-55.03	5 079.17	7 300.36	-2 221.18	-36 921.65	155.44	34.90	-35.11	-60.61
2083	4 588.84	7 110.36	-2 521.52	-45 785.48	130.95	29.02	-28.45	-54.07	5 132.31	7 541.14	-2 408.82	-40 313.74	158.30	36.83	-31.65	-59.56
2084	4 630.06	7 321.81	-2 691.75	-49 689.16	133.14	30.55	-25.69	-53.07	5 191.04	7 784.35	-2 593.32	-43 979.73	161.39	38.80	-28.41	-58.46
2085	4 676.06	7 533.73	-2 857.67	-53 860.50	135.56	32.11	-23.13	-52.06	5 255.79	8 029.28	-2 773.48	-47 922.05	164.77	40.80	-25.40	-57.34
2086	4 727.06	7 746.10	-3 019.05	-58 301.53	138.25	33.70	-20.75	-51.03	5 326.91	8 275.92	-2 949.01	-52 142.84	168.48	42.85	-22.59	-56.20
2087	4 783.38	7 957.87	-3 174.50	-63 012.93	141.24	35.33	-18.55	-50.00	5 404.79	8 523.23	-3 118.44	-56 642.81	172.58	44.94	-19.99	-55.05

续表

年份	“全面二孩”生育意愿															
	80%								100%							
	基金财务运行状况（亿元）				变化幅度（%）				基金财务运行状况（亿元）				变化幅度（%）			
	收入	支出	当期结余	累计结余	收入	支出	当期结余	累计结余	收入	支出	当期结余	累计结余	收入	支出	当期结余	累计结余
2088	4 844.79	8 169.19	-3 324.40	-67 995.77	144.56	37.00	-16.51	-48.97	5 489.24	8 771.43	-3 282.19	-61 423.12	177.09	47.10	-17.57	-53.91
2089	4 910.88	8 381.34	-3 470.47	-73 252.89	148.18	38.70	-14.60	-47.96	5 579.88	9 021.87	-3 442.00	-66 486.74	181.99	49.30	-15.30	-52.76
2090	4 981.13	8 593.40	-3 612.27	-78 786.78	152.10	40.45	-12.80	-46.95	5 676.19	9 273.67	-3 597.48	-71 836.32	187.27	51.57	-13.16	-51.63

注：①变化幅度均是与没有任何政策干预的情况相比；

②当期结余为负代表基金出现当期赤字，累计结余为负代表基金出现累计赤字。

第四节 小　　结

如本书第五章所述，虽然“全面二孩”政策能改善湖北省社会医疗保险基金财务运行状况，但是“全面二孩”政策对湖北省社会医疗保险基金出现当期赤字和累计赤字的时点影响较小。如果进一步引入延迟退休年龄政策，情况会如何呢？由于城乡居民基本医疗保险的缴费人员为全部参保人员，而城镇职工基本医疗保险的缴费人员为参保在职职工，因此“全面二孩”政策与延迟退休年龄政策的组合只对城镇职工基本医疗保险基金有影响。模拟分析发现：同时实施“全面二孩”政策与延迟退休年龄政策，当20.5%符合“全面二孩”规定夫妇生育二孩，湖北省城镇职工基本医疗保险基金开始出现累计赤字的时点推迟至2036年，2090年基金累计赤字降至97 425.24亿元，与没有任何政策干预的情况相比，降幅为34.4%；如果生育意愿达到100%，湖北省城镇职工基本医疗保险基金开始出现累计赤字的时点同样推迟至2036年，2090年基金累计赤字降至71 836.32亿元，降幅高达51.3%。可见，“全面二孩”政策与延迟退休年龄政策的组合不仅可以改善湖北省城镇职工基本医疗保险基金的财务运行状况，还能推迟湖北省城镇职工基本医疗保险基金开始出现当期赤字和累计赤字的时点，也就是说“全面二孩”政策与延迟退休年龄政策的组合能进一步提高湖北省城镇职工基本医疗保险基金的可持续性。

表6－6　“全面二孩”政策与延迟退休年龄政策的组合对湖北省城镇职工基本医疗保险基金财务运行状况的影响

模拟情形	当期赤字时点（年）	累计赤字时点（年）	2090年累计赤字（亿元）	变化幅度（%）
没有任何政策干预	2024～2090	2034～2090	148 520.14	—
20.5%符合“全面二孩”规定夫妇生育二孩与延迟退休年龄	2025～2090	2036～2090	97 425.24	34.40

续表

模拟情形	当期赤字时点（年）	累计赤字时点（年）	2090 年累计赤字（亿元）	变化幅度（%）
46.7%符合“全面二孩”规定夫妇生育二孩与延迟退休年龄	2025 ~ 2090	2036 ~ 2090	89 590.96	39.68
60%符合“全面二孩”规定夫妇生育二孩与延迟退休年龄	2025 ~ 2090	2036 ~ 2090	85 390.51	42.51
80%符合“全面二孩”规定夫妇生育二孩与延迟退休年龄	2025 ~ 2090	2036 ~ 2090	78 786.78	46.95
100%符合“全面二孩”规定夫妇生育二孩与延迟退休年龄	2025 ~ 2090	2036 ~ 2090	71 836.32	51.63

第七章
进一步调整缴费率对湖北省社会医疗保险基金可持续性的影响

本研究将在本章分析进一步调整缴费率（即“全面二孩”政策、延迟退休年龄政策与调整缴费率政策的组合）对湖北省社会医疗保险基金财务运行状况的影响，以期判断进一步调整缴费率能否提高湖北省社会医疗保险基金可持续性。

第一节　调整缴费率对社会医疗保险基金可持续性的影响机制

从本书第六章的分析可以看出，“全面二孩”政策与延迟退休年龄政策的组合能推迟湖北省城镇职工基本医疗保险基金开始出现当期赤字和累计赤字的时点，也能改善湖北省城镇职工基本医疗保险基金的财务运行状况，但是“全面二孩”政策与延迟退休年龄政策的组合却无法扭转湖北省城镇职工基本医疗保险基金出现累计赤字的局面，因此如何进一步提高湖北省城镇职工基本医疗保险基金可持续性？本章将分析进一步引入调整缴费率政策对湖北省城镇职工基本医疗保险基金的影响。

调整缴费率分为提高缴费率和降低缴费率，当社会医疗保险基金仍存有累计结余，则缴费率具备降费空间，当社会医疗保险基金出现累计赤字，则缴费率需要提高以保证社会医疗保险基金的可持续发展。在本研究中，实施“全面二孩”政策和延迟退休年龄政策后，湖北省社会医疗保险基金仍出现累计赤字，因此需要提高缴费率以维持湖北省社会医疗保险基金的可持续发展。因此，本研究所指的调整缴费率均为提高缴费率。

提高缴费率也是解决社会医疗保险基金缺口的一项政策调整方案，提高缴费率使得社会医疗保险基金的收入增加，基金支出不变，从而社会医疗保险基金的财务运行状况得到改善，社会医疗保险基金的可持续性得到提高。

第二节　进一步调整缴费率对湖北省城镇职工基本医疗保险基金可持续性的影响

本章首先分析进一步提高缴费率对湖北省城镇职工基本医疗保险基金可持续性的影响，在本书第六章结果的基础上，如果进一步提高缴费率，湖北省城镇职工基本医疗保险基金的财务运行状况如何变化？本研究将分析缴费率每提高1%对湖北省城镇职工基本医疗保险基金财务运行状况的影响。

从表7-1可以看出，如果“全面二孩”生育意愿为20.5%，且延迟退休年龄，当缴费率提高1%，湖北省城镇职工基本医疗保险基金开始出现累计赤字的时点推迟至2063年，2090年累计赤字降至61 943.64亿元，与没有任何政策干预的情况相比，基金开始出现累计赤字的时点推迟了29年（=2063-2034），2090年累计赤字降低58.29%；当缴费率提高2%，湖北省城镇职工基本医疗保险基金开始出现累计赤字的时点推迟至2080年，2090年累计赤字降至26 462.04亿元，与没有任何政策干预的情况相比，基金开始出现累计赤字的时点推迟了46年（=2080-2034），2090年累计赤字降低82.18%；当缴费率提高3%，湖北省城镇职工基本医疗保险基金在2090年及以前不出现累计赤字，2090年累计结余9 019.55亿元，与没有任何政策干预的情况相比，基金开始出现累计赤字的时点至少推迟了56年（=2090-2034），2090年累计赤字降低106.07%。可见，如果“全面二孩”生育意愿为20.5%，且延迟退休年龄，缴费率提高3%可以保证湖北省城镇职工基本医疗保险基金在2090年及以前不出现累计赤字，湖北省城镇职工基本医疗保险基金的可持续性得到了保障。

表 7－1　湖北省城镇职工基本医疗保险基金财务运行状况

（“全面二孩”生育意愿为 20.5%、延迟退休年龄与提高缴费率）

单位：亿元

年份	缴费率提高 1%				缴费率提高 2%				缴费率提高 3%			
	收入	支出	当期结余	累计结余	收入	支出	当期结余	累计结余	收入	支出	当期结余	累计结余
2018	246.20	193.96	52.24	349.44	273.55	193.96	79.59	377.48	300.91	193.96	106.95	405.52
2019	266.21	214.64	51.57	411.03	295.79	214.64	81.15	470.09	325.37	214.64	110.73	529.15
2020	287.79	237.04	50.75	473.32	319.76	237.04	82.72	566.63	351.74	237.04	114.70	659.94
2021	309.76	259.75	50.01	536.41	344.18	259.75	84.43	667.33	378.59	259.75	118.84	798.25
2022	335.22	284.34	50.88	601.97	372.46	284.34	88.12	774.34	409.71	284.34	125.37	946.71
2023	358.01	311.62	46.39	664.57	397.79	311.62	86.17	882.02	437.57	311.62	125.95	1 099.48
2024	385.82	340.39	45.43	727.75	428.69	340.39	88.30	994.58	471.56	340.39	131.17	1 261.41
2025	412.34	372.09	40.25	787.19	458.15	372.09	86.06	1 107.65	503.97	372.09	131.88	1 428.12
2026	443.67	403.71	39.96	847.83	492.96	403.71	89.25	1 226.83	542.26	403.71	138.55	1 605.83
2027	474.92	439.24	35.68	905.59	527.69	439.24	88.45	1 348.16	580.46	439.24	141.22	1 790.72
2028	510.49	478.57	31.92	960.95	567.21	478.57	88.64	1 472.72	623.93	478.57	145.36	1 984.49
2029	546.31	520.84	25.47	1 011.09	607.01	520.84	86.17	1 597.87	667.71	520.84	146.87	2 184.65
2030	587.82	565.94	21.88	1 058.79	653.14	565.94	87.20	1 727.19	718.45	565.94	152.51	2 395.59
2031	626.52	611.35	15.17	1 100.82	696.14	611.35	84.79	1 857.28	765.75	611.35	154.40	2 613.74
2032	672.13	658.44	13.69	1 142.37	746.81	658.44	88.37	1 994.29	821.49	658.44	163.05	2 846.21

续表

年份	缴费率提高 1%				缴费率提高 2%				缴费率提高 3%			
	收入	支出	当期结余	累计结余	收入	支出	当期结余	累计结余	收入	支出	当期结余	累计结余
2033	718.26	711.41	6.85	1 177.95	798.06	711.41	86.65	2 132.97	877.87	711.41	166.46	3 087.99
2034	775.61	767.83	7.78	1 215.37	861.79	767.83	93.96	2 282.60	947.97	767.83	180.14	3 349.83
2035	829.20	828.19	1.01	1 246.79	921.34	828.19	93.15	2 435.14	1 013.47	828.19	185.28	3 623.49
2036	891.10	887.69	3.41	1 281.46	990.11	887.69	102.42	2 601.00	1 089.12	887.69	201.43	3 920.54
2037	948.87	951.43	-2.56	1 310.87	1 054.30	951.43	102.87	2 771.47	1 159.73	951.43	208.30	4 232.06
2038	1 022.07	1 018.21	3.86	1 347.60	1 135.64	1 018.21	117.43	2 961.12	1 249.20	1 018.21	230.99	4 574.63
2039	1 089.17	1 090.54	-1.37	1 379.89	1 210.19	1 090.54	119.65	3 157.78	1 331.21	1 090.54	240.67	4 935.68
2040	1 170.41	1 165.91	4.49	1 418.99	1 300.45	1 165.91	134.54	3 374.63	1 430.50	1 165.91	264.59	5 330.27
2041	1 237.78	1 240.01	-2.23	1 452.18	1 375.31	1 240.01	135.30	3 597.68	1 512.84	1 240.01	272.83	5 743.18
2042	1 330.85	1 317.67	13.18	1 502.00	1 478.73	1 317.67	161.06	3 852.71	1 626.60	1 317.67	308.93	6 203.41
2043	1 400.06	1 399.38	0.68	1 540.25	1 555.63	1 399.38	156.25	4 109.18	1 711.19	1 399.38	311.81	6 678.10
2044	1 500.54	1 485.67	14.87	1 593.99	1 667.26	1 485.67	181.59	4 398.04	1 833.99	1 485.67	348.32	7 202.08
2045	1 579.15	1 575.46	3.69	1 637.63	1 754.61	1 575.46	179.15	4 691.62	1 930.07	1 575.46	354.61	7 745.61
2046	1 679.87	1 659.17	20.70	1 699.79	1 866.53	1 659.17	207.36	5 021.45	2 053.18	1 659.17	394.01	8 343.11
2047	1 756.69	1 747.07	9.62	1 752.14	1 951.88	1 747.07	204.81	5 356.91	2 147.06	1 747.07	399.99	8 961.68
2048	1 865.06	1 836.37	28.69	1 825.35	2 072.29	1 836.37	235.92	5 732.65	2 279.52	1 836.37	443.15	9 639.95

续表

年份	缴费率提高 1%				缴费率提高 2%				缴费率提高 3%			
	收入	支出	当期结余	累计结余	收入	支出	当期结余	累计结余	收入	支出	当期结余	累计结余
2049	1 948.07	1 936.25	11.82	1 883.10	2 164.53	1 936.25	228.28	6 109.95	2 380.98	1 936.25	444.73	10 336.79
2050	2 065.37	2 038.44	26.93	1 957.78	2 294.85	2 038.44	256.41	6 525.52	2 524.34	2 038.44	485.90	11 093.25
2051	2 140.83	2 134.66	6.17	2 013.05	2 378.70	2 134.66	244.04	6 938.79	2 616.57	2 134.66	481.91	11 864.54
2052	2 213.27	2 236.25	-22.98	2 039.82	2 459.19	2 236.25	222.94	7 340.78	2 705.11	2 236.25	468.86	12 641.73
2053	2 289.11	2 341.45	-52.34	2 037.16	2 543.45	2 341.45	202.00	7 731.34	2 797.80	2 341.45	456.35	13 425.53
2054	2 362.69	2 451.18	-88.49	1 997.39	2 625.21	2 451.18	174.03	8 103.01	2 887.73	2 451.18	436.55	14 208.64
2055	2 436.11	2 565.31	-129.20	1 914.89	2 706.79	2 565.31	141.48	8 450.60	2 977.47	2 565.31	412.16	14 986.31
2056	2 512.38	2 667.13	-154.75	1 804.15	2 791.54	2 667.13	124.41	8 789.38	3 070.69	2 667.13	403.56	15 774.62
2057	2 592.33	2 771.00	-178.67	1 666.11	2 880.36	2 771.00	109.36	9 121.22	3 168.40	2 771.00	397.40	16 576.32
2058	2 673.91	2 877.65	-203.74	1 498.93	2 971.01	2 877.65	93.36	9 444.94	3 268.11	2 877.65	390.46	17 390.95
2059	2 732.38	3 001.13	-268.75	1 260.93	3 035.98	3 001.13	34.85	9 716.78	3 339.57	3 001.13	338.44	18 172.63
2060	2 798.34	3 126.35	-328.01	956.24	3 109.26	3 126.35	-17.09	9 942.19	3 420.19	3 126.35	293.84	18 928.13
2061	2 860.13	3 237.89	-377.76	592.94	3 177.93	3 237.89	-59.96	10 129.28	3 495.72	3 237.89	257.83	19 665.61
2062	2 923.34	3 352.68	-429.35	167.69	3 248.15	3 352.68	-104.53	10 275.37	3 572.97	3 352.68	220.29	20 383.04
2063	2 984.30	3 470.80	-486.50	-326.78	3 315.89	3 470.80	-154.91	10 373.46	3 647.48	3 470.80	176.68	21 073.71
2064	3 049.10	3 589.08	-539.98	-888.43	3 387.89	3 589.08	-201.19	10 426.58	3 726.68	3 589.08	137.60	21 741.59

续表

年份	缴费率提高1%				缴费率提高2%				缴费率提高3%			
	收入	支出	当期结余	累计结余	收入	支出	当期结余	累计结余	收入	支出	当期结余	累计结余
2065	3 109.65	3 708.46	-598.81	-1 524.43	3 455.16	3 708.46	-253.30	10 427.61	3 800.68	3 708.46	92.22	22 379.65
2066	3 154.61	3 817.21	-662.60	-2 241.70	3 505.13	3 817.21	-312.09	10 368.42	3 855.64	3 817.21	38.43	22 978.53
2067	3 200.18	3 927.25	-727.08	-3 042.99	3 555.75	3 927.25	-371.50	10 246.84	3 911.33	3 927.25	-15.93	23 536.67
2068	3 245.94	4 038.68	-792.74	-3 931.63	3 606.60	4 038.68	-432.08	10 060.13	3 967.26	4 038.68	-71.42	24 051.88
2069	3 282.62	4 154.11	-871.49	-4 923.20	3 647.35	4 154.11	-506.76	9 792.20	4 012.09	4 154.11	-142.03	24 507.61
2070	3 317.94	4 271.69	-953.75	-6 023.87	3 686.60	4 271.69	-585.09	9 437.29	4 055.26	4 271.69	-216.43	24 898.46
2071	3 349.45	4 394.22	-1 044.77	-7 245.36	3 721.61	4 394.22	-672.61	8 983.80	4 093.77	4 394.22	-300.45	25 212.96
2072	3 378.24	4 518.46	-1 140.22	-8 595.22	3 753.60	4 518.46	-764.86	8 424.41	4 128.96	4 518.46	-389.50	25 444.05
2073	3 403.86	4 643.88	-1 240.02	-10 081.12	3 782.06	4 643.88	-861.82	7 751.66	4 160.27	4 643.88	-483.61	25 584.45
2074	3 427.53	4 769.36	-1 341.83	-11 708.53	3 808.36	4 769.36	-961.00	6 960.43	4 189.20	4 769.36	-580.16	25 629.39
2075	3 461.94	4 888.70	-1 426.76	-13 463.67	3 846.60	4 888.70	-1 042.10	6 066.29	4 231.26	4 888.70	-657.44	25 596.25
2076	3 478.69	5 015.46	-1 536.77	-15 375.45	3 865.21	5 015.46	-1 150.25	5 038.94	4 251.73	5 015.46	-763.73	25 453.34
2077	3 492.80	5 142.07	-1 649.27	-17 450.34	3 880.89	5 142.07	-1 261.18	3 872.20	4 268.98	5 142.07	-873.09	25 194.75
2078	3 504.74	5 268.79	-1 764.06	-19 694.76	3 894.15	5 268.79	-1 374.64	2 560.00	4 283.57	5 268.79	-985.22	24 814.76
2079	3 515.21	5 394.48	-1 879.27	-22 113.38	3 905.79	5 394.48	-1 488.69	1 098.09	4 296.37	5 394.48	-1 098.11	24 309.56
2080	3 522.90	5 520.20	-1 997.30	-24 713.44	3 914.34	5 520.20	-1 605.86	-520.46	4 305.77	5 520.20	-1 214.43	23 672.51

续表

年份	缴费率提高1%				缴费率提高2%				缴费率提高3%			
	收入	支出	当期结余	累计结余	收入	支出	当期结余	累计结余	收入	支出	当期结余	累计结余
2081	3 520.80	5 649.93	-2 129.13	-27 513.64	3 912.00	5 649.93	-1 737.93	-2 314.85	4 303.20	5 649.93	-1 346.73	22 883.93
2082	3 519.10	5 778.37	-2 259.27	-30 517.23	3 910.11	5 778.37	-1 868.26	-4 287.69	4 301.12	5 778.37	-1 477.25	21 941.85
2083	3 518.79	5 904.51	-2 385.72	-33 725.53	3 909.76	5 904.51	-1 994.75	-6 439.50	4 300.74	5 904.51	-1 603.77	20 846.53
2084	3 520.79	6 029.16	-2 508.37	-37 139.74	3 911.99	6 029.16	-2 117.17	-8 770.59	4 303.19	6 029.16	-1 725.97	19 598.57
2085	3 525.18	6 151.41	-2 626.23	-40 760.13	3 916.86	6 151.41	-2 234.55	-11 280.26	4 308.55	6 151.41	-1 842.86	18 199.60
2086	3 531.99	6 271.17	-2 739.18	-44 586.79	3 924.44	6 271.17	-2 346.73	-13 967.67	4 316.88	6 271.17	-1 954.29	16 651.45
2087	3 541.43	6 387.47	-2 846.04	-48 618.64	3 934.93	6 387.47	-2 452.55	-16 830.72	4 328.42	6 387.47	-2 059.05	14 957.20
2088	3 553.21	6 500.33	-2 947.12	-52 854.91	3 948.01	6 500.33	-2 552.32	-19 867.61	4 342.81	6 500.33	-2 157.52	13 119.68
2089	3 566.87	6 610.92	-3 044.05	-57 296.43	3 963.19	6 610.92	-2 647.73	-23 078.23	4 359.51	6 610.92	-2 251.41	11 139.97
2090	3 581.89	6 718.27	-3 136.38	-61 943.64	3 979.88	6 718.27	-2 738.40	-26 462.04	4 377.86	6 718.27	-2 340.41	9 019.55

从表7－2可以看出，如果“全面二孩”生育意愿为46.7%，且延迟退休年龄，当缴费率提高1%，湖北省城镇职工基本医疗保险基金开始出现累计赤字的时点推迟至2067年，2090年累计赤字降至51 154.84亿元，与没有任何政策干预的情况相比，基金开始出现累计赤字的时点推迟了33年（＝2067－2034），2090年累计赤字降低65.56%；当缴费率提高2%，湖北省城镇职工基本医疗保险基金开始出现累计赤字的时点推迟至2086年，2090年累计赤字降至12 718.69亿元，与没有任何政策干预的情况相比，基金开始出现累计赤字的时点推迟了52年（＝2086－2034），2090年累计赤字降低91.14%；当缴费率提高3%，湖北省城镇职工基本医疗保险基金在2090年及以前不出现累计赤字，2090年累计结余25 717.47亿元，与没有任何政策干预的情况相比，基金开始出现累计赤字的时点至少推迟了56年（＝2090－2034），2090年累计赤字降低117.32%。可见，如果“全面二孩”生育意愿为46.7%，且延迟退休年龄，缴费率提高3%同样可以保证湖北省城镇职工基本医疗保险基金在2090年及以前不出现累计赤字。

从表7－3可以看出，如果“全面二孩”生育意愿为60%，且延迟退休年龄，当缴费率提高1%，湖北省城镇职工基本医疗保险基金开始出现累计赤字的时点推迟至2070年，2090年累计赤字降至45 402.41亿元，与没有任何政策干预的情况相比，基金开始出现累计赤字的时点推迟了36年（＝2070－2034），2090年累计赤字降低69.43%；当缴费率提高2%，湖北省城镇职工基本医疗保险基金开始出现累计赤字的时点推迟至2088年，2090年累计赤字降至5 414.39亿元，与没有任何政策干预的情况相比，基金开始出现累计赤字的时点推迟了54年（＝2088－2034），2090年累计赤字降低96.35%；当缴费率提高3%，湖北省城镇职工基本医疗保险基金在2090年及以前不出现累计赤字，2090年累计结余34 573.62亿元，与没有任何政策干预的情况相比，基金开始出现累计赤字的时点至少推迟了56年（＝2090－2034），2090年累计赤字降低123.28%。可见，如果“全面二孩”生育意愿为60%，且延迟退休年龄，缴费率提高3%也可以保证湖北省城镇职工基本医疗保险基金在2090年及以前不出现累计赤字。

表 7－2　　湖北省城镇职工基本医疗保险基金财务运行状况

（“全面二孩”生育意愿为 46.7%、延迟退休年龄与调整缴费率）

单位：亿元

年份	缴费率提高 1%				缴费率提高 2%				缴费率提高 3%			
	收入	支出	当期结余	累计结余	收入	支出	当期结余	累计结余	收入	支出	当期结余	累计结余
2018	246. 20	193. 96	52. 24	349. 44	273. 55	193. 96	79. 59	377. 48	300. 91	193. 96	106. 95	405. 52
2019	266. 21	214. 64	51. 57	411. 03	295. 79	214. 64	81. 15	470. 09	325. 37	214. 64	110. 73	529. 15
2020	287. 79	237. 04	50. 75	473. 32	319. 76	237. 04	82. 72	566. 63	351. 74	237. 04	114. 70	659. 94
2021	309. 76	259. 75	50. 01	536. 41	344. 18	259. 75	84. 43	667. 33	378. 59	259. 75	118. 84	798. 25
2022	335. 22	284. 34	50. 88	601. 97	372. 46	284. 34	88. 12	774. 34	409. 71	284. 34	125. 37	946. 71
2023	358. 01	311. 62	46. 39	664. 57	397. 79	311. 62	86. 17	882. 02	437. 57	311. 62	125. 95	1 099. 48
2024	385. 82	340. 39	45. 43	727. 75	428. 69	340. 39	88. 30	994. 58	471. 56	340. 39	131. 17	1 261. 41
2025	412. 34	372. 09	40. 25	787. 19	458. 15	372. 09	86. 06	1 107. 65	503. 97	372. 09	131. 88	1 428. 12
2026	443. 67	403. 71	39. 96	847. 83	492. 96	403. 71	89. 25	1 226. 83	542. 26	403. 71	138. 55	1 605. 83
2027	474. 92	439. 24	35. 68	905. 59	527. 69	439. 24	88. 45	1 348. 16	580. 46	439. 24	141. 22	1 790. 72
2028	510. 49	478. 57	31. 92	960. 95	567. 21	478. 57	88. 64	1 472. 72	623. 93	478. 57	145. 36	1 984. 49
2029	546. 31	520. 84	25. 47	1 011. 09	607. 01	520. 84	86. 17	1 597. 87	667. 71	520. 84	146. 87	2 184. 65
2030	587. 82	565. 94	21. 88	1 058. 79	653. 14	565. 94	87. 20	1 727. 19	718. 45	565. 94	152. 51	2 395. 59
2031	626. 52	611. 35	15. 17	1 100. 82	696. 14	611. 35	84. 79	1 857. 28	765. 75	611. 35	154. 40	2 613. 74
2032	672. 13	658. 44	13. 69	1 142. 37	746. 81	658. 44	88. 37	1 994. 29	821. 49	658. 44	163. 05	2 846. 21

续表

年份	缴费率提高1%				缴费率提高2%				缴费率提高3%			
	收入	支出	当期结余	累计结余	收入	支出	当期结余	累计结余	收入	支出	当期结余	累计结余
2033	718.26	711.41	6.85	1 177.95	798.06	711.41	86.65	2 132.97	877.87	711.41	166.46	3 087.99
2034	775.61	767.83	7.78	1 215.37	861.79	767.83	93.96	2 282.60	947.97	767.83	180.14	3 349.83
2035	829.20	828.19	1.01	1 246.79	921.34	828.19	93.15	2 435.14	1 013.47	828.19	185.28	3 623.49
2036	891.10	887.69	3.41	1 281.46	990.11	887.69	102.42	2 601.00	1 089.12	887.69	201.43	3 920.54
2037	948.87	951.29	-2.42	1 311.01	1 054.30	951.29	103.01	2 771.61	1 159.73	951.29	208.44	4 232.21
2038	1 026.69	1 017.35	9.34	1 353.36	1 140.76	1 017.35	123.41	2 967.40	1 254.84	1 017.35	237.49	4 581.44
2039	1 098.80	1 092.45	6.35	1 393.70	1 220.89	1 092.45	128.44	3 173.23	1 342.98	1 092.45	250.53	4 952.76
2040	1 185.40	1 168.91	16.49	1 445.45	1 317.11	1 168.91	148.20	3 404.47	1 448.82	1 168.91	279.91	5 363.50
2041	1 258.40	1 244.96	13.44	1 495.36	1 398.23	1 244.96	153.27	3 646.68	1 538.05	1 244.96	293.09	5 798.00
2042	1 357.41	1 324.71	32.70	1 566.27	1 508.24	1 324.71	183.53	3 925.96	1 659.06	1 324.71	334.35	6 285.66
2043	1 432.88	1 408.66	24.22	1 630.25	1 592.09	1 408.66	183.43	4 212.12	1 751.30	1 408.66	342.64	6 794.00
2044	1 539.95	1 497.33	42.62	1 714.68	1 711.05	1 497.33	213.72	4 536.49	1 882.16	1 497.33	384.83	7 358.30
2045	1 625.50	1 589.65	35.85	1 794.30	1 806.11	1 589.65	216.46	4 871.78	1 986.72	1 589.65	397.07	7 949.25
2046	1 733.29	1 675.95	57.34	1 897.93	1 925.88	1 675.95	249.93	5 249.74	2 118.46	1 675.95	442.51	8 601.56
2047	1 817.53	1 766.60	50.93	1 997.58	2 019.48	1 766.60	252.88	5 640.19	2 221.42	1 766.60	454.82	9 282.79
2048	1 933.73	1 858.79	74.94	2 124.33	2 148.59	1 858.79	289.80	6 078.23	2 363.45	1 858.79	504.66	10 032.14

续表

年份	缴费率提高1%				缴费率提高2%				缴费率提高3%			
	收入	支出	当期结余	累计结余	收入	支出	当期结余	累计结余	收入	支出	当期结余	累计结余
2049	2 025.01	1 961.77	63.24	2 242.26	2 250.01	1 961.77	288.24	6 525.64	2 475.01	1 961.77	513.24	10 809.01
2050	2 151.08	2 067.25	83.83	2 384.24	2 390.09	2 067.25	322.84	7 019.69	2 629.10	2 067.25	561.85	11 655.13
2051	2 235.39	2 167.57	67.82	2 513.36	2 483.76	2 167.57	316.19	7 519.28	2 732.14	2 167.57	564.57	12 525.19
2052	2 317.13	2 273.50	43.63	2 620.91	2 574.59	2 273.50	301.09	8 015.87	2 832.05	2 273.50	558.55	13 410.83
2053	2 402.79	2 383.31	19.48	2 706.40	2 669.76	2 383.31	286.45	8 509.88	2 936.74	2 383.31	553.43	14 313.37
2054	2 486.76	2 497.92	-11.16	2 762.61	2 763.06	2 497.92	265.14	8 994.40	3 039.37	2 497.92	541.45	15 226.19
2055	2 571.17	2 617.23	-46.07	2 784.46	2 856.85	2 617.23	239.62	9 464.87	3 142.54	2 617.23	525.31	16 145.28
2056	2 658.40	2 724.25	-65.85	2 786.58	2 953.78	2 724.25	229.53	9 936.76	3 249.15	2 724.25	524.90	17 086.94
2057	2 749.97	2 833.62	-83.65	2 770.50	3 055.53	2 833.62	221.91	10 412.63	3 361.08	2 833.62	527.46	18 054.75
2058	2 843.97	2 946.10	-102.13	2 735.08	3 159.96	2 946.10	213.86	10 892.15	3 475.96	2 946.10	529.86	19 049.23
2059	2 915.75	3 075.82	-160.07	2 639.38	3 239.73	3 075.82	163.91	11 332.46	3 563.70	3 075.82	487.88	20 025.53
2060	2 996.11	3 207.74	-211.63	2 488.45	3 329.01	3 207.74	121.27	11 740.07	3 661.91	3 207.74	454.17	20 991.70
2061	3 072.56	3 327.97	-255.42	2 288.86	3 413.95	3 327.97	85.98	12 121.71	3 755.35	3 327.97	427.38	21 954.55
2062	3 151.56	3 452.03	-300.47	2 038.10	3 501.74	3 452.03	49.71	12 475.70	3 851.91	3 452.03	399.88	22 913.29
2063	3 229.55	3 580.05	-350.50	1 729.79	3 588.39	3 580.05	8.34	12 796.14	3 947.23	3 580.05	367.18	23 862.48
2064	3 312.55	3 708.84	-396.29	1 366.84	3 680.61	3 708.84	-28.23	13 087.11	4 048.67	3 708.84	339.83	24 807.37

续表

年份	缴费率提高 1%				缴费率提高 2%				缴费率提高 3%			
	收入	支出	当期结余	累计结余	收入	支出	当期结余	累计结余	收入	支出	当期结余	累计结余
2065	3 392.55	3 839.40	-446.85	942.99	3 769.50	3 839.40	-69.90	13 342.64	4 146.45	3 839.40	307.05	25 742.28
2066	3 456.73	3 959.32	-502.59	451.41	3 840.81	3 959.32	-118.51	13 554.73	4 224.89	3 959.32	265.57	26 658.05
2067	3 522.42	4 081.08	-558.66	-109.93	3 913.80	4 081.08	-167.28	13 722.14	4 305.18	4 081.08	224.10	27 554.21
2068	3 589.13	4 204.76	-615.63	-743.70	3 987.93	4 204.76	-216.84	13 842.94	4 386.72	4 204.76	181.96	28 429.57
2069	3 647.54	4 333.02	-685.48	-1 464.90	4 052.83	4 333.02	-280.20	13 901.81	4 458.11	4 333.02	125.09	29 268.52
2070	3 705.31	4 463.97	-758.66	-2 279.15	4 117.01	4 463.97	-346.96	13 893.72	4 528.71	4 463.97	64.74	30 066.60
2071	3 759.94	4 605.47	-845.53	-3 202.80	4 177.71	4 605.47	-427.76	13 802.62	4 595.48	4 605.47	-9.99	30 808.03
2072	3 812.48	4 749.42	-936.94	-4 243.23	4 236.09	4 749.42	-513.33	13 621.52	4 659.70	4 749.42	-89.72	31 486.26
2073	3 862.49	4 895.24	-1 032.76	-5 407.89	4 291.65	4 895.24	-603.59	13 343.37	4 720.82	4 895.24	-174.42	32 094.63
2074	3 911.12	5 041.78	-1 130.66	-6 702.01	4 345.69	5 041.78	-696.09	12 963.46	4 780.26	5 041.78	-261.52	32 628.94
2075	3 971.06	5 182.83	-1 211.77	-8 111.63	4 412.29	5 182.83	-770.54	12 497.74	4 853.52	5 182.83	-329.31	33 107.11
2076	4 013.92	5 332.00	-1 318.08	-9 665.45	4 459.91	5 332.00	-872.09	11 916.30	4 905.90	5 332.00	-426.10	33 498.04
2077	4 054.73	5 481.70	-1 426.98	-11 369.73	4 505.25	5 481.70	-976.45	11 213.34	4 955.78	5 481.70	-525.93	33 796.42
2078	4 093.98	5 632.20	-1 538.22	-13 230.66	4 548.86	5 632.20	-1 083.34	10 383.26	5 003.75	5 632.20	-628.45	33 997.17
2079	4 132.42	5 782.41	-1 649.99	-15 252.66	4 591.58	5 782.41	-1 190.84	9 422.23	5 050.73	5 782.41	-731.68	34 097.13
2080	4 168.78	5 933.44	-1 764.66	-17 442.76	4 631.98	5 933.44	-1 301.47	8 323.79	5 095.17	5 933.44	-838.27	34 090.33

续表

年份	缴费率提高 1%				缴费率提高 2%				缴费率提高 3%			
	收入	支出	当期结余	累计结余	收入	支出	当期结余	累计结余	收入	支出	当期结余	累计结余
2081	4 181. 22	6 096. 67	-1 915. 45	-19 842. 16	4 645. 80	6 096. 67	-1 450. 87	7 044. 74	5 110. 38	6 096. 67	-986. 29	33 931. 64
2082	4 194. 66	6 259. 70	-2 065. 04	-22 454. 88	4 660. 74	6 259. 70	-1 598. 96	5 581. 92	5 126. 81	6 259. 70	-1 132. 89	33 618. 72
2083	4 210. 30	6 421. 54	-2 211. 24	-25 282. 77	4 678. 11	6 421. 54	-1 743. 43	3 934. 46	5 145. 92	6 421. 54	-1 275. 62	33 151. 69
2084	4 229. 26	6 583. 00	-2 353. 74	-28 327. 43	4 699. 18	6 583. 00	-1 883. 83	2 101. 90	5 169. 09	6 583. 00	-1 413. 91	32 531. 22
2085	4 251. 72	6 743. 18	-2 491. 46	-31 589. 36	4 724. 14	6 743. 18	-2 019. 04	84. 93	5 196. 55	6 743. 18	-1 546. 63	31 759. 21
2086	4 277. 78	6 902. 02	-2 624. 24	-35 068. 94	4 753. 09	6 902. 02	-2 148. 93	-2 115. 61	5 228. 40	6 902. 02	-1 673. 62	30 837. 72
2087	4 307. 70	7 058. 50	-2 750. 80	-38 765. 23	4 786. 34	7 058. 50	-2 272. 16	-4 497. 46	5 264. 97	7 058. 50	-1 793. 53	29 770. 30
2088	4 341. 20	7 212. 67	-2 871. 48	-42 677. 62	4 823. 55	7 212. 67	-2 389. 12	-7 058. 75	5 305. 91	7 212. 67	-1 906. 77	28 560. 12
2089	4 377. 76	7 365. 75	-2 987. 99	-46 807. 25	4 864. 18	7 365. 75	-2 501. 58	-9 799. 33	5 350. 59	7 365. 75	-2 015. 16	27 208. 59
2090	4 416. 87	7 516. 78	-3 099. 91	-51 154. 84	4 907. 64	7 516. 78	-2 609. 14	-12 718. 69	5 398. 40	7 516. 78	-2 118. 38	25 717. 47

表 7－3　湖北省城镇职工基本医疗保险基金财务运行状况

（“全面二孩”生育意愿为 60%、延迟退休年龄与调整缴费率）

单位：亿元

年份	缴费率提高 1%				缴费率提高 2%				缴费率提高 3%			
	收入	支出	当期结余	累计结余	收入	支出	当期结余	累计结余	收入	支出	当期结余	累计结余
2018	246. 20	193. 96	52. 24	349. 44	273. 55	193. 96	79. 59	377. 48	300. 91	193. 96	106. 95	405. 52
2019	266. 21	214. 64	51. 57	411. 03	295. 79	214. 64	81. 15	470. 09	325. 37	214. 64	110. 73	529. 15
2020	287. 79	237. 04	50. 75	473. 32	319. 76	237. 04	82. 72	566. 63	351. 74	237. 04	114. 70	659. 94
2021	309. 76	259. 75	50. 01	536. 41	344. 18	259. 75	84. 43	667. 33	378. 59	259. 75	118. 84	798. 25
2022	335. 22	284. 34	50. 88	601. 97	372. 46	284. 34	88. 12	774. 34	409. 71	284. 34	125. 37	946. 71
2023	358. 01	311. 62	46. 39	664. 57	397. 79	311. 62	86. 17	882. 02	437. 57	311. 62	125. 95	1 099. 48
2024	385. 82	340. 39	45. 43	727. 75	428. 69	340. 39	88. 30	994. 58	471. 56	340. 39	131. 17	1 261. 41
2025	412. 34	372. 09	40. 25	787. 19	458. 15	372. 09	86. 06	1 107. 65	503. 97	372. 09	131. 88	1 428. 12
2026	443. 67	403. 71	39. 96	847. 83	492. 96	403. 71	89. 25	1 226. 83	542. 26	403. 71	138. 55	1 605. 83
2027	474. 92	439. 24	35. 68	905. 59	527. 69	439. 24	88. 45	1 348. 16	580. 46	439. 24	141. 22	1 790. 72
2028	510. 49	478. 57	31. 92	960. 95	567. 21	478. 57	88. 64	1 472. 72	623. 93	478. 57	145. 36	1 984. 49
2029	546. 31	520. 84	25. 47	1 011. 09	607. 01	520. 84	86. 17	1 597. 87	667. 71	520. 84	146. 87	2 184. 65
2030	587. 82	565. 94	21. 88	1 058. 79	653. 14	565. 94	87. 20	1 727. 19	718. 45	565. 94	152. 51	2 395. 59
2031	626. 52	611. 35	15. 17	1 100. 82	696. 14	611. 35	84. 79	1 857. 28	765. 75	611. 35	154. 40	2 613. 74
2032	672. 13	658. 44	13. 69	1 142. 37	746. 81	658. 44	88. 37	1 994. 29	821. 49	658. 44	163. 05	2 846. 21

续表

年份	缴费率提高1%				缴费率提高2%				缴费率提高3%			
	收入	支出	当期结余	累计结余	收入	支出	当期结余	累计结余	收入	支出	当期结余	累计结余
2033	718. 26	711. 41	6. 85	1 177. 95	798. 06	711. 41	86. 65	2 132. 97	877. 87	711. 41	166. 46	3 087. 99
2034	775. 61	767. 83	7. 78	1 215. 37	861. 79	767. 83	93. 96	2 282. 60	947. 97	767. 83	180. 14	3 349. 83
2035	829. 20	828. 19	1. 01	1 246. 79	921. 34	828. 19	93. 15	2 435. 14	1 013. 47	828. 19	185. 28	3 623. 49
2036	891. 10	887. 69	3. 41	1 281. 46	990. 11	887. 69	102. 42	2 601. 00	1 089. 12	887. 69	201. 43	3 920. 54
2037	948. 87	951. 29	-2. 42	1 311. 01	1 054. 30	951. 29	103. 01	2 771. 61	1 159. 73	951. 29	208. 44	4 232. 21
2038	1 029. 03	1 017. 35	11. 68	1 355. 76	1 143. 36	1 017. 35	126. 01	2 970. 06	1 257. 70	1 017. 35	240. 35	4 584. 37
2039	1 103. 68	1 093. 42	10. 26	1 400. 17	1 226. 31	1 093. 42	132. 89	3 180. 53	1 348. 94	1 093. 42	255. 52	4 960. 89
2040	1 193. 02	1 170. 43	22. 59	1 458. 33	1 325. 58	1 170. 43	155. 15	3 419. 07	1 458. 13	1 170. 43	287. 70	5 379. 81
2041	1 268. 88	1 247. 46	21. 42	1 516. 74	1 409. 86	1 247. 46	162. 40	3 671. 01	1 550. 85	1 247. 46	303. 39	5 825. 28
2042	1 370. 90	1 328. 27	42. 63	1 598. 35	1 523. 23	1 328. 27	194. 96	3 962. 61	1 675. 55	1 328. 27	347. 28	6 326. 87
2043	1 449. 54	1 413. 36	36. 18	1 675. 40	1 610. 60	1 413. 36	197. 24	4 263. 85	1 771. 66	1 413. 36	358. 30	6 852. 30
2044	1 559. 95	1 503. 23	56. 72	1 775. 42	1 733. 28	1 503. 23	230. 05	4 606. 24	1 906. 60	1 503. 23	403. 37	7 437. 06
2045	1 649. 03	1 596. 83	52. 19	1 873. 30	1 832. 25	1 596. 83	235. 42	4 962. 70	2 015. 48	1 596. 83	418. 65	8 052. 10
2046	1 760. 40	1 684. 45	75. 95	1 997. 98	1 956. 00	1 684. 45	271. 55	5 365. 11	2 151. 60	1 684. 45	467. 15	8 732. 23
2047	1 848. 42	1 776. 49	71. 93	2 121. 66	2 053. 80	1 776. 49	277. 31	5 783. 48	2 259. 18	1 776. 49	482. 69	9 445. 29
2048	1 968. 58	1 870. 16	98. 42	2 275. 58	2 187. 31	1 870. 16	317. 15	6 253. 15	2 406. 04	1 870. 16	535. 88	10 230. 71

续表

年份	缴费率提高 1%				缴费率提高 2%				缴费率提高 3%			
	收入	支出	当期结余	累计结余	收入	支出	当期结余	累计结余	收入	支出	当期结余	累计结余
2049	2 064. 07	1 974. 70	89. 37	2 424. 08	2 293. 41	1 974. 70	318. 71	6 736. 16	2 522. 75	1 974. 70	548. 05	11 048. 23
2050	2 194. 59	2 081. 84	112. 75	2 600. 25	2 438. 44	2 081. 84	356. 60	7 270. 07	2 682. 28	2 081. 84	600. 44	11 939. 89
2051	2 283. 38	2 184. 24	99. 14	2 766. 88	2 537. 09	2 184. 24	352. 85	7 813. 49	2 790. 80	2 184. 24	606. 56	12 860. 11
2052	2 369. 86	2 292. 37	77. 49	2 915. 47	2 633. 18	2 292. 37	340. 81	8 358. 15	2 896. 49	2 292. 37	604. 12	13 800. 83
2053	2 460. 50	2 404. 52	55. 98	3 045. 74	2 733. 89	2 404. 52	329. 37	8 904. 71	3 007. 28	2 404. 52	602. 76	14 763. 68
2054	2 549. 73	2 521. 61	28. 12	3 150. 71	2 833. 04	2 521. 61	311. 43	9 446. 54	3 116. 34	2 521. 61	594. 73	15 742. 37
2055	2 639. 72	2 643. 54	-3. 82	3 225. 56	2 933. 03	2 643. 54	289. 49	9 979. 43	3 226. 33	2 643. 54	582. 79	16 733. 29
2056	2 732. 54	2 753. 20	-20. 67	3 285. 02	3 036. 15	2 753. 20	282. 95	10 518. 94	3 339. 77	2 753. 20	586. 57	17 752. 85
2057	2 830. 03	2 865. 36	-35. 33	3 330. 93	3 144. 48	2 865. 36	279. 12	11 068. 00	3 458. 92	2 865. 36	593. 56	18 805. 07
2058	2 930. 36	2 980. 80	-50. 44	3 362. 50	3 255. 95	2 980. 80	275. 15	11 626. 73	3 581. 55	2 980. 80	600. 75	19 890. 96
2059	3 008. 97	3 113. 71	-104. 74	3 339. 20	3 343. 30	3 113. 71	229. 59	12 152. 73	3 677. 63	3 113. 71	563. 92	20 966. 26
2060	3 096. 78	3 249. 05	-152. 27	3 266. 60	3 440. 86	3 249. 05	191. 81	12 653. 15	3 784. 95	3 249. 05	535. 90	22 039. 71
2061	3 180. 83	3 373. 73	-192. 91	3 150. 54	3 534. 25	3 373. 73	160. 52	13 134. 02	3 887. 68	3 373. 73	513. 95	23 117. 49
2062	3 268. 13	3 502. 57	-234. 45	2 989. 00	3 631. 25	3 502. 57	128. 68	13 594. 26	3 994. 38	3 502. 57	491. 81	24 199. 53
2063	3 355. 07	3 635. 69	-280. 63	2 776. 08	3 727. 85	3 635. 69	92. 16	14 028. 58	4 100. 64	3 635. 69	464. 95	25 281. 09
2064	3 447. 72	3 769. 94	-322. 22	2 515. 21	3 830. 80	3 769. 94	60. 86	14 441. 68	4 213. 88	3 769. 94	443. 94	26 368. 15

续表

年份	缴费率提高1%				缴费率提高2%				缴费率提高3%			
	收入	支出	当期结余	累计结余	收入	支出	当期结余	累计结余	收入	支出	当期结余	累计结余
2065	3 538.07	3 906.33	-368.26	2 200.62	3 931.19	3 906.33	24.86	14 828.20	4 324.31	3 906.33	417.98	27 455.78
2066	3 612.56	4 032.09	-419.54	1 825.61	4 013.95	4 032.09	-18.14	15 180.31	4 415.35	4 032.09	383.25	28 535.01
2067	3 689.09	4 160.00	-470.91	1 388.57	4 098.99	4 160.00	-61.01	15 497.28	4 508.89	4 160.00	348.89	29 606.00
2068	3 767.11	4 290.14	-523.03	887.17	4 185.68	4 290.14	-104.47	15 777.64	4 604.24	4 290.14	314.10	30 668.10
2069	3 837.29	4 425.17	-587.89	306.77	4 263.65	4 425.17	-161.52	16 006.52	4 690.02	4 425.17	264.85	31 706.27
2070	3 907.24	4 563.21	-655.97	-357.93	4 341.38	4 563.21	-221.84	16 179.30	4 775.51	4 563.21	212.30	32 716.54
2071	3 974.42	4 714.67	-740.25	-1 125.63	4 416.03	4 714.67	-298.65	16 277.68	4 857.63	4 714.67	142.96	33 680.98
2072	4 039.89	4 868.97	-829.08	-2 003.58	4 488.76	4 868.97	-380.21	16 294.90	4 937.64	4 868.97	68.67	34 593.39
2073	4 103.18	5 025.53	-922.35	-2 999.08	4 559.09	5 025.53	-466.44	16 224.17	5 015.00	5 025.53	-10.53	35 447.43
2074	4 165.43	5 183.16	-1 017.74	-4 117.24	4 628.25	5 183.16	-554.91	16 061.00	5 091.08	5 183.16	-92.09	36 239.23
2075	4 239.32	5 335.68	-1 096.37	-5 343.95	4 710.35	5 335.68	-625.33	15 821.56	5 181.39	5 335.68	-154.30	36 987.06
2076	4 296.45	5 496.70	-1 200.25	-6 707.80	4 773.84	5 496.70	-722.86	15 476.16	5 251.22	5 496.70	-245.48	37 660.12
2077	4 351.86	5 658.62	-1 306.76	-8 214.92	4 835.40	5 658.62	-823.22	15 019.27	5 318.94	5 658.62	-339.68	38 253.45
2078	4 406.09	5 821.73	-1 415.65	-9 871.33	4 895.65	5 821.73	-926.08	14 445.52	5 385.22	5 821.73	-436.51	38 762.36
2079	4 459.87	5 984.96	-1 525.09	-11 681.33	4 955.41	5 984.96	-1 029.55	13 751.37	5 450.95	5 984.96	-534.01	39 184.06
2080	4 511.99	6 149.45	-1 637.46	-13 651.76	5 013.33	6 149.45	-1 136.13	12 930.62	5 514.66	6 149.45	-634.79	39 513.00

续表

年份	缴费率提高1%				缴费率提高2%				缴费率提高3%			
	收入	支出	当期结余	累计结余	收入	支出	当期结余	累计结余	收入	支出	当期结余	累计结余
2081	4 533. 10	6 330. 35	-1 797. 25	-15 835. 23	5 036. 78	6 330. 35	-1 293. 58	11 927. 97	5 540. 45	6 330. 35	-789. 90	39 691. 18
2082	4 555. 56	6 511. 66	-1 956. 10	-18 236. 11	5 061. 74	6 511. 66	-1 449. 92	10 740. 00	5 567. 91	6 511. 66	-943. 75	39 716. 12
2083	4 580. 73	6 692. 40	-2 111. 67	-20 856. 48	5 089. 70	6 692. 40	-1 602. 70	9 365. 74	5 598. 67	6 692. 40	-1 093. 73	39 587. 95
2084	4 609. 85	6 873. 39	-2 263. 55	-23 698. 02	5 122. 05	6 873. 39	-1 751. 34	7 804. 76	5 634. 26	6 873. 39	-1 239. 14	39 307. 53
2085	4 643. 15	7 053. 76	-2 410. 62	-26 761. 35	5 159. 05	7 053. 76	-1 894. 71	6 057. 80	5 674. 96	7 053. 76	-1 378. 81	38 876. 95
2086	4 680. 78	7 233. 46	-2 552. 68	-30 046. 89	5 200. 86	7 233. 46	-2 032. 60	4 125. 83	5 720. 95	7 233. 46	-1 512. 51	38 298. 55
2087	4 723. 03	7 411. 44	-2 688. 41	-33 553. 68	5 247. 81	7 411. 44	-2 163. 63	2 011. 26	5 772. 59	7 411. 44	-1 638. 85	37 576. 19
2088	4 769. 64	7 587. 81	-2 818. 17	-37 281. 15	5 299. 60	7 587. 81	-2 288. 21	-283. 88	5 829. 56	7 587. 81	-1 758. 25	36 713. 39
2089	4 820. 10	7 763. 79	-2 943. 69	-41 230. 46	5 355. 66	7 763. 79	-2 408. 13	-2 759. 31	5 891. 23	7 763. 79	-1 872. 56	35 711. 85
2090	4 873. 87	7 938. 44	-3 064. 57	-45 402. 41	5 415. 41	7 938. 44	-2 523. 03	-5 414. 39	5 956. 95	7 938. 44	-1 981. 49	34 573. 62

从表7－4可以看出，如果“全面二孩”生育意愿为80%，且延迟退休年龄，当缴费率提高1%，湖北省城镇职工基本医疗保险基金开始出现累计赤字的时点推迟至2074年，2090年累计赤字降至36 398.93亿元，与没有任何政策干预的情况相比，基金开始出现累计赤字的时点推迟了40年（＝2074－2034），2090年累计赤字降低75.49%；当缴费率提高2%，湖北省城镇职工基本医疗保险基金在2090年及以前不出现累计赤字，2090年累计结余5 988.94亿元，与没有任何政策干预的情况相比，基金开始出现累计赤字的时点至少推迟了56年（＝2090－2034），2090年累计赤字降低104.03%。可见，如果“全面二孩”生育意愿为80%，且延迟退休年龄，缴费率提高2%可以保证湖北省城镇职工基本医疗保险基金在2090年及以前不出现累计赤字，湖北省城镇职工基本医疗保险基金的可持续性得到了保障。

表7－4　湖北省城镇职工基本医疗保险基金财务运行状况
（“全面二孩”生育意愿为80%、延迟退休年龄与调整缴费率）

单位：亿元

年份	缴费率提高1%				缴费率提高2%			
	收入	支出	当期结余	累计结余	收入	支出	当期结余	累计结余
2018	246.20	193.96	52.24	349.44	273.55	193.96	79.59	377.48
2019	266.21	214.64	51.57	411.03	295.79	214.64	81.15	470.09
2020	287.79	237.04	50.75	473.32	319.76	237.04	82.72	566.63
2021	309.76	259.75	50.01	536.41	344.18	259.75	84.43	667.33
2022	335.22	284.34	50.88	601.97	372.46	284.34	88.12	774.34
2023	358.01	311.62	46.39	664.57	397.79	311.62	86.17	882.02
2024	385.82	340.39	45.43	727.75	428.69	340.39	88.30	994.58
2025	412.34	372.09	40.25	787.19	458.15	372.09	86.06	1 107.65
2026	443.67	403.71	39.96	847.83	492.96	403.71	89.25	1 226.83
2027	474.92	439.24	35.68	905.59	527.69	439.24	88.45	1 348.16
2028	510.49	478.57	31.92	960.95	567.21	478.57	88.64	1 472.72

续表

年份	缴费率提高1%				缴费率提高2%			
	收入	支出	当期结余	累计结余	收入	支出	当期结余	累计结余
2029	546.31	520.84	25.47	1 011.09	607.01	520.84	86.17	1 597.87
2030	587.82	565.94	21.88	1 058.79	653.14	565.94	87.20	1 727.19
2031	626.52	611.35	15.17	1 100.82	696.14	611.35	84.79	1 857.28
2032	672.13	658.44	13.69	1 142.37	746.81	658.44	88.37	1 994.29
2033	718.26	711.41	6.85	1 177.95	798.06	711.41	86.65	2 132.97
2034	775.61	767.83	7.78	1 215.37	861.79	767.83	93.96	2 282.60
2035	829.20	828.19	1.01	1 246.79	921.34	828.19	93.15	2 435.14
2036	891.10	887.69	3.41	1 281.46	990.11	887.69	102.42	2 601.00
2037	948.87	951.29	-2.42	1 311.01	1 054.30	951.29	103.01	2 771.61
2038	1 032.56	1 017.35	15.21	1 359.38	1 147.29	1 017.35	129.94	2 974.09
2039	1 111.03	1 094.87	16.16	1 409.92	1 234.48	1 094.87	139.61	3 191.53
2040	1 204.46	1 172.70	31.76	1 477.73	1 338.29	1 172.70	165.59	3 441.05
2041	1 284.62	1 251.22	33.40	1 548.90	1 427.35	1 251.22	176.13	3 707.61
2042	1 391.18	1 333.62	57.56	1 646.61	1 545.75	1 333.62	212.13	4 017.73
2043	1 474.59	1 420.41	54.18	1 743.32	1 638.44	1 420.41	218.03	4 341.65
2044	1 590.03	1 512.09	77.94	1 866.79	1 766.70	1 512.09	254.61	4 711.17
2045	1 684.40	1 607.61	76.79	1 992.16	1 871.55	1 607.61	263.94	5 099.49
2046	1 801.17	1 697.21	103.96	2 148.53	2 001.30	1 697.21	304.09	5 538.67
2047	1 894.86	1 791.34	103.52	2 308.35	2 105.40	1 791.34	314.06	5 999.05
2048	2 021.01	1 887.21	133.80	2 503.20	2 245.56	1 887.21	358.35	6 516.33
2049	2 122.81	1 994.11	128.70	2 697.69	2 358.68	1 994.11	364.57	7 052.92
2050	2 260.02	2 103.74	156.28	2 925.33	2 511.14	2 103.74	407.40	7 646.83
2051	2 355.56	2 209.26	146.30	3 148.42	2 617.29	2 209.26	408.03	8 256.23
2052	2 449.14	2 320.71	128.43	3 358.76	2 721.26	2 320.71	400.55	8 873.20
2053	2 547.28	2 436.37	110.91	3 556.42	2 830.31	2 436.37	393.94	9 498.82

续表

年份	缴费率提高 1%				缴费率提高 2%			
	收入	支出	当期结余	累计结余	收入	支出	当期结余	累计结余
2054	2 644. 45	2 557. 18	87. 27	3 734. 78	2 938. 28	2 557. 18	381. 10	10 126. 91
2055	2 742. 83	2 683. 05	59. 78	3 889. 42	3 047. 59	2 683. 05	364. 54	10 753. 74
2056	2 844. 02	2 796. 68	47. 34	4 035. 18	3 160. 03	2 796. 68	363. 35	11 395. 01
2057	2 950. 44	2 913. 04	37. 40	4 174. 39	3 278. 26	2 913. 04	365. 22	12 054. 24
2058	3 060. 34	3 032. 95	27. 39	4 306. 82	3 400. 38	3 032. 95	367. 43	12 732. 20
2059	3 149. 33	3 170. 66	-21. 33	4 392. 63	3 499. 25	3 170. 66	328. 59	13 387. 31
2060	3 248. 46	3 311. 16	-62. 70	4 438. 17	3 609. 40	3 311. 16	298. 24	14 027. 69
2061	3 344. 19	3 442. 60	-98. 41	4 448. 25	3 715. 76	3 442. 60	273. 16	14 658. 38
2062	3 444. 27	3 578. 70	-134. 43	4 421. 67	3 826. 96	3 578. 70	248. 26	15 279. 30
2063	3 545. 10	3 719. 61	-174. 51	4 353. 33	3 939. 00	3 719. 61	219. 39	15 886. 16
2064	3 652. 76	3 862. 21	-209. 45	4 247. 48	4 058. 63	3 862. 21	196. 42	16 484. 64
2065	3 759. 30	4 007. 55	-248. 25	4 099. 21	4 177. 00	4 007. 55	169. 45	17 070. 44
2066	3 850. 00	4 142. 33	-292. 33	3 902. 05	4 277. 78	4 142. 33	135. 45	17 636. 03
2067	3 943. 61	4 279. 75	-336. 14	3 655. 06	4 381. 79	4 279. 75	102. 04	18 181. 52
2068	4 039. 52	4 419. 90	-380. 39	3 356. 54	4 488. 35	4 419. 90	68. 45	18 706. 22
2069	4 128. 31	4 565. 46	-437. 15	2 992. 38	4 587. 01	4 565. 46	21. 55	19 195. 97
2070	4 217. 57	4 714. 50	-496. 93	2 557. 83	4 686. 19	4 714. 50	-28. 31	19 646. 85
2071	4 304. 68	4 881. 35	-576. 67	2 030. 69	4 782. 98	4 881. 35	-98. 38	20 037. 19
2072	4 390. 68	5 051. 67	-660. 99	1 403. 95	4 878. 54	5 051. 67	-173. 13	20 360. 66
2073	4 475. 12	5 224. 86	-749. 75	670. 56	4 972. 35	5 224. 86	-252. 51	20 610. 85
2074	4 559. 04	5 399. 71	-840. 67	-174. 37	5 065. 60	5 399. 71	-334. 11	20 783. 66
2075	4 655. 14	5 570. 03	-914. 89	-1 116. 49	5 172. 38	5 570. 03	-397. 66	20 895. 65
2076	4 735. 02	5 749. 46	-1 014. 44	-2 184. 20	5 261. 14	5 749. 46	-488. 32	20 917. 51
2077	4 813. 75	5 930. 39	-1 116. 64	-3 383. 36	5 348. 61	5 930. 39	-581. 78	20 844. 13
2078	4 891. 88	6 113. 14	-1 221. 26	-4 719. 73	5 435. 43	6 113. 14	-677. 72	20 670. 57

续表

年份	缴费率提高1%				缴费率提高2%			
	收入	支出	当期结余	累计结余	收入	支出	当期结余	累计结余
2079	4 970.22	6 296.68	-1 326.46	-6 197.35	5 522.46	6 296.68	-774.22	20 393.77
2080	5 047.57	6 482.19	-1 434.62	-7 822.77	5 608.41	6 482.19	-873.78	20 007.99
2081	5 083.31	6 690.50	-1 607.19	-9 665.71	5 648.13	6 690.50	-1 042.38	19 439.75
2082	5 121.09	6 900.20	-1 779.11	-11 730.94	5 690.10	6 900.20	-1 210.10	18 685.39
2083	5 162.45	7 110.36	-1 947.92	-14 020.82	5 736.05	7 110.36	-1 374.31	17 743.86
2084	5 208.82	7 321.81	-2 112.99	-16 537.16	5 787.58	7 321.81	-1 534.24	16 614.87
2085	5 260.57	7 533.73	-2 273.16	-19 280.58	5 845.08	7 533.73	-1 688.66	15 299.37
2086	5 317.94	7 746.10	-2 428.16	-22 251.46	5 908.83	7 746.10	-1 837.28	13 798.65
2087	5 381.30	7 957.87	-2 576.57	-25 448.72	5 979.23	7 957.87	-1 978.65	12 115.50
2088	5 450.39	8 169.19	-2 718.80	-28 871.71	6 055.99	8 169.19	-2 113.20	10 252.36
2089	5 524.74	8 381.34	-2 856.60	-32 521.52	6 138.60	8 381.34	-2 242.74	8 209.86
2090	5 603.77	8 593.40	-2 989.63	-36 398.93	6 226.41	8 593.40	-2 366.99	5 988.94

从表7-5可以看出，如果所有符合“全面二孩”规定夫妇生育二孩，且延迟退休年龄，当缴费率提高1%，湖北省城镇职工基本医疗保险基金开始出现累计赤字的时点推迟至2079年，2090年累计赤字降至26 968.69亿元，与没有任何政策干预的情况相比，基金开始出现累计赤字的时点推迟了45年（=2079-2034），2090年累计赤字降低81.84%；当缴费率提高2%，湖北省城镇职工基本医疗保险基金在2090年及以前不出现累计赤字，2090年累计结余17 898.96亿元，与没有任何政策干预的情况相比，基金开始出现累计赤字的时点至少推迟了56年（=2090-2034），2090年累计赤字降低112.05%。可见，如果“全面二孩”生育意愿为100%，且延迟退休年龄，缴费率提高2%可以保证湖北省城镇职工基本医疗保险基金在2090年及以前不出现累计赤字，湖北省城镇职工基本医疗保险基金的可持续性得到了保障。

表 7-5　　湖北省城镇职工基本医疗保险基金财务运行状况
（“全面二孩”生育意愿为100%、延迟退休年龄与调整缴费率）

单位：亿元

年份	缴费率提高1%				缴费率提高2%			
	收入	支出	当期结余	累计结余	收入	支出	当期结余	累计结余
2018	246.20	193.96	52.24	349.44	273.55	193.96	79.59	377.48
2019	266.21	214.64	51.57	411.03	295.79	214.64	81.15	470.09
2020	287.79	237.04	50.75	473.32	319.76	237.04	82.72	566.63
2021	309.76	259.75	50.01	536.41	344.18	259.75	84.43	667.33
2022	335.22	284.34	50.88	601.97	372.46	284.34	88.12	774.34
2023	358.01	311.62	46.39	664.57	397.79	311.62	86.17	882.02
2024	385.82	340.39	45.43	727.75	428.69	340.39	88.30	994.58
2025	412.34	372.09	40.25	787.19	458.15	372.09	86.06	1 107.65
2026	443.67	403.71	39.96	847.83	492.96	403.71	89.25	1 226.83
2027	474.92	439.24	35.68	905.59	527.69	439.24	88.45	1 348.16
2028	510.49	478.57	31.92	960.95	567.21	478.57	88.64	1 472.72
2029	546.31	520.84	25.47	1 011.09	607.01	520.84	86.17	1 597.87
2030	587.82	565.94	21.88	1 058.79	653.14	565.94	87.20	1 727.19
2031	626.52	611.35	15.17	1 100.82	696.14	611.35	84.79	1 857.28
2032	672.13	658.44	13.69	1 142.37	746.81	658.44	88.37	1 994.29
2033	718.26	711.41	6.85	1 177.95	798.06	711.41	86.65	2 132.97
2034	775.61	767.83	7.78	1 215.37	861.79	767.83	93.96	2 282.60
2035	829.20	828.19	1.01	1 246.79	921.34	828.19	93.15	2 435.14
2036	891.10	887.69	3.41	1 281.46	990.11	887.69	102.42	2 601.00
2037	948.87	951.29	-2.42	1 311.01	1 054.30	951.29	103.01	2 771.61
2038	1 036.08	1 017.35	18.73	1 362.99	1 151.20	1 017.35	133.85	2 978.10
2039	1 118.37	1 096.31	22.06	1 419.68	1 242.64	1 096.31	146.33	3 202.54
2040	1 215.91	1 174.96	40.95	1 497.15	1 351.01	1 174.96	176.05	3 463.05
2041	1 300.37	1 254.96	45.41	1 581.11	1 444.85	1 254.96	189.89	3 744.27

续表

年份	缴费率提高1%				缴费率提高2%			
	收入	支出	当期结余	累计结余	收入	支出	当期结余	累计结余
2042	1 411.46	1 338.95	72.51	1 694.96	1 568.29	1 338.95	229.34	4 072.94
2043	1 499.65	1 427.44	72.21	1 811.35	1 666.28	1 427.44	238.84	4 419.57
2044	1 620.11	1 520.92	99.19	1 958.31	1 800.13	1 520.92	279.21	4 816.25
2045	1 719.78	1 618.37	101.41	2 111.21	1 910.86	1 618.37	292.49	5 236.46
2046	1 841.94	1 709.94	132.00	2 299.29	2 046.60	1 709.94	336.66	5 712.45
2047	1 941.30	1 806.16	135.14	2 495.29	2 157.00	1 806.16	350.84	6 214.87
2048	2 073.42	1 904.23	169.19	2 731.09	2 303.80	1 904.23	399.57	6 779.80
2049	2 181.54	2 013.48	168.06	2 971.63	2 423.94	2 013.48	410.46	7 370.01
2050	2 325.45	2 125.61	199.84	3 250.76	2 583.84	2 125.61	458.23	8 023.95
2051	2 427.74	2 234.25	193.49	3 530.36	2 697.49	2 234.25	463.24	8 699.37
2052	2 528.43	2 349.00	179.43	3 802.53	2 809.36	2 349.00	460.36	9 388.72
2053	2 634.06	2 468.16	165.90	4 067.64	2 926.74	2 468.16	458.58	10 093.48
2054	2 739.16	2 592.69	146.47	4 319.47	3 043.51	2 592.69	450.82	10 807.91
2055	2 845.94	2 722.50	123.44	4 553.97	3 162.15	2 722.50	439.65	11 528.75
2056	2 955.53	2 840.09	115.44	4 786.15	3 283.93	2 840.09	443.84	12 271.90
2057	3 070.89	2 960.65	110.24	5 018.80	3 412.10	2 960.65	451.45	13 041.43
2058	3 190.42	3 085.04	105.38	5 252.29	3 544.91	3 085.04	459.87	13 838.84
2059	3 289.88	3 227.56	62.32	5 447.47	3 655.43	3 227.56	427.87	14 623.37
2060	3 400.54	3 373.28	27.26	5 611.60	3 778.38	3 373.28	405.10	15 404.18
2061	3 508.22	3 511.54	-3.32	5 748.49	3 898.03	3 511.54	386.49	16 185.43
2062	3 621.45	3 654.99	-33.54	5 857.83	4 023.84	3 654.99	368.85	16 968.13
2063	3 736.68	3 803.83	-67.15	5 935.44	4 151.86	3 803.83	348.03	17 749.07
2064	3 859.98	3 954.97	-94.99	5 986.46	4 288.86	3 954.97	333.89	18 535.04
2065	3 983.45	4 109.48	-126.03	6 006.93	4 426.05	4 109.48	316.57	19 322.90
2066	4 091.18	4 253.54	-162.37	5 990.68	4 545.75	4 253.54	292.21	20 105.48
2067	4 202.82	4 400.78	-197.96	5 937.54	4 669.80	4 400.78	269.02	20 883.87

续表

年份	缴费率提高1%				缴费率提高2%			
	收入	支出	当期结余	累计结余	收入	支出	当期结余	累计结余
2068	4 317.64	4 551.31	-233.67	5 846.46	4 797.38	4 551.31	246.07	21 658.18
2069	4 426.18	4 707.79	-281.61	5 703.97	4 917.98	4 707.79	210.19	22 415.07
2070	4 535.92	4 868.29	-332.37	5 505.89	5 039.91	4 868.29	171.62	23 151.36
2071	4 644.24	5 051.03	-406.79	5 226.58	5 160.26	5 051.03	109.23	23 842.11
2072	4 752.09	5 237.89	-485.80	4 859.30	5 280.10	5 237.89	42.21	24 481.43
2073	4 859.03	5 428.29	-569.26	4 397.29	5 398.93	5 428.29	-29.36	25 063.37
2074	4 966.08	5 620.98	-654.90	3 835.95	5 517.86	5 620.98	-103.12	25 584.26
2075	5 085.89	5 809.77	-723.88	3 189.87	5 650.99	5 809.77	-158.78	26 061.11
2076	5 190.09	6 008.34	-818.25	2 430.90	5 766.76	6 008.34	-241.58	26 465.02
2077	5 293.76	6 209.04	-915.29	1 553.51	5 881.95	6 209.04	-327.09	26 791.38
2078	5 397.48	6 412.24	-1 014.76	552.22	5 997.20	6 412.24	-415.04	27 035.75
2079	5 502.11	6 616.97	-1 114.87	-576.71	6 113.45	6 616.97	-503.52	27 195.53
2080	5 606.56	6 824.43	-1 217.87	-1 839.45	6 229.51	6 824.43	-594.92	27 265.63
2081	5 658.90	7 061.17	-1 402.27	-3 322.76	6 287.66	7 061.17	-773.51	27 154.43
2082	5 714.07	7 300.36	-1 586.29	-5 031.78	6 348.96	7 300.36	-951.40	26 858.10
2083	5 773.85	7 541.14	-1 767.29	-6 969.05	6 415.39	7 541.14	-1 125.75	26 375.66
2084	5 839.92	7 784.35	-1 944.43	-9 136.32	6 488.80	7 784.35	-1 295.55	25 707.11
2085	5 912.76	8 029.28	-2 116.52	-11 534.16	6 569.74	8 029.28	-1 459.54	24 853.76
2086	5 992.77	8 275.92	-2 283.15	-14 162.73	6 658.64	8 275.92	-1 617.28	23 817.39
2087	6 080.39	8 523.23	-2 442.84	-17 020.71	6 755.99	8 523.23	-1 767.24	22 601.40
2088	6 175.40	8 771.43	-2 596.04	-20 107.17	6 861.55	8 771.43	-1 909.88	21 208.81
2089	6 277.37	9 021.87	-2 744.51	-23 422.97	6 974.85	9 021.87	-2 047.02	19 640.83
2090	6 385.71	9 273.67	-2 887.96	-26 968.69	7 095.24	9 273.67	-2 178.43	17 898.96

第三节　进一步调整缴费率对湖北省城乡居民基本医疗保险基金可持续性的影响

本章再次分析进一步提高缴费率对湖北省城乡居民基本医疗保险基金可持续性的影响，在本书第五章结果①的基础上，如果进一步提高缴费率，湖北省城乡居民基本医疗保险基金的财务运行状况如何变化？本研究仍将分析缴费率每提高1%对湖北省城乡居民基本医疗保险基金财务运行状况的影响。

从表7－6可以看出，如果“全面二孩”生育意愿为20.5%，当缴费率提高1%，湖北省城乡居民基本医疗保险基金开始出现累计赤字的时点推迟至2042年，2090年累计赤字降至44 679.83亿元，与没有任何政策干预的情况相比，基金开始出现累计赤字的时点推迟了16年（=2042－2026），2090年累计赤字降低48.64%；当缴费率提高2%，湖北省城乡居民基本医疗保险基金开始出现累计赤字的时点推迟至2068年，2090年累计赤字降至6 350.95亿元，与没有任何政策干预的情况相比，基金开始出现累计赤字的时点推迟了42年（=2068－2026），2090年累计赤字降低92.7%；当缴费率提高3%，湖北省城乡居民基本医疗保险基金在2090年及以前不出现累计赤字，2090年累计结余33 105.36亿元，与没有任何政策干预的情况相比，基金开始出现累计赤字的时点至少推迟了64年（=2090－2026），2090年累计赤字降低138.05%。可见，如果“全面二孩”生育意愿为20.5%，缴费率提高3%可以保证湖北省城乡居民基本医疗保险基金在2090年及以前不出现累计赤字，湖北省城乡居民基本医疗保险基金的可持续性得到了保障。

① 由于城乡居民基本医疗保险的缴费人口为全部参保人员，因此延迟退休年龄对城乡居民基本医疗保险基金没有影响，所以本研究在第五章的基础上分析进一步提高缴费率对城乡居民基本医疗保险基金的影响。

表 7－6　湖北省城乡居民基本医疗保险基金财务运行状况

（“全面二孩”生育意愿为 20.5%与调整缴费率）

单位：亿元

年份	缴费率提高 1%				缴费率提高 2%				缴费率提高 3%			
	收入	支出	当期结余	累计结余	收入	支出	当期结余	累计结余	收入	支出	当期结余	累计结余
2018	403.15	326.81	76.34	183.62	467.66	326.81	140.85	249.74	532.16	326.81	205.35	506.39
2019	431.19	355.85	75.34	265.44	500.18	355.85	144.33	403.92	569.17	355.85	213.32	737.70
2020	460.68	386.92	73.76	347.68	534.39	386.92	147.47	565.18	608.10	386.92	221.18	982.85
2021	489.73	418.15	71.58	429.73	568.08	418.15	149.93	732.99	646.44	418.15	228.29	1 241.41
2022	519.96	451.06	68.90	511.10	603.16	451.06	152.10	907.21	686.35	451.06	235.29	1 513.62
2023	551.68	486.72	64.96	590.46	639.95	486.72	153.23	1 086.95	728.22	486.72	241.50	1 799.00
2024	585.02	523.59	61.43	668.20	678.63	523.59	155.04	1 273.04	772.23	523.59	248.64	2 098.83
2025	620.10	563.63	56.47	742.78	719.31	563.63	155.68	1 464.43	818.53	563.63	254.90	2 412.57
2026	653.25	601.84	51.41	814.04	757.77	601.84	155.93	1 660.87	862.29	601.84	260.45	2 739.84
2027	687.82	644.70	43.12	878.59	797.87	644.70	153.17	1 859.40	907.92	644.70	263.22	3 078.15
2028	723.69	691.40	32.29	933.66	839.48	691.40	148.08	2 057.67	955.27	691.40	263.87	3 425.57
2029	760.98	739.26	21.72	979.26	882.73	739.26	143.47	2 256.17	1 004.49	739.26	265.23	3 783.07
2030	799.69	789.71	9.98	1 013.97	927.64	789.71	137.93	2 453.95	1 055.59	789.71	265.88	4 150.17
2031	836.02	839.45	－3.43	1 035.80	969.79	839.45	130.34	2 648.90	1 103.55	839.45	264.10	4 524.63
2032	874.73	890.91	－16.18	1 045.11	1 014.68	890.91	123.77	2 841.98	1 154.64	890.91	263.73	4 908.07

续表

年份	缴费率提高 1%				缴费率提高 2%				缴费率提高 3%			
	收入	支出	当期结余	累计结余	收入	支出	当期结余	累计结余	收入	支出	当期结余	累计结余
2033	913. 39	946. 58	-33. 19	1 037. 22	1 059. 54	946. 58	112. 96	3 028. 81	1 205. 68	946. 58	259. 10	5 296. 34
2034	953. 29	1 004. 48	-51. 19	1 010. 68	1 105. 81	1 004. 48	101. 33	3 208. 40	1 258. 34	1 004. 48	253. 86	5 688. 96
2035	994. 48	1 066. 10	-71. 62	962. 53	1 153. 59	1 066. 10	87. 49	3 378. 29	1 312. 71	1 066. 10	246. 61	6 083. 95
2036	1 032. 12	1 123. 61	-91. 49	892. 82	1 197. 26	1 123. 61	73. 65	3 538. 23	1 362. 40	1 123. 61	238. 79	6 480. 81
2037	1 070. 60	1 184. 06	-113. 46	798. 83	1 241. 89	1 184. 06	57. 83	3 685. 97	1 413. 19	1 184. 06	229. 13	6 877. 68
2038	1 109. 17	1 245. 10	-135. 93	679. 47	1 286. 63	1 245. 10	41. 53	3 820. 69	1 464. 10	1 245. 10	219. 00	7 274. 10
2039	1 148. 82	1 306. 57	-157. 75	534. 77	1 332. 63	1 306. 57	26. 06	3 942. 92	1 516. 44	1 306. 57	209. 87	7 671. 08
2040	1 189. 71	1 369. 69	-179. 98	363. 66	1 380. 07	1 369. 69	10. 38	4 052. 13	1 570. 42	1 369. 69	200. 73	8 068. 60
2041	1 225. 98	1 429. 14	-203. 16	164. 51	1 422. 13	1 429. 14	-7. 01	4 146. 25	1 618. 29	1 429. 14	189. 15	8 464. 20
2042	1 263. 12	1 490. 22	-227. 10	-64. 15	1 465. 22	1 490. 22	-25. 00	4 224. 28	1 667. 32	1 490. 22	177. 10	8 857. 33
2043	1 301. 11	1 553. 09	-251. 98	-324. 04	1 509. 28	1 553. 09	-43. 81	4 284. 99	1 717. 46	1 553. 09	164. 37	9 247. 24
2044	1 339. 93	1 618. 62	-278. 69	-617. 80	1 554. 32	1 618. 62	-64. 30	4 326. 20	1 768. 71	1 618. 62	150. 09	9 632. 26
2045	1 379. 51	1 686. 23	-306. 72	-947. 63	1 600. 23	1 686. 23	-86. 00	4 346. 21	1 820. 96	1 686. 23	134. 73	10 011. 16
2046	1 412. 98	1 743. 86	-330. 88	-1 310. 48	1 639. 05	1 743. 86	-104. 81	4 347. 44	1 865. 13	1 743. 86	121. 27	10 385. 74
2047	1 446. 65	1 803. 68	-357. 03	-1 709. 19	1 678. 12	1 803. 68	-125. 56	4 327. 42	1 909. 58	1 803. 68	105. 90	10 753. 93
2048	1 480. 46	1 862. 35	-381. 89	-2 143. 35	1 717. 34	1 862. 35	-145. 01	4 286. 97	1 954. 21	1 862. 35	91. 86	11 116. 94

续表

年份	缴费率提高1%				缴费率提高2%				缴费率提高3%			
	收入	支出	当期结余	累计结余	收入	支出	当期结余	累计结余	收入	支出	当期结余	累计结余
2049	1 514.30	1 916.78	-402.48	-2 609.48	1 756.59	1 916.78	-160.19	4 229.95	1 998.87	1 916.78	82.09	11 479.01
2050	1 548.02	1 971.95	-423.93	-3 109.24	1 795.71	1 971.95	-176.24	4 155.05	2 043.39	1 971.95	71.44	11 839.21
2051	1 574.11	2 019.50	-445.39	-3 643.50	1 825.96	2 019.50	-193.54	4 060.55	2 077.82	2 019.50	58.32	12 194.97
2052	1 599.83	2 069.21	-469.38	-4 215.70	1 855.81	2 069.21	-213.40	3 943.32	2 111.78	2 069.21	42.57	12 543.48
2053	1 625.02	2 117.48	-492.46	-4 825.86	1 885.03	2 117.48	-232.45	3 803.64	2 145.03	2 117.48	27.55	12 885.31
2054	1 649.76	2 166.66	-516.90	-5 476.33	1 913.72	2 166.66	-252.94	3 639.48	2 177.69	2 166.66	11.03	13 218.74
2055	1 673.99	2 217.13	-543.14	-6 169.96	1 941.83	2 217.13	-275.30	3 448.28	2 209.66	2 217.13	-7.47	13 541.56
2056	1 689.60	2 250.42	-560.82	-6 899.05	1 959.93	2 250.42	-290.49	3 236.73	2 230.27	2 250.42	-20.15	13 859.44
2057	1 704.63	2 282.02	-577.39	-7 663.35	1 977.37	2 282.02	-304.65	3 005.38	2 250.11	2 282.02	-31.91	14 173.22
2058	1 719.08	2 312.94	-593.86	-8 463.64	1 994.14	2 312.94	-318.80	2 753.75	2 269.19	2 312.94	-43.75	14 482.71
2059	1 733.20	2 335.00	-601.80	-9 292.07	2 010.51	2 335.00	-324.49	2 489.99	2 287.83	2 335.00	-47.17	14 796.42
2060	1 747.14	2 357.06	-609.92	-10 149.54	2 026.69	2 357.06	-330.37	2 213.61	2 306.23	2 357.06	-50.83	15 114.23
2061	1 752.10	2 365.59	-613.49	-11 032.11	2 032.43	2 365.59	-333.16	1 927.46	2 312.77	2 365.59	-52.82	15 437.94
2062	1 756.83	2 372.57	-615.74	-11 939.04	2 037.93	2 372.57	-334.64	1 632.64	2 319.02	2 372.57	-53.55	15 769.00
2063	1 760.76	2 377.47	-616.71	-12 869.64	2 042.48	2 377.47	-334.99	1 330.09	2 324.21	2 377.47	-53.26	16 108.63
2064	1 764.08	2 378.84	-614.76	-13 821.51	2 046.34	2 378.84	-332.50	1 022.53	2 328.59	2 378.84	-50.25	16 459.84

续表

年份	缴费率提高 1%				缴费率提高 2%				缴费率提高 3%			
	收入	支出	当期结余	累计结余	收入	支出	当期结余	累计结余	收入	支出	当期结余	累计结余
2065	1 767. 48	2 378. 90	-611. 42	-14 793. 76	2 050. 27	2 378. 90	-328. 63	711. 25	2 333. 07	2 378. 90	-45. 83	16 824. 36
2066	1 762. 06	2 366. 67	-604. 61	-15 783. 33	2 043. 99	2 366. 67	-322. 68	398. 28	2 325. 92	2 366. 67	-40. 75	17 203. 20
2067	1 756. 50	2 352. 72	-596. 22	-16 789. 04	2 037. 54	2 352. 72	-315. 18	85. 18	2 318. 58	2 352. 72	-34. 14	17 598. 28
2068	1 750. 98	2 338. 02	-587. 04	-17 810. 48	2 031. 13	2 338. 02	-306. 89	-227. 25	2 311. 29	2 338. 02	-26. 73	18 010. 84
2069	1 744. 92	2 322. 32	-577. 40	-18 847. 58	2 024. 10	2 322. 32	-298. 22	-538. 60	2 303. 29	2 322. 32	-19. 03	18 441. 61
2070	1 738. 92	2 306. 06	-567. 14	-19 900. 09	2 017. 14	2 306. 06	-288. 92	-848. 21	2 295. 37	2 306. 06	-10. 69	18 891. 69
2071	1 732. 62	2 289. 42	-556. 80	-20 968. 32	2 009. 84	2 289. 42	-279. 58	-1 155. 99	2 287. 06	2 289. 42	-2. 36	19 361. 56
2072	1 726. 43	2 272. 23	-545. 80	-22 051. 97	2 002. 66	2 272. 23	-269. 57	-1 461. 20	2 278. 89	2 272. 23	6. 66	19 852. 42
2073	1 720. 23	2 254. 93	-534. 70	-23 151. 34	1 995. 46	2 254. 93	-259. 47	-1 763. 68	2 270. 70	2 254. 93	15. 77	20 364. 89
2074	1 714. 19	2 237. 37	-523. 18	-24 266. 38	1 988. 46	2 237. 37	-248. 91	-2 062. 91	2 262. 73	2 237. 37	25. 36	20 900. 01
2075	1 708. 40	2 218. 15	-509. 75	-25 395. 53	1 981. 75	2 218. 15	-236. 40	-2 356. 79	2 255. 09	2 218. 15	36. 94	21 460. 38
2076	1 702. 99	2 200. 08	-497. 09	-26 539. 94	1 975. 47	2 200. 08	-224. 61	-2 645. 94	2 247. 94	2 200. 08	47. 86	22 045. 95
2077	1 697. 92	2 182. 23	-484. 31	-27 699. 86	1 969. 58	2 182. 23	-212. 65	-2 930. 05	2 241. 25	2 182. 23	59. 02	22 657. 59
2078	1 693. 44	2 165. 30	-471. 86	-28 876. 01	1 964. 39	2 165. 30	-200. 91	-3 209. 23	2 235. 34	2 165. 30	70. 04	23 295. 83
2079	1 689. 31	2 148. 64	-459. 33	-30 068. 73	1 959. 60	2 148. 64	-189. 04	-3 483. 23	2 229. 89	2 148. 64	81. 25	23 961. 50
2080	1 685. 73	2 132. 96	-447. 23	-31 278. 86	1 955. 44	2 132. 96	-177. 52	-3 752. 27	2 225. 16	2 132. 96	92. 20	24 655. 04

续表

年份	缴费率提高1%				缴费率提高2%				缴费率提高3%			
	收入	支出	当期结余	累计结余	收入	支出	当期结余	累计结余	收入	支出	当期结余	累计结余
2081	1 682.89	2 119.51	-436.62	-32 508.36	1 952.16	2 119.51	-167.35	-4 017.61	2 221.42	2 119.51	101.91	25 375.88
2082	1 680.77	2 107.42	-426.65	-33 758.38	1 949.70	2 107.42	-157.72	-4 279.72	2 218.62	2 107.42	111.20	26 124.25
2083	1 679.24	2 096.37	-417.13	-35 029.90	1 947.92	2 096.37	-148.45	-4 538.87	2 216.59	2 096.37	120.22	26 900.59
2084	1 678.89	2 088.08	-409.19	-36 325.07	1 947.52	2 088.08	-140.56	-4 796.43	2 216.14	2 088.08	128.06	27 704.36
2085	1 679.46	2 081.77	-402.31	-37 645.56	1 948.18	2 081.77	-133.59	-5 053.27	2 216.89	2 081.77	135.12	28 535.47
2086	1 680.93	2 077.37	-396.44	-38 993.05	1 949.88	2 077.37	-127.49	-5 310.28	2 218.83	2 077.37	141.46	29 393.85
2087	1 683.04	2 074.16	-391.12	-40 368.78	1 952.32	2 074.16	-121.84	-5 567.92	2 221.61	2 074.16	147.45	30 279.83
2088	1 685.74	2 072.03	-386.29	-41 773.95	1 955.46	2 072.03	-116.57	-5 826.61	2 225.17	2 072.03	153.14	31 193.80
2089	1 689.40	2 072.08	-382.68	-43 210.54	1 959.71	2 072.08	-112.37	-6 087.45	2 230.01	2 072.08	157.93	32 135.53
2090	1 693.61	2 073.18	-379.57	-44 679.86	1 964.58	2 073.18	-108.60	-6 350.95	2 235.56	2 073.18	162.38	33 105.36

从表7－7可以看出，如果“全面二孩”生育意愿为46.7%，当缴费率提高1%，湖北省城乡居民基本医疗保险基金开始出现累计赤字的时点推迟至2044年，2090年累计赤字降至36 785.26亿元，与没有任何政策干预的情况相比，基金开始出现累计赤字的时点推迟了18年（＝2044－2026），2090年累计赤字降低57.72%；当缴费率提高2%，湖北省城乡居民基本医疗保险基金在2090年及以前不出现累计赤字，2090年累计结余3 954.44亿元，与没有任何政策干预的情况相比，基金开始出现累计赤字的时点至少推迟了64年（＝2090－2026），2090年累计赤字降低104.55%。可见，如果“全面二孩”生育意愿为46.7%，缴费率提高2%可以保证湖北省城乡居民基本医疗保险基金在2090年及以前不出现累计赤字，湖北省城乡居民基本医疗保险基金的可持续性得到了保障。

表7－7　湖北省城乡居民基本医疗保险基金财务运行状况
（“全面二孩”生育意愿为46.7%与调整缴费率）　单位：亿元

年份	缴费率提高1%				缴费率提高2%			
	收入	支出	当期结余	累计结余	收入	支出	当期结余	累计结余
2018	405.01	328.25	76.76	184.05	469.81	328.25	141.56	250.47
2019	433.80	357.87	75.93	266.48	503.21	357.87	145.34	405.70
2020	464.12	389.57	74.55	349.55	538.38	389.57	148.81	568.37
2021	494.06	421.21	72.85	432.96	573.11	421.21	151.90	738.28
2022	525.26	454.55	70.71	516.27	609.30	454.55	154.75	915.36
2023	558.01	490.68	67.33	598.19	647.29	490.68	156.61	1 098.77
2024	592.51	528.05	64.46	679.22	687.31	528.05	159.26	1 289.49
2025	628.81	568.64	60.17	757.87	729.42	568.64	160.78	1 486.52
2026	663.27	607.42	55.85	834.07	769.40	607.42	161.98	1 689.71
2027	699.26	650.90	48.36	904.49	811.14	650.90	160.24	1 896.21
2028	736.67	698.28	38.39	966.45	854.53	698.28	156.25	2 103.77
2029	775.63	746.86	28.77	1 020.10	899.73	746.86	152.87	2 313.06
2030	816.17	798.11	18.06	1 064.11	946.75	798.11	148.64	2 523.24
2031	854.40	848.69	5.71	1 096.57	991.11	848.69	142.42	2 732.31

续表

年份	缴费率提高1%				缴费率提高2%			
	收入	支出	当期结余	累计结余	收入	支出	当期结余	累计结余
2032	895.17	901.06	-5.89	1 117.94	1 038.39	901.06	137.33	2 941.38
2033	936.07	957.70	-21.63	1 123.72	1 085.84	957.70	128.14	3 146.26
2034	978.39	1 016.66	-38.27	1 112.59	1 134.94	1 016.66	118.28	3 346.15
2035	1 022.24	1 079.44	-57.20	1 081.78	1 185.80	1 079.44	106.36	3 538.82
2036	1 062.65	1 138.15	-75.50	1 031.44	1 232.68	1 138.15	94.53	3 724.18
2037	1 104.18	1 199.91	-95.73	959.10	1 280.85	1 199.91	80.94	3 900.25
2038	1 144.55	1 261.78	-117.23	862.91	1 327.68	1 261.78	65.90	4 065.30
2039	1 186.24	1 324.21	-137.97	743.06	1 376.04	1 324.21	51.83	4 220.05
2040	1 229.43	1 388.44	-159.01	598.65	1 426.14	1 388.44	37.70	4 364.19
2041	1 268.11	1 449.16	-181.05	428.04	1 471.00	1 449.16	21.84	4 495.69
2042	1 307.95	1 511.66	-203.71	229.94	1 517.22	1 511.66	5.56	4 613.78
2043	1 348.98	1 576.08	-227.10	2.91	1 564.81	1 576.08	-11.27	4 717.58
2044	1 391.15	1 643.30	-252.15	-255.47	1 613.74	1 643.30	-29.56	4 805.22
2045	1 434.43	1 712.71	-278.28	-547.09	1 663.94	1 712.71	-48.77	4 875.36
2046	1 471.62	1 772.07	-300.45	-868.73	1 707.08	1 772.07	-64.99	4 930.62
2047	1 509.31	1 833.69	-324.38	-1 222.94	1 750.80	1 833.69	-82.89	4 968.93
2048	1 547.38	1 894.22	-346.84	-1 609.02	1 794.96	1 894.22	-99.26	4 991.41
2049	1 585.73	1 950.52	-364.79	-2 023.16	1 839.44	1 950.52	-111.08	5 002.34
2050	1 624.23	2 007.63	-383.40	-2 466.73	1 884.10	2 007.63	-123.53	5 000.78
2051	1 654.94	2 057.09	-402.15	-2 940.60	1 919.73	2 057.09	-137.36	4 985.01
2052	1 685.50	2 108.76	-423.26	-3 447.96	1 955.18	2 108.76	-153.58	4 952.22
2053	1 715.73	2 159.04	-443.31	-3 988.55	1 990.24	2 159.04	-168.80	4 903.00
2054	1 745.70	2 210.28	-464.58	-4 564.46	2 025.01	2 210.28	-185.27	4 835.68
2055	1 775.38	2 262.88	-487.50	-5 178.26	2 059.44	2 262.88	-203.44	4 748.05
2056	1 796.12	2 298.07	-501.95	-5 822.21	2 083.50	2 298.07	-214.57	4 646.81
2057	1 816.43	2 331.63	-515.20	-6 495.85	2 107.06	2 331.63	-224.57	4 532.80

续表

年份	缴费率提高1%				缴费率提高2%			
	收入	支出	当期结余	累计结余	收入	支出	当期结余	累计结余
2058	1 836. 30	2 364. 55	-528. 25	-7 199. 71	2 130. 11	2 364. 55	-234. 44	4 405. 81
2059	1 855. 95	2 388. 61	-532. 66	-7 925. 67	2 152. 90	2 388. 61	-235. 71	4 274. 36
2060	1 875. 51	2 412. 74	-537. 23	-8 674. 47	2 175. 59	2 412. 74	-237. 15	4 138. 14
2061	1 885. 49	2 423. 37	-537. 88	-9 442. 66	2 187. 17	2 423. 37	-236. 20	3 999. 49
2062	1 895. 29	2 432. 50	-537. 21	-10 229. 37	2 198. 53	2 432. 50	-233. 97	3 859. 66
2063	1 904. 30	2 439. 61	-535. 31	-11 033. 80	2 208. 99	2 439. 61	-230. 62	3 719. 76
2064	1 912. 81	2 443. 26	-530. 45	-11 853. 36	2 218. 86	2 443. 26	-224. 40	3 582. 74
2065	1 921. 44	2 445. 69	-524. 25	-12 687. 05	2 228. 87	2 445. 69	-216. 82	3 450. 07
2066	1 920. 57	2 435. 54	-514. 97	-13 532. 07	2 227. 86	2 435. 54	-207. 68	3 323. 45
2067	1 919. 67	2 423. 74	-504. 07	-14 387. 05	2 226. 81	2 423. 74	-196. 93	3 204. 69
2068	1 918. 92	2 411. 27	-492. 35	-15 251. 39	2 225. 94	2 411. 27	-185. 33	3 094. 85
2069	1 917. 79	2 397. 87	-480. 08	-16 124. 76	2 224. 63	2 397. 87	-173. 24	2 994. 65
2070	1 916. 88	2 384. 01	-467. 13	-17 006. 68	2 223. 58	2 384. 01	-160. 43	2 905. 08
2071	1 915. 87	2 370. 62	-454. 75	-17 897. 97	2 222. 41	2 370. 62	-148. 21	2 825. 79
2072	1 915. 14	2 356. 80	-441. 66	-18 798. 12	2 221. 57	2 356. 80	-135. 23	2 757. 81
2073	1 914. 61	2 342. 95	-428. 34	-19 707. 12	2 220. 94	2 342. 95	-122. 01	2 701. 70
2074	1 914. 43	2 328. 96	-414. 53	-20 624. 69	2 220. 74	2 328. 96	-108. 22	2 658. 32
2075	1 914. 71	2 313. 40	-398. 69	-21 548. 96	2 221. 07	2 313. 40	-92. 33	2 630. 14
2076	1 915. 55	2 299. 09	-383. 54	-22 480. 82	2 222. 04	2 299. 09	-77. 05	2 616. 91
2077	1 916. 90	2 285. 11	-368. 21	-23 420. 25	2 223. 61	2 285. 11	-61. 50	2 619. 29
2078	1 919. 02	2 272. 17	-353. 15	-24 367. 73	2 226. 07	2 272. 17	-46. 10	2 637. 52
2079	1 921. 65	2 259. 59	-337. 94	-25 323. 31	2 229. 12	2 259. 59	-30. 47	2 672. 23
2080	1 924. 96	2 248. 12	-323. 16	-26 287. 63	2 232. 96	2 248. 12	-15. 16	2 723. 49
2081	1 929. 17	2 240. 14	-310. 97	-27 263. 56	2 237. 83	2 240. 14	-2. 31	2 789. 22
2082	1 934. 17	2 233. 69	-299. 52	-28 252. 16	2 243. 63	2 233. 69	9. 94	2 869. 14
2083	1 939. 87	2 228. 43	-288. 56	-29 254. 24	2 250. 25	2 228. 43	21. 82	2 963. 23

续表

年份	缴费率提高 1%				缴费率提高 2%			
	收入	支出	当期结余	累计结余	收入	支出	当期结余	累计结余
2084	1 946. 85	2 226. 12	-279. 27	-30 271. 86	2 258. 34	2 226. 12	32. 22	3 070. 34
2085	1 954. 80	2 225. 95	-271. 15	-31 306. 58	2 267. 57	2 225. 95	41. 62	3 189. 75
2086	1 963. 71	2 227. 87	-264. 16	-32 360. 01	2 277. 91	2 227. 87	50. 04	3 320. 78
2087	1 973. 33	2 231. 13	-257. 80	-33 433. 25	2 289. 07	2 231. 13	57. 94	3 463. 19
2088	1 983. 63	2 235. 64	-252. 01	-34 527. 39	2 301. 01	2 235. 64	65. 37	3 616. 77
2089	1 994. 95	2 242. 52	-247. 57	-35 644. 33	2 314. 14	2 242. 52	71. 62	3 780. 61
2090	2 006. 90	2 250. 63	-243. 73	-36 785. 26	2 328. 01	2 250. 63	77. 38	3 954. 44

从表 7-8 可以看出，如果“全面二孩”生育意愿为 60%，当缴费率提高 1%，湖北省城乡居民基本医疗保险基金开始出现累计赤字的时点推迟至 2044 年，2090 年累计赤字降至 32 549. 1 亿元，与没有任何政策干预的情况相比，基金开始出现累计赤字的时点推迟了 18 年（=2044-2026），2090 年累计赤字降低 62. 59%；当缴费率提高 2%，湖北省城乡居民基本医疗保险基金在 2090 年及以前不出现累计赤字，2090 年累计结余 9 512. 4 亿元，与没有任何政策干预的情况相比，基金开始出现累计赤字的时点至少推迟了 64 年（=2090-2026），2090 年累计赤字降低 110. 93%。可见，如果“全面二孩”生育意愿为 60%，缴费率提高 2% 可以保证湖北省城乡居民基本医疗保险基金在 2090 年及以前不出现累计赤字。

表 7-8　湖北省城乡居民基本医疗保险基金财务运行状况（“全面二孩”生育意愿为 60%与调整缴费率）

单位：亿元

年份	缴费率提高 1%				缴费率提高 2%			
	收入	支出	当期结余	累计结余	收入	支出	当期结余	累计结余
2018	405. 96	328. 99	76. 97	184. 27	470. 92	328. 99	141. 93	250. 85
2019	435. 13	358. 90	76. 23	267. 01	504. 75	358. 90	145. 85	406. 62
2020	465. 87	390. 92	74. 95	350. 51	540. 41	390. 92	149. 49	570. 01

续表

年份	缴费率提高 1%				缴费率提高 2%			
	收入	支出	当期结余	累计结余	收入	支出	当期结余	累计结余
2021	496.25	422.78	73.47	434.58	575.65	422.78	152.87	740.95
2022	527.94	456.34	71.60	518.83	612.41	456.34	156.07	919.45
2023	561.24	492.71	68.53	602.05	651.04	492.71	158.33	1 104.72
2024	596.31	530.34	65.97	684.72	691.72	530.34	161.38	1 297.75
2025	633.24	571.22	62.02	765.40	734.56	571.22	163.34	1 497.61
2026	668.37	610.28	58.09	844.08	775.31	610.28	165.03	1 704.20
2027	705.07	654.08	50.99	917.45	817.88	654.08	163.80	1 914.71
2028	743.26	701.81	41.45	982.87	862.18	701.81	160.37	2 126.96
2029	783.07	750.78	32.29	1 040.54	908.36	750.78	157.58	2 341.65
2030	824.54	802.44	22.10	1 089.20	956.46	802.44	154.02	2 558.07
2031	863.73	853.45	10.28	1 126.97	1 001.92	853.45	148.47	2 774.20
2032	905.55	906.30	-0.75	1 154.37	1 050.44	906.30	144.14	2 991.30
2033	947.58	963.45	-15.87	1 166.97	1 099.20	963.45	135.75	3 205.22
2034	991.14	1 022.97	-31.83	1 163.52	1 149.73	1 022.97	126.76	3 415.28
2035	1 036.35	1 086.35	-50.00	1 141.35	1 202.16	1 086.35	115.81	3 619.36
2036	1 078.17	1 145.70	-67.53	1 100.66	1 250.67	1 145.70	104.97	3 817.44
2037	1 121.25	1 208.16	-86.91	1 039.10	1 300.65	1 208.16	92.49	4 007.68
2038	1 162.55	1 270.49	-107.94	954.43	1 348.56	1 270.49	78.07	4 187.89
2039	1 205.31	1 333.44	-128.13	846.96	1 398.16	1 333.44	64.72	4 358.93
2040	1 249.73	1 398.28	-148.55	715.87	1 449.68	1 398.28	51.40	4 520.59
2041	1 289.68	1 459.71	-170.03	559.48	1 496.03	1 459.71	36.32	4 670.83
2042	1 331.00	1 523.01	-192.01	376.66	1 543.96	1 523.01	20.95	4 809.07
2043	1 373.64	1 588.32	-214.68	166.03	1 593.43	1 588.32	5.11	4 934.53
2044	1 417.65	1 656.49	-238.84	-74.62	1 644.48	1 656.49	-12.01	5 045.58
2045	1 462.95	1 726.92	-263.97	-347.06	1 697.02	1 726.92	-29.90	5 141.08
2046	1 502.19	1 787.29	-285.10	-647.96	1 742.54	1 787.29	-44.75	5 223.74

续表

年份	缴费率提高1%				缴费率提高2%			
	收入	支出	当期结余	累计结余	收入	支出	当期结余	累计结余
2047	1 542.08	1 849.95	-307.87	-979.72	1 788.82	1 849.95	-61.13	5 291.67
2048	1 582.51	1 911.55	-329.04	-1 341.48	1 835.71	1 911.55	-75.84	5 346.23
2049	1 623.36	1 968.94	-345.58	-1 729.24	1 883.09	1 968.94	-85.85	5 391.90
2050	1 664.50	2 027.17	-362.67	-2 144.21	1 930.82	2 027.17	-96.35	5 427.93
2051	1 697.80	2 077.74	-379.94	-2 587.25	1 969.45	2 077.74	-108.29	5 452.63
2052	1 731.06	2 130.56	-399.50	-3 061.42	2 008.03	2 130.56	-122.53	5 463.35
2053	1 764.10	2 182.00	-417.90	-3 566.31	2 046.35	2 182.00	-135.65	5 460.90
2054	1 797.01	2 234.45	-437.44	-4 103.84	2 084.53	2 234.45	-149.92	5 443.75
2055	1 829.75	2 288.30	-458.55	-4 676.45	2 122.51	2 288.30	-165.79	5 409.91
2056	1 853.39	2 324.62	-471.23	-5 276.37	2 149.94	2 324.62	-174.68	5 366.11
2057	1 876.70	2 359.34	-482.64	-5 902.98	2 176.97	2 359.34	-182.37	5 313.34
2058	1 899.64	2 393.44	-493.80	-6 556.70	2 203.59	2 393.44	-189.85	5 251.57
2059	1 922.44	2 418.70	-496.26	-7 229.28	2 230.03	2 418.70	-188.67	5 189.47
2060	1 945.20	2 444.06	-498.86	-7 921.35	2 256.43	2 444.06	-187.63	5 126.89
2061	1 958.07	2 455.93	-497.86	-8 629.68	2 271.36	2 455.93	-184.57	5 065.89
2062	1 970.77	2 466.35	-495.58	-9 353.39	2 286.10	2 466.35	-180.25	5 007.77
2063	1 982.73	2 474.77	-492.04	-10 091.57	2 299.96	2 474.77	-174.81	4 953.79
2064	1 994.23	2 479.78	-485.55	-10 841.55	2 313.30	2 479.78	-166.48	4 907.00
2065	2 005.92	2 483.61	-477.69	-11 602.23	2 326.86	2 483.61	-156.75	4 869.01
2066	2 007.73	2 474.72	-466.99	-12 370.95	2 328.96	2 474.72	-145.76	4 841.33
2067	2 009.56	2 464.23	-454.67	-13 146.26	2 331.09	2 464.23	-133.14	4 825.89
2068	2 011.65	2 453.12	-441.47	-13 927.42	2 333.52	2 453.12	-119.60	4 823.95
2069	2 013.46	2 441.12	-427.66	-14 713.96	2 335.62	2 441.12	-105.50	4 836.41
2070	2 015.62	2 428.72	-413.10	-15 505.23	2 338.12	2 428.72	-90.60	4 864.45
2071	2 017.80	2 417.25	-399.45	-16 302.30	2 340.65	2 417.25	-76.60	4 907.54
2072	2 020.39	2 405.41	-385.02	-17 104.50	2 343.66	2 405.41	-61.75	4 966.93

续表

年份	缴费率提高1%				缴费率提高2%			
	收入	支出	当期结余	累计结余	收入	支出	当期结余	累计结余
2073	2 023. 30	2 393. 61	-370. 31	-17 911. 68	2 347. 03	2 393. 61	-46. 58	5 043. 36
2074	2 026. 70	2 381. 72	-355. 02	-18 723. 37	2 350. 97	2 381. 72	-30. 75	5 137. 93
2075	2 030. 69	2 368. 32	-337. 63	-19 537. 52	2 355. 60	2 368. 32	-12. 72	5 253. 34
2076	2 035. 37	2 356. 24	-320. 87	-20 354. 86	2 361. 03	2 356. 24	4. 79	5 389. 58
2077	2 040. 69	2 344. 55	-303. 86	-21 175. 18	2 367. 20	2 344. 55	22. 65	5 547. 54
2078	2 046. 89	2 333. 96	-287. 07	-21 998. 81	2 374. 40	2 333. 96	40. 44	5 727. 67
2079	2 053. 70	2 323. 81	-270. 11	-22 825. 64	2 382. 29	2 323. 81	58. 48	5 930. 81
2080	2 061. 30	2 314. 83	-253. 53	-23 656. 15	2 391. 11	2 314. 83	76. 28	6 157. 26
2081	2 069. 86	2 310. 00	-240. 14	-24 493. 70	2 401. 03	2 310. 00	91. 03	6 404. 51
2082	2 079. 31	2 306. 79	-227. 48	-25 339. 21	2 412. 00	2 306. 79	105. 21	6 672. 46
2083	2 089. 52	2 304. 87	-215. 35	-26 193. 42	2 423. 85	2 304. 87	118. 98	6 961. 22
2084	2 101. 07	2 305. 99	-204. 92	-27 058. 30	2 437. 24	2 305. 99	131. 25	7 269. 79
2085	2 113. 65	2 309. 36	-195. 71	-27 935. 35	2 451. 84	2 309. 36	142. 48	7 597. 57
2086	2 127. 24	2 314. 92	-187. 68	-28 826. 11	2 467. 60	2 314. 92	152. 68	7 944. 00
2087	2 141. 58	2 321. 91	-180. 33	-29 731. 60	2 484. 24	2 321. 91	162. 33	8 308. 99
2088	2 156. 65	2 330. 26	-173. 61	-30 652. 83	2 501. 72	2 330. 26	171. 46	8 692. 46
2089	2 172. 82	2 341. 09	-168. 27	-31 591. 63	2 520. 47	2 341. 09	179. 38	9 093. 64
2090	2 189. 67	2 353. 26	-163. 59	-32 549. 10	2 540. 01	2 353. 26	186. 75	9 512. 40

从表7-9可以看出，如果“全面二孩”生育意愿为80%，当缴费率提高1%，湖北省城乡居民基本医疗保险基金开始出现累计赤字的时点推迟至2045年，2090年累计赤字降至25 943. 08亿元，与没有任何政策干预的情况相比，基金开始出现累计赤字的时点推迟了19年（=2045-2026），2090年累计赤字降低70. 18%；当缴费率提高2%，湖北省城乡居民基本医疗保险基金在2090年及以前不出现累计赤字，2090年累计结余18 235. 59亿元，与没有任何政策干预的情况相比，基金开始出现累计赤字的时点至少推迟了64年（=2090-2026），

2090 年累计赤字降低 120.96%。可见，如果“全面二孩”生育意愿为 80%，缴费率提高 2% 可以保证湖北省城乡居民基本医疗保险基金在 2090 年及以前不出现累计赤字。

表 7－9　湖北省城乡居民基本医疗保险基金财务运行状况（“全面二孩”生育意愿为 80% 与调整缴费率）　单位：亿元

年份	缴费率提高 1%				缴费率提高 2%			
	收入	支出	当期结余	累计结余	收入	支出	当期结余	累计结余
2018	407.38	330.10	77.28	184.58	472.56	330.10	142.46	251.39
2019	437.12	360.45	76.67	267.78	507.06	360.45	146.61	407.95
2020	468.49	392.96	75.53	351.89	543.45	392.96	150.49	572.40
2021	499.56	425.14	74.42	436.97	579.49	425.14	154.35	744.92
2022	531.99	459.04	72.95	522.67	617.11	459.04	158.07	925.56
2023	566.07	495.79	70.28	607.77	656.64	495.79	160.85	1 113.57
2024	602.01	533.81	68.20	692.87	698.33	533.81	164.52	1 310.05
2025	639.89	575.12	64.77	776.59	742.28	575.12	167.16	1 514.13
2026	676.01	614.63	61.38	858.92	784.17	614.63	169.54	1 725.77
2027	713.80	658.92	54.88	936.64	828.01	658.92	169.09	1 942.22
2028	753.17	707.19	45.98	1 007.18	873.67	707.19	166.48	2 161.43
2029	794.25	756.74	37.51	1 070.81	921.33	756.74	164.59	2 384.17
2030	837.12	809.03	28.09	1 126.37	971.06	809.03	162.03	2 609.85
2031	877.76	860.71	17.05	1 172.01	1 018.20	860.71	157.49	2 836.53
2032	921.15	914.29	6.86	1 208.35	1 068.54	914.29	154.25	3 065.55
2033	964.89	972.23	−7.34	1 231.04	1 119.28	972.23	147.05	3 292.91
2034	1 010.31	1 032.61	−22.30	1 238.95	1 171.96	1 032.61	139.35	3 518.06
2035	1 057.55	1 096.94	−39.39	1 229.55	1 226.76	1 096.94	129.82	3 739.07
2036	1 101.51	1 157.27	−55.76	1 203.14	1 277.75	1 157.27	120.48	3 956.05
2037	1 146.95	1 220.85	−73.90	1 157.47	1 330.46	1 220.85	109.61	4 167.30
2038	1 189.69	1 283.89	−94.20	1 089.85	1 380.04	1 283.89	96.15	4 370.04

续表

年份	缴费率提高1%				缴费率提高2%			
	收入	支出	当期结余	累计结余	收入	支出	当期结余	累计结余
2039	1 234. 10	1 347. 69	-113. 59	1 000. 66	1 431. 55	1 347. 69	83. 86	4 565. 25
2040	1 280. 40	1 413. 52	-133. 12	889. 24	1 485. 27	1 413. 52	71. 75	4 752. 92
2041	1 322. 38	1 476. 11	-153. 73	753. 90	1 533. 96	1 476. 11	57. 85	4 931. 04
2042	1 365. 99	1 540. 71	-174. 72	593. 65	1 584. 55	1 540. 71	43. 84	5 099. 25
2043	1 411. 23	1 607. 45	-196. 22	407. 37	1 637. 02	1 607. 45	29. 57	5 257. 04
2044	1 458. 14	1 677. 21	-219. 07	193. 01	1 691. 45	1 677. 21	14. 24	5 403. 06
2045	1 506. 64	1 749. 33	-242. 69	-50. 92	1 747. 71	1 749. 33	-1. 62	5 536. 47
2046	1 549. 15	1 811. 36	-262. 21	-320. 96	1 797. 02	1 811. 36	-14. 34	5 660. 19
2047	1 592. 58	1 875. 77	-283. 19	-619. 25	1 847. 40	1 875. 77	-28. 37	5 772. 61
2048	1 636. 80	1 939. 17	-302. 37	-944. 66	1 898. 69	1 939. 17	-40. 48	5 875. 43
2049	1 681. 67	1 998. 39	-316. 72	-1 292. 92	1 950. 73	1 998. 39	-47. 66	5 973. 46
2050	1 727. 06	2 058. 50	-331. 44	-1 664. 97	2 003. 39	2 058. 50	-55. 11	6 066. 31
2051	1 764. 54	2 110. 94	-346. 40	-2 061. 66	2 046. 86	2 110. 94	-64. 08	6 152. 29
2052	1 802. 18	2 165. 69	-363. 51	-2 485. 80	2 090. 53	2 165. 69	-75. 16	6 229. 06
2053	1 839. 79	2 219. 11	-379. 32	-2 936. 75	2 134. 15	2 219. 11	-84. 96	6 297. 70
2054	1 877. 48	2 273. 59	-396. 11	-3 416. 18	2 177. 87	2 273. 59	-95. 72	6 357. 03
2055	1 915. 20	2 329. 55	-414. 35	-3 926. 30	2 221. 63	2 329. 55	-107. 92	6 405. 34
2056	1 943. 58	2 367. 81	-424. 23	-4 459. 29	2 254. 56	2 367. 81	-113. 25	6 449. 39
2057	1 971. 80	2 404. 51	-432. 71	-5 014. 30	2 287. 29	2 404. 51	-117. 22	6 490. 47
2058	1 999. 79	2 440. 65	-440. 86	-5 591. 54	2 319. 75	2 440. 65	-120. 90	6 528. 81
2059	2 027. 73	2 467. 99	-440. 26	-6 182. 60	2 352. 16	2 467. 99	-115. 83	6 573. 31
2060	2 055. 75	2 495. 48	-439. 73	-6 787. 89	2 384. 67	2 495. 48	-110. 81	6 624. 06
2061	2 073. 39	2 509. 49	-436. 10	-7 404. 58	2 405. 14	2 509. 49	-104. 35	6 682. 70
2062	2 090. 90	2 522. 10	-431. 20	-8 031. 67	2 425. 45	2 522. 10	-96. 65	6 750. 70
2063	2 107. 75	2 532. 80	-425. 05	-8 668. 14	2 444. 99	2 532. 80	-87. 81	6 829. 46
2064	2 124. 23	2 540. 16	-415. 93	-9 311. 18	2 464. 10	2 540. 16	-76. 06	6 922. 24

续表

年份	缴费率提高1%				缴费率提高2%			
	收入	支出	当期结余	累计结余	收入	支出	当期结余	累计结余
2065	2 141.01	2 546.45	-405.44	-9 959.53	2 483.57	2 546.45	-62.88	7 030.85
2066	2 147.35	2 539.78	-392.43	-10 610.77	2 490.92	2 539.78	-48.86	7 156.54
2067	2 153.83	2 531.59	-377.76	-11 263.24	2 498.45	2 531.59	-33.14	7 301.48
2068	2 160.77	2 522.88	-362.11	-11 915.98	2 506.50	2 522.88	-16.38	7 467.23
2069	2 167.62	2 513.38	-345.76	-12 568.28	2 514.44	2 513.38	1.06	7 654.99
2070	2 175.04	2 503.58	-328.54	-13 219.24	2 523.04	2 503.58	19.46	7 866.31
2071	2 182.70	2 495.43	-312.73	-13 870.27	2 531.93	2 495.43	36.50	8 100.39
2072	2 191.04	2 487.02	-295.98	-14 520.41	2 541.60	2 487.02	54.58	8 358.84
2073	2 199.93	2 478.76	-278.83	-15 169.22	2 551.92	2 478.76	73.16	8 642.80
2074	2 209.55	2 470.54	-260.99	-15 815.97	2 563.08	2 470.54	92.54	8 953.72
2075	2 220.02	2 460.91	-240.89	-16 458.28	2 575.23	2 460.91	114.32	9 294.74
2076	2 231.40	2 452.72	-221.32	-17 096.59	2 588.43	2 452.72	135.71	9 666.21
2077	2 243.67	2 445.02	-201.35	-17 730.39	2 602.65	2 445.02	157.63	10 069.44
2078	2 257.01	2 438.54	-181.53	-18 359.71	2 618.13	2 438.54	179.59	10 505.26
2079	2 271.18	2 432.62	-161.44	-18 984.18	2 634.57	2 432.62	201.95	10 974.89
2080	2 286.31	2 427.99	-141.68	-19 604.01	2 652.12	2 427.99	224.13	11 478.99
2081	2 302.57	2 428.54	-125.97	-20 223.23	2 670.98	2 428.54	242.44	12 014.47
2082	2 319.87	2 430.85	-110.98	-20 842.56	2 691.05	2 430.85	260.20	12 581.53
2083	2 338.08	2 434.62	-96.54	-21 462.58	2 712.18	2 434.62	277.56	13 180.57
2084	2 357.74	2 441.60	-83.86	-22 085.10	2 734.98	2 441.60	293.38	13 810.79
2085	2 378.54	2 451.01	-72.47	-22 711.52	2 759.10	2 451.01	308.09	14 471.86
2086	2 400.43	2 462.78	-62.35	-23 343.21	2 784.50	2 462.78	321.72	15 163.41
2087	2 423.18	2 476.16	-52.98	-23 981.10	2 810.89	2 476.16	334.73	15 885.59
2088	2 446.77	2 491.08	-44.31	-24 626.04	2 838.26	2 491.08	347.18	16 638.59
2089	2 471.58	2 508.68	-37.10	-25 279.72	2 867.04	2 508.68	358.36	17 421.87
2090	2 497.21	2 527.82	-30.61	-25 943.08	2 896.77	2 527.82	368.95	18 235.59

从表 7－10 可以看出，如果所有符合“全面二孩”规定夫妇生育二孩，当缴费率提高 1%，湖北省城乡居民基本医疗保险基金开始出现累计赤字的时点推迟至 2047 年，2090 年累计赤字降至 19 125. 99 亿元，与没有任何政策干预的情况相比，基金开始出现累计赤字的时点推迟了 21 年（＝2047－2026），2090 年累计赤字降低 78. 02%；当缴费率提高 2%，湖北省城乡居民基本医疗保险基金在 2090 年及以前不出现累计赤字，2090 年累计结余 27 331. 44 亿元，与没有任何政策干预的情况相比，基金开始出现累计赤字的时点至少推迟了 64 年（＝2090－2026），2090 年累计赤字降低 131. 42%。可见，如果“全面二孩”生育意愿为 100%，缴费率提高 2% 可以保证湖北省城乡居民基本医疗保险基金在 2090 年及以前不出现累计赤字，湖北省城乡居民基本医疗保险基金可持续性得到了保障。

表 7－10　　湖北省城乡居民基本医疗保险基金财务运行状况
（“全面二孩”生育意愿为 100%与调整缴费率）　　单位：亿元

年份	缴费率提高 1%				缴费率提高 2%			
	收入	支出	当期结余	累计结余	收入	支出	当期结余	累计结余
2018	408. 80	331. 21	77. 59	184. 90	474. 21	331. 21	143. 00	251. 94
2019	439. 12	362. 00	77. 12	268. 57	509. 38	362. 00	147. 38	409. 30
2020	471. 12	395. 01	76. 11	353. 29	546. 50	395. 01	151. 49	574. 81
2021	502. 87	427. 52	75. 35	439. 36	583. 33	427. 52	155. 81	748. 88
2022	536. 02	461. 77	74. 25	526. 45	621. 79	461. 77	160. 02	931. 62
2023	570. 92	498. 88	72. 04	613. 45	662. 26	498. 88	163. 38	1 122. 38
2024	607. 73	537. 31	70. 42	700. 96	704. 96	537. 31	167. 65	1 322. 28
2025	646. 55	579. 06	67. 49	787. 66	750. 00	579. 06	170. 94	1 530. 55
2026	683. 67	619. 03	64. 64	873. 61	793. 05	619. 03	174. 02	1 747. 19
2027	722. 54	663. 82	58. 72	955. 63	838. 14	663. 82	174. 32	1 969. 55
2028	763. 07	712. 63	50. 44	1 031. 22	885. 16	712. 63	172. 53	2 195. 63
2029	805. 44	762. 78	42. 66	1 100. 73	934. 31	762. 78	171. 53	2 426. 34
2030	849. 69	815. 73	33. 96	1 163. 06	985. 64	815. 73	169. 91	2 661. 16

续表

年份	缴费率提高 1%				缴费率提高 2%			
	收入	支出	当期结余	累计结余	收入	支出	当期结余	累计结余
2031	891.79	868.09	23.70	1 216.42	1 034.47	868.09	166.38	2 898.23
2032	936.75	922.43	14.32	1 261.51	1 086.63	922.43	164.20	3 138.99
2033	982.20	981.18	1.02	1 294.10	1 139.35	981.18	158.17	3 379.59
2034	1 029.49	1 042.44	-12.95	1 313.17	1 194.21	1 042.44	151.77	3 619.64
2035	1 078.76	1 107.75	-28.99	1 316.29	1 251.36	1 107.75	143.61	3 857.34
2036	1 124.87	1 169.12	-44.25	1 303.84	1 304.85	1 169.12	135.73	4 092.89
2037	1 172.69	1 233.85	-61.16	1 273.75	1 360.32	1 233.85	126.47	4 324.85
2038	1 216.89	1 297.67	-80.78	1 222.80	1 411.60	1 297.67	113.93	4 549.74
2039	1 263.00	1 362.37	-99.37	1 151.51	1 465.08	1 362.37	102.71	4 768.77
2040	1 311.29	1 429.28	-117.99	1 059.36	1 521.09	1 429.28	91.81	4 982.09
2041	1 355.37	1 493.14	-137.77	944.62	1 572.23	1 493.14	79.09	5 187.71
2042	1 401.39	1 559.17	-157.78	806.52	1 625.62	1 559.17	66.45	5 385.51
2043	1 449.38	1 627.51	-178.13	644.10	1 681.28	1 627.51	53.77	5 575.26
2044	1 499.38	1 699.03	-199.65	455.56	1 739.28	1 699.03	40.25	5 755.90
2045	1 551.30	1 773.05	-221.75	239.65	1 799.51	1 773.05	26.46	5 926.92
2046	1 597.33	1 836.95	-239.62	0.04	1 852.91	1 836.95	15.96	6 091.44
2047	1 644.56	1 903.33	-258.77	-265.20	1 907.69	1 903.33	4.36	6 248.20
2048	1 692.83	1 968.76	-275.93	-554.66	1 963.69	1 968.76	-5.07	6 399.20
2049	1 742.05	2 030.06	-288.01	-863.73	2 020.78	2 030.06	-9.28	6 549.67
2050	1 792.05	2 092.32	-300.27	-1 193.11	2 078.78	2 092.32	-13.54	6 699.53
2051	1 834.05	2 146.90	-312.85	-1 543.61	2 127.50	2 146.90	-19.40	6 847.12
2052	1 876.44	2 203.85	-327.41	-1 917.79	2 176.67	2 203.85	-27.18	6 990.44
2053	1 919.04	2 259.54	-340.50	-2 314.76	2 226.08	2 259.54	-33.46	7 130.91
2054	1 961.93	2 316.37	-354.44	-2 735.93	2 275.84	2 316.37	-40.53	7 267.64
2055	2 005.07	2 374.76	-369.69	-3 183.26	2 325.88	2 374.76	-48.88	7 399.23
2056	2 038.67	2 415.27	-376.60	-3 648.86	2 364.85	2 415.27	-50.42	7 532.53

续表

年份	缴费率提高1%				缴费率提高2%			
	收入	支出	当期结余	累计结余	收入	支出	当期结余	累计结余
2057	2 072. 25	2 454. 29	-382. 04	-4 131. 67	2 403. 81	2 454. 29	-50. 48	7 669. 10
2058	2 105. 77	2 492. 82	-387. 05	-4 631. 68	2 442. 70	2 492. 82	-50. 12	7 809. 45
2059	2 139. 40	2 522. 59	-383. 19	-5 140. 24	2 481. 71	2 522. 59	-40. 88	7 962. 79
2060	2 173. 23	2 552. 60	-379. 37	-5 657. 60	2 520. 94	2 552. 60	-31. 66	8 129. 41
2061	2 196. 15	2 569. 12	-372. 97	-6 181. 33	2 547. 54	2 569. 12	-21. 58	8 310. 52
2062	2 219. 02	2 584. 33	-365. 31	-6 710. 30	2 574. 07	2 584. 33	-10. 26	8 507. 77
2063	2 241. 33	2 597. 72	-356. 39	-7 243. 36	2 599. 95	2 597. 72	2. 23	8 722. 74
2064	2 263. 39	2 607. 89	-344. 50	-7 777. 55	2 625. 54	2 607. 89	17. 65	8 958. 90
2065	2 285. 89	2 617. 10	-331. 21	-8 311. 48	2 651. 64	2 617. 10	34. 54	9 218. 27
2066	2 297. 38	2 613. 12	-315. 74	-8 842. 90	2 664. 96	2 613. 12	51. 84	9 501. 87
2067	2 309. 20	2 607. 73	-298. 53	-9 369. 96	2 678. 67	2 607. 73	70. 94	9 812. 13
2068	2 321. 69	2 601. 96	-280. 27	-9 891. 49	2 693. 16	2 601. 96	91. 20	10 150. 92
2069	2 334. 36	2 595. 53	-261. 17	-10 406. 48	2 707. 85	2 595. 53	112. 32	10 519. 82
2070	2 347. 87	2 588. 95	-241. 08	-10 913. 75	2 723. 53	2 588. 95	134. 58	10 920. 76
2071	2 361. 95	2 584. 76	-222. 81	-11 414. 97	2 739. 86	2 584. 76	155. 10	11 352. 76
2072	2 376. 99	2 580. 47	-203. 48	-11 908. 91	2 757. 31	2 580. 47	176. 84	11 817. 84
2073	2 392. 88	2 576. 49	-183. 61	-12 394. 83	2 775. 74	2 576. 49	199. 25	12 317. 52
2074	2 409. 85	2 572. 68	-162. 83	-12 871. 61	2 795. 42	2 572. 68	222. 74	12 853. 76
2075	2 427. 94	2 567. 61	-139. 67	-13 336. 56	2 816. 41	2 567. 61	248. 80	13 430. 13
2076	2 447. 27	2 564. 12	-116. 85	-13 789. 74	2 838. 84	2 564. 12	274. 72	14 047. 47
2077	2 467. 75	2 561. 28	-93. 53	-14 230. 35	2 862. 59	2 561. 28	301. 31	14 707. 50
2078	2 489. 60	2 559. 80	-70. 20	-14 658. 07	2 887. 93	2 559. 80	328. 13	15 411. 52
2079	2 512. 50	2 559. 02	-46. 52	-15 072. 21	2 914. 50	2 559. 02	355. 48	16 161. 17
2080	2 536. 61	2 559. 69	-23. 08	-15 472. 67	2 942. 46	2 559. 69	382. 77	16 957. 54
2081	2 562. 07	2 566. 59	-4. 52	-15 864. 12	2 972. 00	2 566. 59	405. 41	17 797. 03
2082	2 588. 76	2 575. 44	13. 32	-16 247. 07	3 002. 96	2 575. 44	427. 52	18 680. 17
2083	2 616. 55	2 585. 94	30. 61	-16 621. 87	3 035. 20	2 585. 94	449. 26	19 607. 66

续表

年份	缴费率提高1%				缴费率提高2%			
	收入	支出	当期结余	累计结余	收入	支出	当期结余	累计结余
2084	2 645.93	2 599.88	46.05	-16 990.22	3 069.28	2 599.88	469.40	20 578.98
2085	2 676.60	2 616.45	60.15	-17 353.33	3 104.85	2 616.45	488.40	21 594.07
2086	2 708.50	2 635.60	72.90	-17 712.44	3 141.86	2 635.60	506.26	22 652.84
2087	2 741.42	2 656.58	84.84	-18 068.29	3 180.04	2 656.58	523.46	23 755.71
2088	2 775.33	2 679.34	95.99	-18 421.60	3 219.39	2 679.34	540.05	24 903.15
2089	2 810.63	2 705.03	105.60	-18 773.90	3 260.33	2 705.03	555.30	26 094.91
2090	2 846.93	2 732.53	114.40	-19 125.99	3 302.44	2 732.53	569.91	27 331.44

第四节　小　　结

如本研究第五章和第六章所述，“全面二孩”政策和延迟退休年龄政策能改善湖北省社会医疗保险基金的财务运行运行状况，但是无法扭转湖北省社会医疗保险基金出现累计赤字的局面，那么进一步调整缴费率能提高湖北省社会医疗保险基金的可持续性吗？通过研究发现：第一，如果“全面二孩”生育意愿分别为20.5%、46.7%和60%，且延迟退休年龄，缴费率提高3%可保证湖北省城镇职工基本医疗保险基金在2090年及以前不出现累计赤字（见表7-11）；如果“全面二孩”生育意愿提高至80%或100%，且延迟退休年龄，缴费率提高2%可保证湖北省城镇职工基本医疗保险基金在2090年及以前不出现累计赤字。第二，如果“全面二孩”生育意愿为20.5%，缴费率提高3%可保证湖北省城乡居民基本医疗保险基金在2090年及以前不出现累计赤字；如果“全面二孩”生育意愿分别为46.7%、60%、80%和100%，缴费率提高2%可保证湖北省城乡居民基本医疗保险基金在2090年及以前不出现累计赤字。可见，缴费率进一步提高2%~3%可以保证湖北省社会医疗保险基金在2090年及以前不出现累计赤字，在中长期内实现精算平衡，基金的可持续性得到更进一步的提高。

表 7－11　　湖北省社会医疗保险基金财务运行状况（进一步调整缴费率）

险种	延迟退休年龄	"全面二孩"生育意愿（%）	缴费率提高 1%			缴费率提高 2%			缴费率提高 3%		
			出现累计赤字时点	累计赤字（亿元）	变化幅度（%）	出现累计赤字时点	累计赤字（亿元）	变化幅度（%）	出现累计赤字时点	累计赤字（亿元）	变化幅度（%）
城镇职工基本医疗保险	是	20.5	2063～2090	－61 943.64	－58.29	2080～2090	－26 462.04	－82.18	—	9 019.55	－106.07
		46.7	2067～2090	－51 154.84	－65.56	2086～2090	－12 718.69	－91.44	—	25 717.47	－117.32
		60	2070～2090	－45 402.41	－69.43	2088～2090	－5 414.39	－96.35	—	34 573.62	－123.28
		80	2074～2090	－36 398.93	－75.49	—	5 988.94	－104.03	—	—	—
		100	2079～2090	－26 968.69	－81.84	—	17 898.96	－112.05	—	—	—
城乡居民基本医疗保险	否	20.5	2042～2090	－44 679.86	－48.64	2068～2090	－6 350.95	－92.70	—	33 105.36	－138.05
		46.7	2044～2090	－36 785.26	－57.72	—	3 954.44	－104.55	—	—	—
		60	2044～2090	－32 549.10	－62.59	—	9 512.40	－110.93	—	—	—
		80	2045～2090	－25 943.08	－70.18	—	18 235.59	－120.96	—	—	—
		100	2047～2090	－19 125.99	－78.02	—	27 331.44	－131.42	—	—	—

注："—"指基金在 2090 年及以前不出现累计赤字；变化幅度均是与没有任何政策干预的情况相比。

第八章
结论与对策建议

第一节 结　论

现阶段，湖北省人口老龄化程度呈现不断上升的趋势，截至2016年底，湖北省65岁及以上人口占总人口的比重达到11.57%，较2016年全国平均水平高出0.72个百分点。人口老龄化程度的加深导致湖北省社会医疗保险基金可持续性受到冲击。以湖北省城镇职工基本医疗保险基金为例，截至2016年底，基金累计结余222.1亿元，但是2002~2016年城镇职工基本医疗保险基金支出的年平均增长速度（28.11%）已快于基金收入的年平均增长速度（23.48%）。可见，湖北省社会医疗保险基金支付压力已逐步凸显。

《"健康中国2030"规划纲要》指出"健全基本医疗保险稳定可持续筹资和待遇水平调整机制，实现基金中长期精算平衡"，可见政府高度重视社会医疗保险基金可持续性，要求实现社会医疗保险基金的中长期精算平衡。那么，在"健康中国"和人口老龄化程度加深的背景下，湖北省社会医疗保险基金的财务运行状况如何？湖北省社会医疗保险基金是否具备可持续性？湖北省社会医疗保险基金能否实现中长期精算平衡？本研究将通过建立精算模型予以回答，为促进湖北省社会医疗保险基金的可持续发展提供定量决策参考。

根据模拟分析结果，本书得出如下结论：

第一，湖北省人口老龄化程度仍将呈现不断上升的趋势。如果继续实行"一胎"政策，湖北省人口老龄化程度一直呈现上升趋势，60岁及以上人口占总人口的比重从2018年的19.92%上升至2090年的42.84%，65岁及以上人口占总人口的比重从2018年的13.39%上升至2090年的36.48%。当20.5%符合"全面二孩"规定夫妇生育二孩，2090年60岁及以上人口和65岁及以上人口占总人口的比重分别降至40.05%和33.86%。进一步，如果"全面二孩"生育意愿提高至100%，2090年60岁及以上和65岁及以上人口占总人口的比重分别降至31.72%和25.66%。可见，虽然"全面二孩"政策能缓解湖北省人口老龄化程度，但无法改变湖北省人口老龄化程度不断上升的局面。

第二，如果没有任何政策干预，湖北省社会医疗保险基金不具备可持续性。(1) 如果没有任何政策干预，湖北省城镇职工基本医疗保险基金在 2024 年开始出现当期赤字（收不抵支），并于 2034 年开始出现累计赤字，2090 年累计赤字高达 148 520.14 亿元。(2) 如果没有任何政策干预，湖北省城乡居民基本医疗保险基金在 2020 年开始出现当期赤字，并于 2026 年开始出现累计赤字，2090 年累计赤字为 86 997.83 亿元。可见，在没有任何政策干预的情况下，人口老龄化程度的加深使得湖北省社会医疗保险基金必会出现累计赤字。

第三，“全面二孩”政策能改善湖北省社会医疗保险基金财务运行状况。(1) 当 20.5% 符合“全面二孩”规定夫妇生育二孩，与没有任何政策干预的情况相比，虽然湖北省城镇职工基本医疗保险基金开始出现当期赤字和累计赤字的时点没有发生变化，但 2090 年基金累计赤字降至 144 381.1 亿元，降幅为 2.79%；如果生育意愿提高至 100%，基金开始出现累计赤字的时点仍未发生变化，2090 年基金累计赤字降至 124 858.31 亿元，降幅达 15.93%。(2) 当 20.5% 符合“全面二孩”规定夫妇生育二孩，与没有任何政策干预的情况相比，虽然湖北省城乡居民基本医疗保险基金开始出现当期赤字和累计赤字的时点没有发生变化，2090 年基金累计赤字降至 83 008.85 亿元，降幅为 4.59%；如果生育意愿提高至 100%，基金开始出现累计赤字的时点仍未发生变化，2090 年基金累计赤字降至 65 583.45 亿元，降幅达 24.61%。可见，虽然“全面二孩”政策对湖北省社会医疗保险基金开始出现累计赤字的时点没有影响，但是能改善湖北省社会医疗保险基金的财务运行状况，降低基金累计赤字，湖北省社会医疗保险基金的可持续性得到提高。

第四，“全面二孩”政策与延迟退休年龄政策的组合能进一步提高湖北省社会医疗保险基金的可持续性。城镇职工基本医疗保险的缴费人口为参保在职职工，而城乡居民基本医疗保险的参保人口为全部参保人口，因此“全面二孩”政策与延迟退休年龄政策的组合只对城镇职工基本医疗保险基金的财务运行状况产生影响，具体如下：同时实施“全面二孩”政策与延迟退休年龄政策，当 20.5% 符合“全面二孩”规定夫妇生育二孩，湖北省城镇职工基本医疗保险基金开始出现累计赤字的时点推迟至 2036 年，2090 年基金累计赤字降至 97 425.24 亿元，与没有任何政策干预的情况相比，降幅为 34.4%；如果生育意愿达到 100%，湖北省城镇职工基本医疗保险基金开始出现累计赤字的时点同样推迟至 2036 年，2090 年基金累计赤字降至 71 836. 32 亿元，降幅高达 51. 3%。可见，“全面二孩”政策与延迟退休年龄政策的组合不仅可以改善湖北省城镇职工基本医疗保险基金的财务运行状况，还能推迟湖北省城镇职工基本医疗保险基金开始出现当期赤字和累计赤字的时点，也就是说，“全面二孩”政策与延迟退休年龄政策的组合能进一步提高湖北省城镇职工基本医疗保险基金的可持续性。

第五，进一步提高缴费率可更进一步提高湖北省社会医疗保险基金可持续性。(1) 如果“全面二孩”生育意愿分别为 20. 5%、46. 7% 和 60%，且延迟退休年龄，缴费率提高 3% 可保证湖北省城镇职工基本医疗保险基金在 2090 年及以前不出现累计赤字；如果“全面二孩”生育意愿提高至 80% 或 100%，且延迟退休年龄，缴费率提高 2% 可保证湖北省城镇职工基本医疗保险基金在 2090 年及以前不出现累计赤字。(2) 如果“全面二孩”生育意愿为 20. 5%，缴费率提高 3% 可保证湖北省城乡居民基本医疗保险基金在 2090 年及以前不出现累计赤字；如果“全面二孩”生育意愿分别为 46. 7%、60%、80% 和 100%，缴费率提高 2% 可保证湖北省城乡居民基本医疗保险基金在 2090 年及以前不出现累计赤字。可见，湖北省社会医疗保险缴费率提高 2% ~3% 可以保证湖北省社会医疗保险基金在 2090 年及以前不出现累计赤字，基金的可持续性得到更进一步的提高。

综上所述，在“健康中国”和人口老龄化程度加深的背景下，如果没有任何政策干预，湖北省社会医疗保险基金不具备可持续性；当引入“全面二孩”政策、延迟退休年龄政策、提高缴费率等政策调整方案，湖北省社会医疗保险基金的可持续性得到提高，在中长期内能实现基金精算平衡。

第二节 对策建议

一、鼓励生育

人口老龄化程度的加深与生育水平偏低已成为我国的基本国情和湖北省的

省情。通过前文的分析和检验，可知“全面二孩”政策能起到改善湖北省社会医疗保险基金财务运行状况的作用，并且随着“全面二孩”生育意愿的提高，对提高湖北省社会医疗保险基金可持续性的影响程度越大。因此，应当采取积极的政策鼓励生育，实施提高生育意愿的措施，引导更多符合条件的夫妇生育二孩。

（一）出台专门法律法规，营造鼓励生育的良好氛围

日本从国家战略高度，通过立法规定促进生育率提高。早期为解决妇女就业与养育子女之间的矛盾，日本出台并修订了《育儿休业法》①，其中规定养育不满1岁婴儿的男女职工均可提出休假，企业不能拒绝或此为由解雇职工。政府向已执行《育儿休业法》的企业发放“育儿休业”奖金，以示鼓励更多企业参与进来。随后出台了《少子化社会对策基本法》和《少子化对策大纲》② 作为应对少子化与高龄化的法律法规保障。

新加坡政府则通过制订“工作与生活和谐计划”（work-life works），将生育保护期延长到孕妇的整个怀孕期，并延长育儿事假时限等以鼓励女性生育。

目前，我国对《人口与计划生育法》进行了修订，确定了“全面二孩”政策的法律地位，但我国尚未从国家层面出台鼓励生育的法律法规，湖北省也未能在省级层面出台鼓励生育的政策，导致现行的二孩生育意愿并不高。因此，若能在全国层面或者省级层面立法对女性进行关怀，树立保障女性生育权利的权威，才能让人们有敢生的底气。

（二）实施经济激励措施，发挥社会力量

为鼓励生育，日本、韩国、新加坡、英国等国开展了各种形式的经济激励与保障。日本2012年新颁布的儿童补贴政策有家庭收入限制，根据孩次与儿童年龄进行差异化的补贴：3岁以下的儿童，每人每月发放1.5万日元补贴；3岁以上至小学期间的儿童，第一个和第二个孩子为每人每月发放1万日元，从第

---

① 日本《育儿休业法》以提供育儿支援、帮助员工兼顾家庭和工作为主要内容。

② 2003年7月由国会决议制定了《少子化社会对策基本法》，同年9月实施。根据这项法律，为解决少子化问题，日本在2004年6月依据《少子化社会对策基本法》制定了首部《少子化对策大纲》，此后每五年修改一次。2015年3月进行了第二次修改，大纲明确提出把在妻子生产后男性休陪产假的比例提高到80%，并首次提出减轻3个子女以上的多子女家庭负担、为年轻人结婚提供支援等具体措施。

三个孩子开始在原有基础上每月增加0.5万日元发放，为每月1.5万日元；初中学生每人每月可获得1万日元补贴。在保育方面，日本的幼儿园和保育园绝大部分为公立，且费用根据家庭经济情况而定，与国内的入托难形成鲜明对比。

在英国，为鼓励妇女生育孩子，生完孩子的母亲有39周的带薪假期时间，其中前6周有不低于个人原来工资收入90%的补贴，如果按照个人以前工资90%的补贴低于了全国平均水平津贴，那么按照全国的平均数给予补贴；后面33周的收入为个人原工资的10.3%加上全国平均补贴，并且在这段假期结束后，如果母亲还不想回到原来的岗位上班，那么可以再额外申请停薪留职休假13周，且不会因此丢工作。英国除了妇女有带薪母育假之外，孩子父亲也有两周享受全国平均津贴的带薪父育假。

在德国，除开父母双方都享受带薪育儿假[①]之外，父母还均可以申请156周的无薪育儿假，且无薪育儿假由夫妇在三年内共享完。在带薪育儿假期间，父母的育儿假津贴均为原来个人工资65%，且最高均不能超过每月1 800欧元。

新加坡则开展“婴儿花红计划”（Baby Bonus）直接对生育孩子的家庭予以现金奖励，补贴随孩次提高而增加[②]。同时，当局将为新生儿提供一定金额公积金保健储蓄户头，作为孩子的医疗费用的补充；而对女性关怀方面，新加坡政府对在职母亲进行税收减免。

韩国规定在保留职位的基础上，孩子母亲可在子女不满6岁时，有1年时间在家养育孩子，期间每月可领取40万~50万韩元的底薪[③]，并且韩国对收入450万韩元以下的家庭实行免费育儿政策。在住房方面，新加坡建屋发展局通过育儿优先配屋计划、育儿短期住屋计划对有子女的购房夫妇实行政策倾斜，如预留一定比例的组屋给已育有孩子的首次购屋夫妇，在组屋落成期间，对首次购屋夫妇以优惠的租金比例租住组屋单位等。以低收入为条件，韩国选择为符合条件的新婚夫妇提供保障住房。

德国还有家庭津贴制度，采取的是现金津贴与税收优惠相结合模式，即德国所有的孩子可以领取津贴直到18岁，并且接受教育延续至25岁或者在21岁之前登记成为失业人口，津贴则会继续发放，德国普遍津贴大多数为儿童福利

---

① 在德国，单身父母亲均有14周带薪假，非单身父母亲均有12周带薪假。
② 第一个和第二个孩子可获得6 000元花红，第三个和第四个孩子则可获得8 000元，比之前增加2 000元。
③ 看世界各国如何鼓励生育——俄罗斯3~4.5年长产假等鼓励生育政策收效显著，资料来源：http://health.people.com.cn/n1/2016/0302/c398004-28164804.html。

津贴，基本通过税收减免的方式实施。除此之外，德国政府每月还会提供额外的140欧元补贴给低收入家庭，时间最长可以持续发放36个月。

结合日本、韩国、新加坡、英国等国的经验，从经济激励的角度来看，可采取以下措施：（1）以月为单位发放育儿补贴（生育津贴），根据孩次对生养子女的家庭进行梯度奖励；（2）实行带薪或低薪育儿假，在育儿假期间，给予部分或全额工资，甚至可以延长育儿假，给予停薪留职；（3）对生育二孩的家庭，给予购房优惠或住房补贴；（4）对生育二孩的家庭，给予医疗补助与税收减免；（5）鼓励社会或者政府采用公私合作（Public - Private - Partnership，PPP）方式举办育托机构（如托儿所），减轻家庭的育儿负担；（6）以社区为单位开展妇幼保健。以上措施可以多方出力，全方位降低生养孩子的成本，缓解生养二孩的压力以期拉升“全面二孩”生育意愿。

（三）转变“独生子女”观念，强调“生育二孩”的积极意义

“独生子女”计划生育政策实行已有三十多年，少生优生的思想观念已在独生子女这一代形成，就算放开二孩，很多人也不愿意再要第二个孩子，因此政府应该转变宣传口号，强调合理生育，说明“生育二孩”的积极意义，如能提高社会医疗保险基金的可持续性、优化人口结构、降低人口老龄化程度、促进经济增长，让人们的思想观念得到转变。

二、尽快实行弹性延迟退休年龄政策

通过前文的模拟分析，本研究发现，延迟退休年龄政策可以提高湖北省社会医疗保险基金的可持续性，因此湖北省乃至我国应该尽快出台延迟退休年龄方案，以促进社会医疗保险基金的可持续发展。

人口年龄结构的变化直接影响着劳动资源供给，人口预期寿命提高会进一步加剧人口老龄化，老年抚养比增长变快，社会医疗保险基金支付压力也越大。因此，应该尽快延迟退休年龄。首先，现行科技与医疗卫生事业的进步与发展提高了我国人口的预期寿命，2015年我国人均预期寿命已经达到76.34岁，而目前我国仍执行的是1951年《劳动保险条例》、1955年《关于国家机关工作人

员退休暂行办法》中的法定退休年龄，即女工人 50 岁退休、女职工 55 岁退休、男职工 60 岁退休，人均预期寿命远高于现行退休年龄，存在实施延迟退休的空间。其次，随着平均受教育年限的提高，人力资本存量回收期相应延长，通过延迟退休，进一步开发老年劳动力，还能提高整个社会的人力资本利用率。

然而，延迟退休并不符合当前在职职工预期（阳义南和才国伟，2012①），缺乏相应的激励机制。因此，应在充分尊重个人意愿的基础上，实施弹性延迟退休，并给予适当的制度激励，如在计发基础养老金时，对超过原有法定退休年龄的工作时段予以更高比例的退休待遇。

三、建立多层次医疗保险体系

根据世界银行报告，一个完善的医疗保险体系需要包括社会医疗保险制度、企业补充医疗保险制度和个人购买的商业医疗保险三个层次。然而，湖北省乃至我国的医疗保险体系过于单一，表现为过度依赖社会医疗保险，而企业补充医疗保险和商业医疗保险的建立和发展水平明显滞后，较多私营企业不为员工建立补充医疗保险体系，且我国（含湖北省）商业医疗保险体系明显滞后于社会医疗保险体系（商业医疗保险的参保率远低于社会医疗保险）。缺乏后两个层次的补充和辅助作用，进一步加重了社会医疗保险的负担。因此，建立多层次的医疗保险体系、加快发展企业补充医疗保险和商业医疗保险是有效缓解湖北省乃至我国社会医疗保险基金支付压力的措施之一。政府可通过相应的宣传、税收优惠等扶持政策鼓励企业和个人分别建立补充医疗保险体系和购买商业医疗保险。

四、加大社会医疗保险费的征缴力度

目前，湖北省社会医疗保险实际缴费率均不足 8%，即湖北省社会医疗保险

① 阳义南、才国伟：《推迟退休年龄和延迟领取基本养老金年龄可行吗——来自广东省在职职工预期退休年龄的经验证据》，载《财贸经济》2012 年第 10 期。

费的遵缴度不高（详见本书第四章的论述），这也是湖北省城镇职工基本医疗保险基金支付压力不断上升的原因之一（虽不是最主要的原因）。因此，湖北省需加大对社会医疗保险费的征缴力度。从 2019 年 1 月 1 日开始，社会医疗保险费的征缴从社会保险经办机构转移至税务机关，因此税务机关应采取相关措施加大对社会医疗保险费的征缴力度，例如，将信息管理系统应用于社会医疗保险费的征缴，随时跟踪企业的缴费情况，对漏缴或逃缴社会医疗保险费的企业进行处罚，将失信企业纳入诚信黑名单等。当社会医疗保险费的遵缴度提高，湖北省社会医疗保险基金的可持续性将进一步得到提高，社会医疗保险基金的收入将得到保障。

五、控制医疗费用的增长速度

宋世斌（2010）证明如果人均医疗费用的增长速度得到较好控制，社会医疗保险基金的累计赤字会降低[①]，所以政府应控制人均医疗费用的增长速度，以提高湖北省社会医疗保险基金的可持续性。从本研究第四章可以看出，人均医疗费用的增长速度已快于人均 GDP 的增长速度，因此应该控制人均医疗费用的增长速度。然而，控制人均医疗费用的增长速度需要借助主观和人为的因素，例如，监控社会医疗保险基金的使用情况，筛选出可疑的医疗费用（如“大处方”）；杜绝“医患合谋”；对违规使用社会医疗保险基金的医院和医生进行教育和处罚；对于高端的医疗服务进行控制；实行医保预付费方式改革，如实行按病种付费（DRG）、总额预付制、按床日付费、按人头付费、按工资付费等。当人均医疗费用的增长速度得到控制，社会医疗保险基金支出将有所降低，湖北省社会医疗保险基金的可持续性将进一步得到提高。

① 宋世斌：《我国社会医疗保险体系的隐性债务和基金运行状况的精算评估》，载《管理世界》2010 年第 8 期。

六、进一步明确财政对社会医疗保险的责任

从社会医疗保险筹资的基本原理来看，社会医疗保险基金应由政府、用人单位和参保人员共同筹集，同时，各级政府对于同级社会医疗保险基金承担最后的兜底责任（即财政补贴责任）。由于现行财政体制的一些问题，目前各级政府对于社会医疗保险基金的兜底责任尚不清晰，社会医疗保险制度缺乏国家财政的保障。目前，需要尽快落实的医疗保险财政责任主要有：社会医疗保险制度转轨而显性化的历史债务（即老人的社会医疗保险费用）；关闭、破产和困难企业及其职工的社会医疗保险费用（主要在东北地区）；转制企业的有关社会医疗保险成本；部分政策性提前退休者的社会医疗保险成本。因此，湖北省政府应该尽快明确对社会医疗保险的投入责任，促进社会医疗保险基金的可持续发展。

七、完善长期护理保险制度

长期护理保险（long-term-care insurance system）是为因年老、疾病或伤残而需要长期照顾的被保险人提供护理服务费用补偿的健康保险。它是一种主要负担老年人的专业护理、家庭护理及其他相关服务项目费用支出的新型健康保险项目。目前，湖北省乃至我国的社会医疗保险制度承担了一部分长期护理保险的功能，支付了老年人的相关护理费用，如果湖北省乃至我国能尽快完善长期护理保险制度，明确长期护理保险制度和社会医疗保险制度的功能定位，那么社会医疗保险基金支付压力将会有所减轻，老年人的相关护理费用也会得到保障。因此，湖北省应该尽快总结长期护理保险制度的试点经验（荆门市长期护理保险试点经验），尽快在全省建立长期护理保险制度，完善长期护理保险制度，促进湖北省社会医疗保险基金的可持续发展。

参考文献

［1］艾慧、张阳、杨长昱等：《中国养老保险统筹账户的财务可持续性研究——基于开放系统的测算》，载《财经研究》2012 年第 2 期。

［2］曾益：《我国城镇职工基本医疗保险个人账户公平性研究》，载《上海财经大学学报》2012 年第 1 期。

［3］曾益、凌云：《中国社会保险缴费率的降低空间与方案模拟——以城镇企业职工基本养老保险为例》，载《财经论丛》（浙江财经大学学报）2017 年第 6 期。

［4］曾益、凌云、张心洁：《从“单独二孩”走向“全面二孩”：城乡居民基本养老保险基金可持续性能提高吗?》，载《财政研究》2016 年第 11 期。

［5］曾益、任超然、李媛媛：《中国基本医疗保险制度财务运行状况的精算评估》，载《财经研究》2012 年第 12 期。

［6］曾益、任超然、刘倩：《破解养老金支付危机：“单独二孩”政策有效吗？——以城镇职工基本养老保险为例》，载《财经研究》2015 年第 1 期。

［7］曾益、任超然、刘倩：《“单独二孩”政策对基本医疗保险基金的支付能力影响研究》，载《保险研究》2015 年第 1 期。

［8］曾益、任超然、汤学良：《延长退休年龄能降低个人账户养老金的财政补助吗?》，载《数量经济技术经济研究》2013 年第 12 期。

［9］曾毅：《试论二孩晚育政策软着陆的必要性与可行性》，载《中国社会科学》2016 年第 2 期。

［10］陈沁、宋铮：《城市化将如何应对老龄化？——从中国城乡人口流动到养老基金平衡的视角》，载《金融研究》2013 年第 6 期。

［11］陈友华：《二孩政策地区经验的普适性及其相关问题——兼对“21 世纪中国生育政策研究”的评价》，载《人口与发展》2009 年第 1 期。

［12］陈友华、胡小武：《低生育率是中国的福音？——从第六次人口普查

数据看中国人口发展现状与前景》，载《南京社会科学》2011 年第 8 期。

[13] 程杰、赵文：《人口老龄化进程中的医疗卫生支出：WHO 成员国的经验分析》，载《中国卫生政策研究》2010 年第 4 期。

[14] 程永宏：《现收现付制与人口老龄化关系定量分析》，载《经济研究》2005 年第 3 期。

[15] 崔红艳、徐岚、李睿：《对 2010 年人口普查数据准确性的估计》，载《人口研究》2013 年第 1 期。

[16] 邓大松、杨红燕：《老龄化趋势下基本医疗保险筹资费率测算》，载《财经研究》2003 年第 12 期。

[17] 范兆媛、周少甫：《经济增长与老龄化对医疗费用增长的空间效应分析》，载《中国卫生经济》2016 年第 6 期。

[18] 封进、何立新：《中国养老保险制度改革的政策选择——老龄化、城市化、全球化的视角》，载《社会保障研究》2012 年第 3 期。

[19] 封铁英、高鑫：《基于精算模型参数调整的农村养老金可持续性仿真研究》，载《中国管理科学》2015 年第 9 期。

[20] 傅崇辉、张玲华、李玉柱：《从第六次人口普查看中国人口生育变化的新特点》，载《统计研究》2013 年第 1 期。

[21] 郭志刚：《中国的低生育水平及相关人口研究问题》，载《学海》2010 年第 1 期。

[22] 郭志刚：《六普结果表明以往人口估计和预测严重失误》，载《中国人口科学》2011 年第 6 期。

[23] 郭志刚：《中国的低生育率与被忽略的人口风险》，载《国际经济评论》2010 年第 6 期。

[24] 郝娟、邱长溶：《2000 年以来中国城乡生育水平的比较分析》，载《南方人口》2011 年第 5 期。

[25] 何文炯、徐林荣、傅可昂等：《基本医疗保险“系统老龄化”及其对策研究》，载《中国人口科学》2009 年第 2 期。

[26] 蒋正华：《JPOP－1 人口预测模型》，载《西安交通大学学报》1983 年第 4 期。

[27] 景鹏、胡秋明：《企业职工基本养老保险统筹账户缴费率潜在下调空

间研究》，载《中国人口科学》2017 年第 1 期。

[28] 康传坤：《提高缴费率还是推迟退休?》，载《统计研究》2012 年第 12 期。

[29] 李建新：《中国人口结构问题》，社会科学文献出版社 2009 年版。

[30] 李亚青、申曙光：《退休人员不缴费政策与医保基金支付风险——来自广东省的证据》，载《人口与经济》2011 年第 3 期。

[31] 林宝：《提高退休年龄对中国养老金隐性债务的影响》，载《中国人口科学》2003 年第 6 期。

[32] 刘昌平、殷宝明：《中国基本养老保险制度财务平衡与可持续性研究——基于国发［2005］38 号文件形成的城镇基本养老保险制度》，载《财经理论与实践》2011 年第 1 期。

[33] 刘家强、唐代盛：《“普遍两孩”生育政策的调整依据、政策效应和实施策略》，载《人口研究》2015 年第 6 期。

[34] 骆正清、江道正、陈正光：《生育政策调整对我国城镇企业职工基本养老保险代际平衡的影响》，载《广西财经学院学报》2015 年第 3 期。

[35] 彭希哲：《实现全面二孩政策目标需要整体性的配套》，载《探索》2016 年第 1 期。

[36] 彭希哲、胡湛：《公共政策视角下的中国人口老龄化》，载《中国社会科学》2011 年第 3 期。

[37] 钱振伟、卜一、张艳：《新型农村社会养老保险可持续发展的仿真评估：基于人口老龄化视角》，载《经济学家》2012 年第 8 期。

[38] 史若丁、汪兵韬：《人口老龄化对城镇基本医疗保险基金冲击的分析》，载《改革与开放》2011 年第 21 期。

[39] 宋世斌：《我国医疗保障体系的债务风险及可持续性评估》，经济管理出版社 2009 年版。

[40] 孙博、董克用、唐远志：《生育政策调整对基本养老金缺口的影响研究》，载《人口与经济》2011 年第 2 期。

[41] 谭湘渝、樊国昌：《中国养老保险制度未来偿付能力的精算预测与评价》，载《人口与经济》2004 年第 1 期。

[42] 唐大鹏：《社会保险基金风险管理》，东北财经大学出版社 2015 年版。

[43] 唐运舒、吴爽爽：《“全面二孩”政策实施能有效破解城镇职工养老保险基金支付危机吗——基于不同人口政策效果情景的分析》，载《经济理论与经济管理》2016年第12期。

[44] 汪伟：《计划生育政策的储蓄与增长效应：理论与中国的经验分析》，载《经济研究》2010年第10期。

[45] 王超群：《中国人均卫生费用增长的影响因素分解》，载《保险研究》2013年第8期。

[46] 王翠琴、田勇、薛惠元：《城镇职工基本养老保险基金收支平衡测算：2016~2060——基于生育政策调整和延迟退休的双重考察》，载《经济体制改革》2017年第4期。

[47] 王广州：《中国人口总量、结构及其发展趋势预测》，内部研究报告，2012年。

[48] 王广州、张丽萍：《到底能生多少孩子？——中国人的政策生育潜力估计》，载《社会学研究》2012年第5期。

[49] 王华：《人口老龄化与医疗卫生费用关系的地区间比较》，载《医学与社会》2012年第10期。

[50] 王金营、戈艳霞：《2010年人口普查数据质量评估以及对以往人口变动分析校正》，载《人口研究》2013年第1期。

[51] 王晓军：《对我国养老保险制度财务可持续性的分析》，载《人口与发展》2002年第8期。

[52] 王晓军、米海杰：《养老金支付缺口：口径、方法与测算分析》，载《数量经济技术经济研究》2013年第10期。

[53] 王晓燕：《老龄化过程中的医疗保险基金使用现状及平衡能力分析》，载《统计与预测》2004年第2期。

[54] 王增文：《人口迁移、生育率及人口稳定状态的老龄化问题研究》，载《中国人口·资源与环境》2014年第10期。

[55] 魏益华、迟明：《人口新常态下中国人口生育政策调整研究》，载《人口学刊》2015年第2期。

[56] 文裕慧：《城镇职工基本医疗保险退休人员适当缴费研究》，载《现代管理科学》2015年第10期。

［57］吴忠观：《人口学》（修订本），重庆大学出版社2005年版。

［58］肖彩波、刘红卫：《全面二孩政策对城乡居民基本养老保险制度实施的影响》，载《经济与管理评论》2018年第2期。

［59］幸超：《延迟退休对城镇职工医保基金收支平衡的影响——基于统筹账户的精算模型模拟分析》，载《湖南农业大学学报》（社会科学版）2018年第3期。

［60］徐镱菲、张明喜：《农村养老保险基金缺口预测及实证分析——基于甘肃省的调查研究》，载《财经论丛》（浙江财经大学学报）2012年第4期。

［61］闫坤、刘陈杰：《我国“新常态”时期合理经济增速测算》，载《财贸经济》2015年第1期。

［62］阳义南、才国伟：《推迟退休年龄和延迟领取基本养老金年龄可行吗——来自广东省在职职工预期退休年龄的经验证据》，载《财贸经济》2012年第10期。

［63］杨燕绥、于淼：《人口老龄化对医疗保险基金的影响分析》，载《中国医疗保险》2014年第10期。

［64］杨再贵：《现阶段背景下企业职工基本养老保险最优缴费率与最优记账利率研究》，载《华中师范大学学报》（人文社会科学版）2018年第1期。

［65］殷俊、黄蓉：《人口老龄化、退休年龄与基础养老金长期偿付能力研究》，载《理论与改革》2012年第4期。

［66］尹文耀、姚引妹、李芬：《三论中国生育政策的系统模拟与比较选择——兼论“一代独生子女”政策“自着陆”》，载《浙江大学学报》（人文社会科学版）2007年第6期。

［67］于洪、钟和卿：《中国基本养老保险制度可持续运行能力分析——来自三种模拟条件的测算》，载《财经研究》2009年第9期。

［68］于文广、李倩、王琦等：《基于年龄与工资水平差异的延迟退休对我国养老保险基金收支平衡的影响》，载《中国软科学》2018年第2期。

［69］余立人：《延长退休年龄能提高社会养老保险基金的支付能力吗?》，载《南方经济》2012年第6期。

［70］余央央：《老龄化对中国医疗费用的影响——城乡差异的视角》，载《世界经济文汇》2011年第5期。

[71] 翟振武、张现苓、靳永爱：《立即全面放开二胎政策的人口学后果分析》，载《人口研究》2014 年第 2 期。

[72] 张鹏飞、陶纪坤：《全面二孩政策对城镇职工基本养老保险收支的影响》，载《人口与经济》2017 年第 1 期。

[73] 张思锋、王立剑、张文学：《人口年龄结构变动对基本养老保险基金缺口的影响研究——以陕西省为例》，载《预测》2010 年第 2 期。

[74] 张心洁、周绿林、曾益：《生育政策调整对提高新农合基金可持续运行能力的影响》，载《经济管理》2016 年第 4 期。

[75] 张熠：《延迟退休年龄与养老保险收支余额：作用机制及政策效应》，载《财经研究》2011 年第 7 期。

[76] 郑秉文：《下篇：欧债危机对养老金改革的启示——中国应如何深化改革养老保险制度》，载《中国社会保障》2012 年第 2 期。

[77] 郑秉文：《从“高龄少子”到“全面二孩”：人口均衡发展的必然选择——基于“人口转变”的国际比较》，载《新疆师范大学学报》（哲学社会科学版）2016 年第 4 期。

[78] 周渭兵：《社会养老保险精算理论、方法及其应用》，经济管理出版社 2005 年。

[79] 周长洪：《关于现行生育政策微调的思考——兼论“单独家庭二孩生育政策”的必要性与可行性》，载《人口与经济》2005 年第 2 期。

[80] Anderson G F, Hussey P S. Population Aging: A Comparison among Industrialized Countries [J]. *Health Affairs*, 2000, 19 (3): 191 - 203.

[81] Barro R J, Becker G S. Fertility Choice in a Model of Economic Growth [J]. *Econometrica*, 1989, 57 (2): 481 - 501.

[82] Bohn H. Will Social Security and Medicare Remain Viable as the U. S. Population is Aging? [R]. CESifo Working Paper No. 1062, 2003.

[83] Bongaarts J. Population Aging and the Rising Cost of Public Pensions [J]. *Population & Development Review*, 2010, 30 (1): 1 - 23.

[84] Bovenberg A L. Financing Retirement in the European Union [J]. *International Tax & Public Finance*, 2003, 10 (6): 713 - 734.

[85] Breyer F, Hupfeld S. On the Fairness of Early - Retirement Provisions [J].

German Economic Review, 2010, 11 (1): 60 -77.

[86] Chesnais J C. Fertility, Family, and Social Policy in Contemporary Western Europe [J]. *Population & Development Review*, 1996, 22 (4): 729 -739.

[87] Corbo V. Policy Challenges of Population Aging and Pension Systems in Latin America [R]. Global Demographic Change: Economic Impacts and Policy Challenges, 2004.

[88] Cremer H, Pestieau P. The Double Dividend of Postponing Retirement [J]. *International Tax & Public Finance*, 2003, 10 (4): 419 -434.

[89] Di M L. The Macro Determinants of Health Expenditure in the United States and Canada: Assessing the Impact of Income, Age Distribution and Time [J]. *Health Policy*, 2005, 71 (1): 23 -42.

[90] Futagami K, Nakajima T. Population Aging and Economic Growth [J]. *Journal of Macroeconomics*, 2002, 23 (1): 31 -44.

[91] Gal Z. Immigration in the United States and the European Union. Helping to Solve the Economic Consequences of Ageing? [J]. *Sociologia*, 2008, 40 (1): 35 -61.

[92] Gerdtham U G. The Impact of Aging on Health Care Expenditure in Sweden [J]. *Health Policy*, 1993, 24 (1): 1 -8.

[93] Grech A G. Assessing the Sustainability of Pension Reforms in Europe [J]. *Journal of International & Comparative Social Policy*, 2013, 29 (2): 143 -162.

[94] Gruber J, Wise D. Social Security and Retirement: An International Comparison [J]. *American Economic Review*, 1998, 88 (2): 158 -163.

[95] James E. How Can China Solve its Old - Age Security Problem? The Interaction between Pension, State Enterprise and Financial Market Reform [J]. *Journal of Pensions Economics & Finance*, 2002, 1 (1): 53 -75.

[96] Karin M. The Fiscal Impact of Immigrants in Austria - A Generational Accounting Analysis [J]. *Economics Working Papers*, 2004, 32 (2): 181 -216.

[97] Lee R, Edwards R. The Fiscal Effects of Population Aging in the US: Assessing the Uncertainties [J]. *Tax Policy & the Economy*, 2002 (16): 141 -180.

[98] Mayhew L D. Health and Elderly Care Expenditure in an Aging World [R].

IIASA Research Report, 2000.

[99] Mayr K. The Fiscal Impact of Immigrants in Austria-a Generational Accounting Analysis [J]. *Empirica*, 2005, 32 (2): 181 -216.

[100] Meijer C D, Wouterse B, Polder J, et al. The Effect of Population Aging On Health Expenditure Growth: A Critical Review [J]. *European Journal of Ageing*, 2013, 10 (4): 353 -361.

[101] Miller T. Increasing Longevity and Medicare Expenditures [J]. *Demography*, 2001, 38 (2): 215 -226.

[102] Verbič M, Majcen B, Van Nieuwkoop R. Sustainability of the Slovenian Pension System: An Analysis with an Overlapping - Generations General Equilibrium Model [J]. *Eastern European Economics*, 2006, 44 (4): 60 -81.

[103] Razin A, Sadka E. Migration and Pension with International Capital Mobility [J]. *Journal of Public Economics*, 1999, 74 (1): 141 -150.

[104] Schneider E L, Guralnik J M. The Aging of America: Impact On Health Care Costs [J]. *JAMA*, 1990, 263 (17): 2335.

[105] Sin Y. Pension Liabilities and Reform Options for Old Age Insurance [R]. World Bank Working Paper No. 2005 -1, 2005.

[106] Weller C. Don't Raise the Retirement Age [J]. *Challenge*, 2002, 45 (1): 75 -87.

[107] Whiteford P, Whitehouse E. Pension Challenges and Pension Reforms in OECD Countries [J]. *Oxford Review of Economic Policy*, 2006, 22 (1): 78 -94.

[108] Zweifel P, Felder S, Meiers M. Ageing of Population and Health Care Expenditure: A Red Herring? [J]. *Health Economics*, 1999, 8 (6): 485 -496.